# e-Test
## 파워포인트 ver.2016

2016 기본서 + e-Test 파워포인트 수험서

임창인
권영희
성대근
강현권
공저

한솔아카데미

# 본문 예제 완성 파일 다운로드 방법

**한솔아카데미 홈페이지(www.inup.co.kr) 자료실**에서 제공되는 예제/완성 파일을 활용하세요.

❶ 한솔아카데미 홈페이지에 접속하여 상단의 [인터넷서점 베스트북]을 클릭합니다.

❷ [베스트북] 홈페이지 접속 후 상단의 [자료실]에 마우스 포인터를 올립니다.

❸ 아래에 표시되는 메뉴 중 [도서자료]를 클릭합니다.

❹ 검색란에 'e-Test 파워포인트'를 입력하고 [검색] 버튼을 클릭합니다.

❺ 해당되는 글을 클릭합니다.

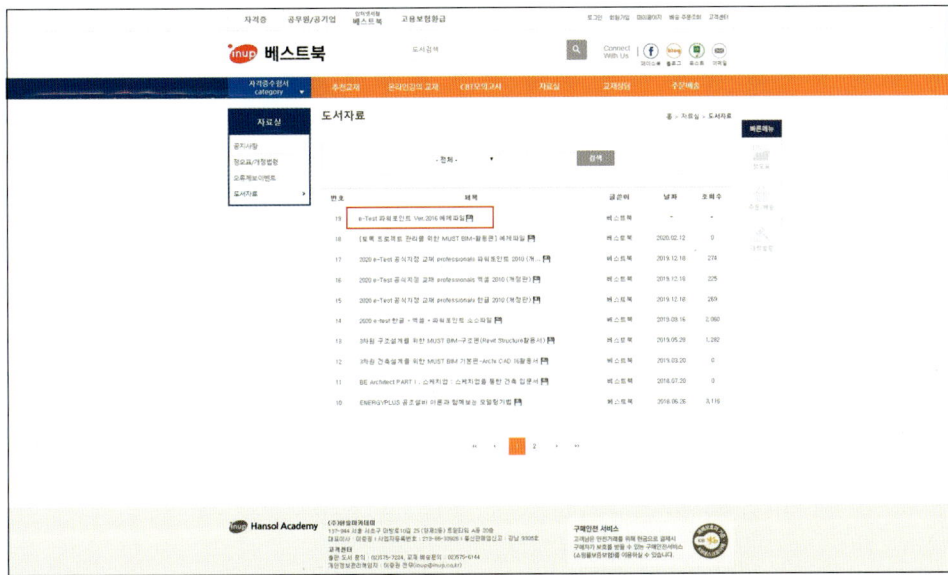

❻ 하단의 [예제파일.zip]을 클릭해 다운로드하여 'e-Test 파워포인트 Ver.2016'에 활용하세요.

# e-Test 소개

## e-Test 란?

IT e-Business 관련 지식에서 정보분석, 활용까지 정보화 사회에서 요구되는 정보활용능력을 종합적으로 측정하는 인터넷 기반의 정보활용 실무능력 평가시험입니다.

### ✪ 컴퓨터 및 정보활용능력 종합평가

정보화 사회에 필요한 정보소양, 정보기술능력과 워드프로세서, 엑셀, 파워포인트 툴 및 인터넷 정보검색 등 정보활용을 종합적으로 측정할 수 있는 컴퓨터 정보활용능력 평가시험입니다.

### ✪ 실생활과 밀접한 과제 해결형 문제

단순 암기식 학습으로 해결할 수 있는 단편 지식을 평가하는 것이 아니라 실생활 및 업무와 밀접한 문항을 제시하여 인터넷 검색을 통해서 정보를 수집하고, 수집한 정보를 워드프로세서, 엑셀 및 파워포인트를 이용, 가공하는 형태로 검정이 진행됩니다.

### ✪ 신청에서 결과 확인까지 100% 인터넷으로 처리

신청서를 작성하신 후 신청서를 접수하기 위해 방문하실 필요가 없습니다. e-Test는 신청, 응시, 결과확인까지 모든 검정절차가 100% 인터넷으로 진행됩니다.

### ✪ 격주, 원하시는 장소에서 응시가능

e-Test는 월 2회 격주 토요일 상설시험을 실시하여 응시기회의 신청, 응시 제한을 최소화하였습니다.

### ✪ 자격 유효기간

2017년 이후 유효기간 평생
보수교육 폐지

### ✪ 서류제출 FAX번호 및 문의처

Fax : 02-2635-1040
Tel : 1899-4612

# 출제 기준 안내

## ✪ 자격별 평가과목

✎ e-Test Professionals

| 자격종류 | 평가내용 | 시험시간 | 응시료 |
|---|---|---|---|
| e-Test Professionals 워드 | 실기 : 워드 | 각50분 | 과목별 24,000원 |
| e-Test Professionals 엑셀 | 실기 : 엑셀 | | |
| e-Test Professionals 파워포인트 | 실기 : 파워포인트 | | |

- 'e-Test Professionals'는 각 과목별 실기시험(워드, 엑셀, 파워포인트)으로 구성되어 있어, 실무적인 정보활용능력을 평가할 수 있습니다.
- 각 과목을 한번에 응시하고자 하는 분들은 'Professionals 통합' 시험을 신청하시면 됩니다.
- 'e-Test Professionals' - 활용 OA : MS-office 2010/2016, 한글 2010/NEO

## ✪ 취득점수에 따라 자격증 부여

✎ e-Test Professionals

| 자격 | 1급 | 2급 | 3급 | 4급 |
|---|---|---|---|---|
| e-Test Professionals 워드 | 400 ~ 360점 | 359 ~ 320점 | 319 ~ 280점 | 279 ~ 240점 |
| e-Test Professionals 엑셀 | 300 ~ 270점 | 269 ~ 240점 | 239 ~ 210점 | 209 ~ 180점 |
| e-Test Professionals 파워포인트 | 300 ~ 270점 | 269 ~ 240점 | 239 ~ 210점 | 209 ~ 180점 |

## e-Test 자격 혜택

### ✪ 국가공인자격

대한민국 정부가 인정하는 '국가공인자격'임(2001년 1월 국가공인 취득)
국가로부터 자격기본법 제19조 제5항에 의거 자격의 관리, 운영기관으로 공인됨

## ✪ 학점인정자격

학점인정 등에 관한 법률 시행령 제11조 별표2호에 의거 당해 자격취득 및 자격취득에 필요한 교육과정 이수에 대하여 대학 및 전문대학에서 부여하는 학점에 상응하는 학점을 인정하는 제도
자격 취득 시 1급 : 6학점, 2급: 4학점 부여
근거 : 학점 인정 등에 관한 법률 제7조 제2항 제4호, 시행령 제11조 별표2호
(※ 학점인정여부 : 학교별 학사운영기준에 따라 상이하므로 해당 학교 학사운영과 문의 必)

## ✪ 대학 졸업 인증 자격

성균관대, 이화여대, 중앙대 등 여러 대학에 졸업인증자격제도로 채택
일부 대학에서는 입학 전 취득한 e-Test 자격을 인정해 줄 뿐 아니라 학교 내 대비과정이 운영되고 있으며 성적 우수자에 대하여 장학금을 수여하고 있음

## ✪ 군 특기적성병 인정 자격

자격 취득 시 군 특기적성병(기술행정병)으로 분류 될 수 있음
부사관 선발 직무수행평가 가산점(e-Test 2급 이상)

## ✪ 임직원 정보화 자격제도 채택

삼성그룹, POSCO, KT, 농협중앙회, 대한지적공사 등 유수기업과 기관의 임직원 정보활용능력평가 자격으로 운영

## ✪ e-Test Professionals 파워포인트 출제 기준(실기 300점)

| 평가 항목 | | 세부 내용 | 배점 |
|---|---|---|---|
| 디자인 서식 지정과 마스터 편집하기 (30점) | 1 | **디자인 서식 적용** | 5점 |
| | 2 | **슬라이드 마스터 작성**<br>- 마스터 사용, 위치 지정, 응시자명 입력<br>- 글꼴, 글꼴크기 지정 | 11점 |
| | 3 | **슬라이드 번호 삽입**<br>- 글꼴크기, 위치, 시작 번호 및 번호 자동 추가 지정 | 14점 |
| | 1 | **슬라이드1**<br>- 슬라이드 구성 지정<br>- 제목 : 워드아트 사용, 내용 입력, 글꼴, 글꼴크기, 워드아트 크기 지정<br>- 소제목 : 검색 내용 입력, URL 하이퍼링크 지정, 글꼴, 글꼴크기 지정 | 27점 |

| | | | |
|---|---|---|---|
| 슬라이드 작성하기 (213점) | 2 | **슬라이드2**<br>– 슬라이드 추가, 슬라이드 구성 지정<br>– 제목 : 내용 입력, 글꼴, 글꼴크기 지정<br>– 본문 : 내용 입력, 글꼴, 글꼴크기, 글꼴효과 지정<br>– 수준 나누기 지정<br>– 글머리 기호, 크기 지정<br>– 줄 간격 지정<br>– 이미지 삽입, 위치 지정, 크기 지정 | 52점 |
| | 3 | **슬라이드3**<br>– 슬라이드 추가, 슬라이드 구성 지정<br>– 제목 : 내용 입력, 글꼴, 글꼴크기 지정<br>– 표 작성 : 셀 병합, 셀 맞춤, 채우기, 테두리선 지정 | 38점 |
| | 4 | **슬라이드4**<br>– 슬라이드 추가, 슬라이드 구성 지정<br>– 도형 작성 : 도형/선/화살표 작성, 두께/질감 표시, 내용 입력, 배열, 그룹 지정<br>– 슬라이드 배경 지정 | 69점 |
| | 5 | **슬라이드5**<br>– 제목 : 내용 입력, 글꼴, 글꼴크기 지정<br>– 도형 작성 : 크기 지정, 질감 표시, 3차원 서식 지정, 도형 대칭, 그룹 지정<br>– 프로그램 실행 : 실행 설정 지정<br>– 슬라이드 숨기기 지정 | 27점 |
| 슬라이드 쇼 관련 기능 지정하기 (27점) | 1 | **화면전환 지정**<br>– 효과, 시간, 자동 전환 지정 | 8점 |
| | 2 | **애니메이션 지정**<br>– 개체, 효과 지정 | 10점 |
| | 3 | **쇼 재구성 작성**<br>– 재구성 작성, 이름 입력, 재구성된 슬라이드 번호 지정 | 9점 |
| 슬라이드 노트와 유인물 마스터 편집하기 (30점) | 1 | **슬라이드 노트 작성**<br>– 슬라이드 번호 지정 및 내용 입력<br>– 글꼴, 글꼴크기 지정<br>– 배경색 지정 | 15점 |
| | 2 | **유인물 마스터 작성**<br>– 유인물 마스터에서 레이아웃 만들기<br>– 도형 작성, 질감 표시, 내용 입력<br>– 글꼴, 글꼴크기, 글꼴 효과 지정 | 15점 |
| 총 점 | | | 300점 |

# e-Test 응시 방법

1. 감독관의 지시에 따라 URL을 입력하고, 수험번호와 성명을 입력하면 실기시험 화면 배치를 선택하는 화면이 나타납니다. [가로형 배치 선택]과 [세로형 배치 선택] 중 하나를 선택하고 [시험응시]를 클릭합니다.

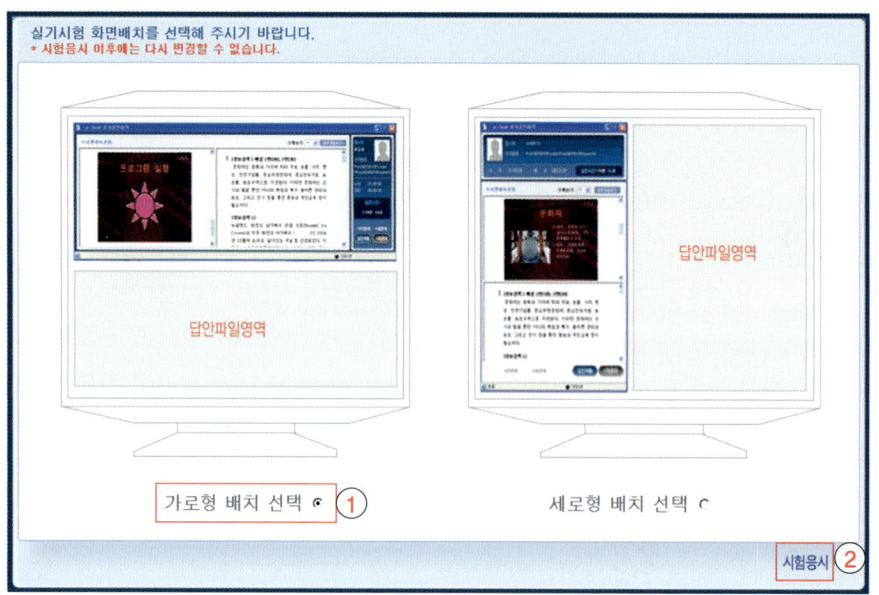

2. [가로형 배치 선택]를 선택하면 아래와 같이 시험화면이 나타납니다. 시험에 사용할 이미지 자료를 읽어오기 위하여 [첨부파일보기(①)]를 클릭합니다. 문제 화면의 글씨나 이미지의 크기는 ②에서 조절할 수 있습니다.

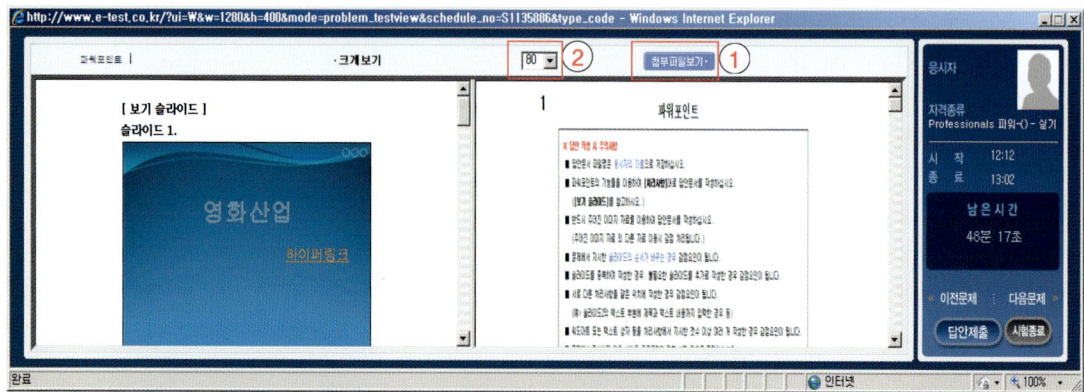

3. [첨부파일]을 저장하기 위하여 파일이름을 클릭합니다.

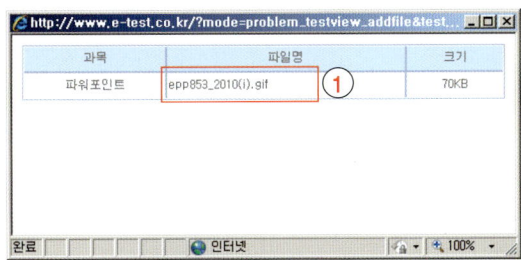

4. [다른 이름으로 사진 저장]을 클릭하여 바탕화면에 이미지 자료를 저장합니다.

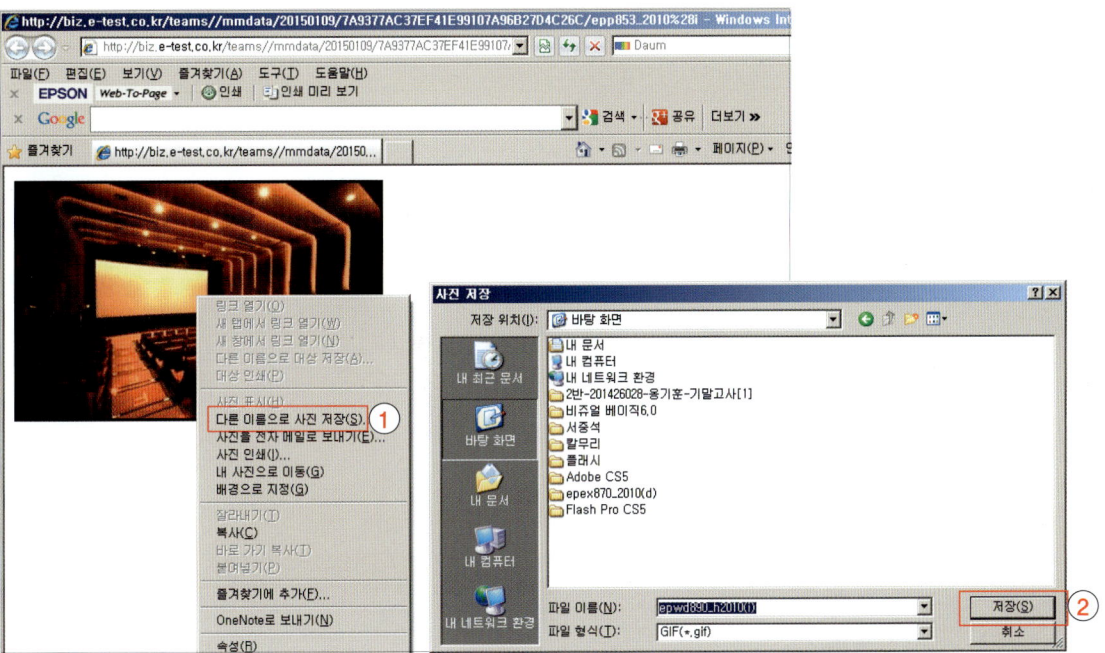

※ 참고
  3번 과정에서 파일을 클릭하여 열지 않고, 파일의 팝업메뉴에서 [다른이름으로 대상저장]을 클릭하여 이미지 파일을 저장할 수 있습니다.

5. 파워포인트를 실행하여 시험지 배치를 고려하여 파워포인트 화면 크기를 조절한 후, 파일을 응시자 본인 이름으로 바탕화면에 저장합니다(단, 감독관의 별도 지시가 있으면 지시하는 폴더에 저장합니다).

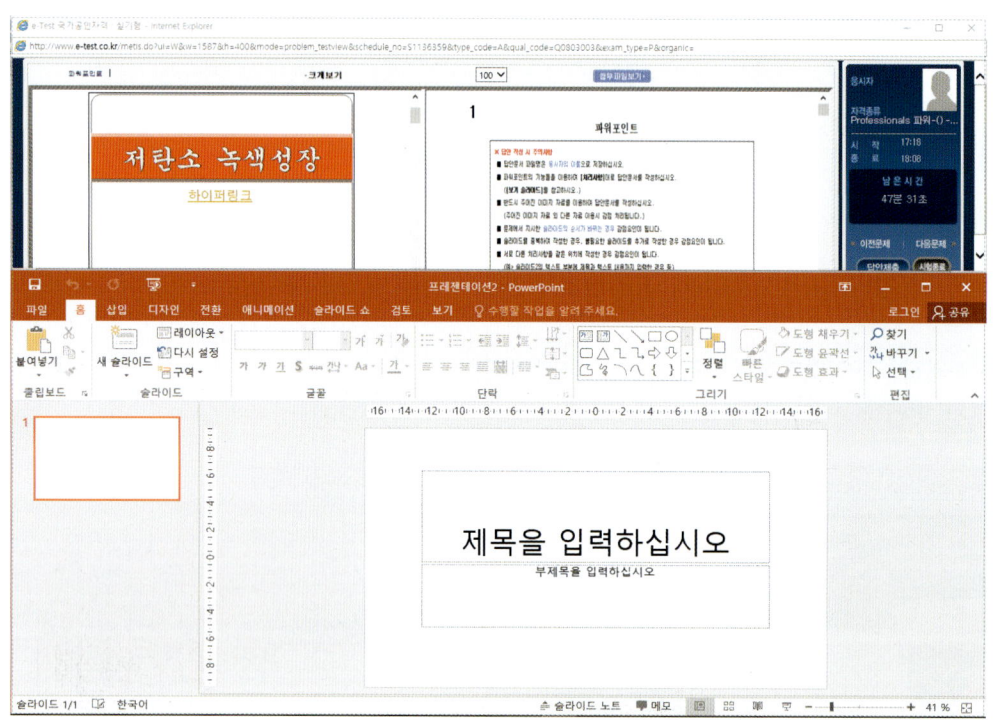

※ 참고
[세로형 배치 선택]를 선택하면 아래와 같이 화면을 구성할 수 있습니다.

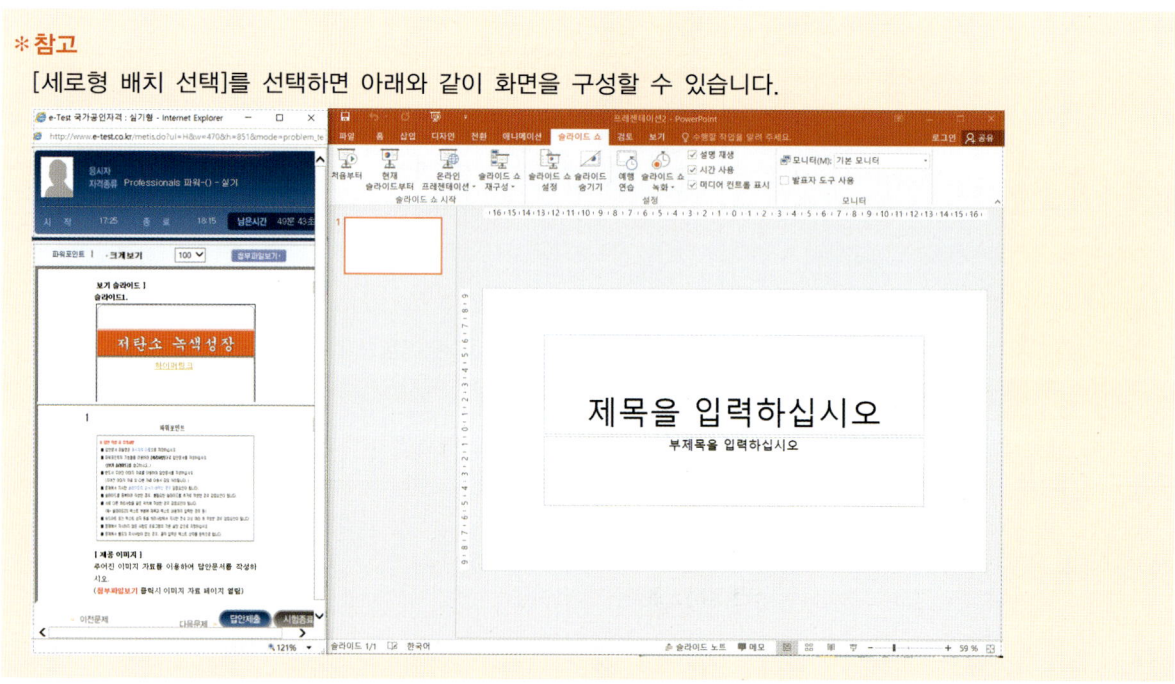

6. 문제를 모두 작성하면, 저장한 후 [답안제출] 버튼을 클릭합니다.

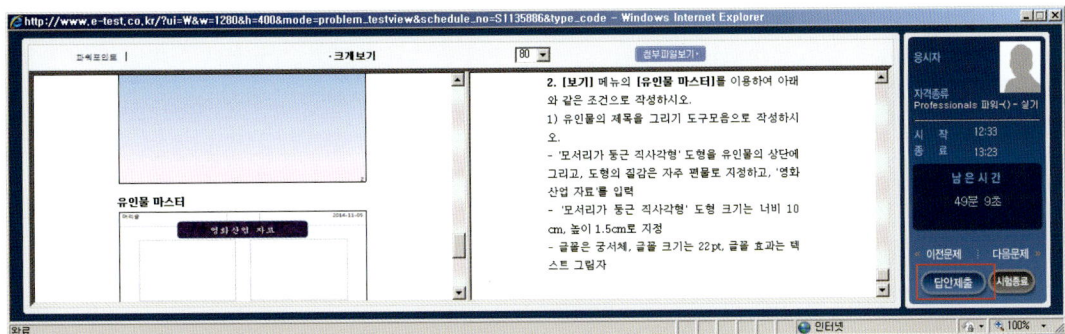

답안제출 화면에서 [파일찾기]를 클릭하여 본인 이름으로 저장된 파일을 찾아 [열기]를 클릭합니다. 파일이름이 정확한지 확인하고 [파일등록] 버튼을 클릭하여 답안지를 제출합니다.

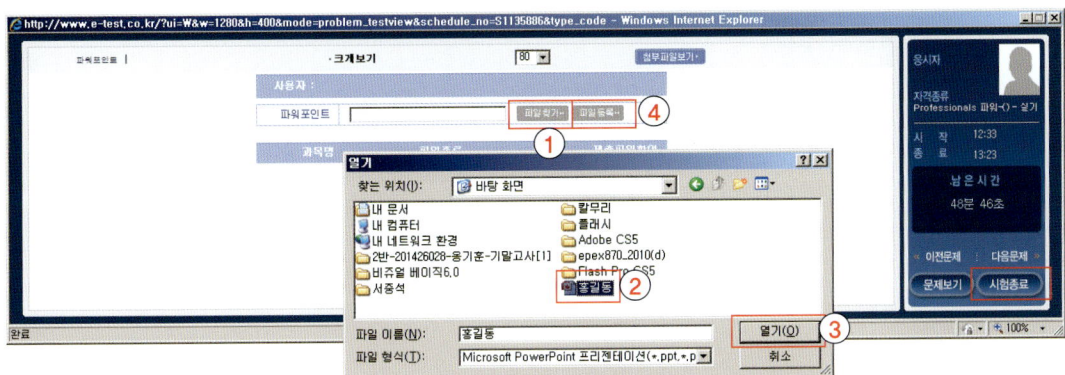

7. [시험종료] 버튼을 클릭, 확인하여 감독관에게 시험이 끝났음을 알립니다.

＊참고
제출한 답안지를 확인하고, 수정하여 다시 제출 할 수 있습니다.
시험 문제는 [문제보기] 버튼을 클릭하면 다시 볼 수 있습니다.

# CONTENS

## Part I 파워포인트 2016 소개

1. 프레젠테이션 시작하기 ......... 2
2. 화면구성 ......... 3
3. 리본메뉴 ......... 5
4. 슬라이드 창 ......... 8
5. 개체 틀에 내용 삽입 ......... 8
6. 화면보기 ......... 10
7. 작업창 ......... 11
8. 저장과 열기 ......... 12

## Part II e-Test 파워포인트 2016

### 00 e-Test 파워포인트 문제 유형 ......... 16

### 01 디자인 서식 지정과 마스터 편집하기 ......... 22

1. 디자인 테마 ......... 23
2. 마스터 ......... 24
3. 머리글/바닥글 ......... 26
4. 슬라이드 크기 및 시작번호 지정 ......... 28
5. 따라하기 ......... 29

## CHAPTER 02 슬라이드1 작성하기 ········ 35

1. 슬라이드 레이아웃 ········ 36
2. 워드아트 ········ 36
3. 하이퍼링크 ········ 38
4. 따라하기 ········ 39

## CHAPTER 03 슬라이드2 작성하기 ········ 45

1. 글머리기호 및 번호매기기, 목록 수준, 줄 간격, 텍스트 방향, 텍스트 맞춤 ········ 46
2. 슬라이드 추가 ········ 49
3. 이미지(그림) ········ 50
4. 따라하기 ········ 51

## CHAPTER 04 슬라이드3 작성하기 ········ 60

1. 표 작성 ········ 61
2. 표의 디자인 ········ 62
3. 표의 레이아웃 ········ 63
4. 따라하기 ········ 66

# CONTENS

## 05 슬라이드4 작성하기 ······ 77

1. 도형과 그리기 도구 ······ 78
2. 그룹화와 그룹해제 ······ 81
3. 슬라이드의 배경 서식 ······ 81
4. 따라하기 ······ 83

## 06 슬라이드5 작성하기 ······ 96

1. 실행 설정 ······ 97
2. 도형의 회전 ······ 98
3. 슬라이드 숨기기/숨기기 취소 ······ 98
4. 따라하기 ······ 100

## 07 슬라이드 쇼 관련 기능 지정하기 ······ 108

1. 화면 전환 ······ 109
2. 애니메이션 ······ 110
3. 쇼 재구성 및 슬라이드 쇼 ······ 112
4. 따라하기 ······ 115

**08** 슬라이드 노트와 유인물 편집하기 ················ 124

1. 슬라이드 노트 ················ 125
2. 유인물 마스터 ················ 126
3. 인쇄 ················ 127
4. 따라하기 ················ 129

# Part Ⅲ 실전 모의고사

1. 01회 실전 모의고사 – 영화산업 ················ 138
2. 02회 실전 모의고사 – 저탄소 녹색성장 ················ 143
3. 03회 실전 모의고사 – 환경에 대하여 ················ 148
4. 04회 실전 모의고사 – 스태그플레이션 ················ 153
5. 05회 실전 모의고사 – 다양한 학교 ················ 158
6. 06회 실전 모의고사 – 정보문화지수 ················ 163
7. 07회 실전 모의고사 – 여가활동 ················ 168
8. 08회 실전 모의고사 – 여행가기 ················ 173
9. 09회 실전 모의고사 – 4차 산업혁명 ················ 178
10. 10회 실전 모의고사 – 스마트시티 ················ 183

# Part I

# 파워포인트 2016 소개

1. 프레젠테이션 시작하기
2. 화면구성
3. 리본메뉴
4. 슬라이드 창
5. 개체 틀에 내용 삽입
6. 화면보기
7. 작업창
8. 저장과 열기

파워포인트(PowerPoint)는 마이크로소프트(Microsoft)사가 개발한 프레젠테이션용 소프트웨어로, 다양한 사용자들에 의하여 프레젠테이션 소프트웨어로 널리 쓰이고 있습니다.

파워포인트에서 제공하는 슬라이드 레이아웃 및 디자인 서식 등을 이용하면, 전문가뿐 아니라 프레젠테이션에 익숙하지 않은 사용자들도 텍스트, 그래픽, 사진, 비디오, 오디오, 애니메이션 등을 포함하는 시각적 효과가 뛰어난 프레젠테이션을 쉽게 구성할 수 있습니다.

## 1 프레젠테이션 시작하기

파워포인트를 시작하면 초기 화면에서 최근 사용하였던 파일을 선택할 것인지 새로운 프레젠테이션을 작성할 것인지를 선택하는 화면이 나타납니다. 화면 왼쪽의 최근 항목에는 오늘, 어제, 지난 주 등을 구분하여 사용하였던 파일의 이름을 보여줍니다.
화면 오른쪽은 새로운 프레젠테이션 파일을 작성할 때 기본 화면으로 작성 할 수도 있고, 파워포인트에서 제공하는 테마를 사용하여 작성 할 수도 있습니다. 테마는 프레젠테이션 작성 중에 변경 할 수 있습니다.
기본적으로 [새 프레젠테이션]을 선택하여 작성합니다.

## 2 화면구성

[새 프레젠테이션]을 선택하면 나타나는 파워포인트 2016의 기본화면입니다.

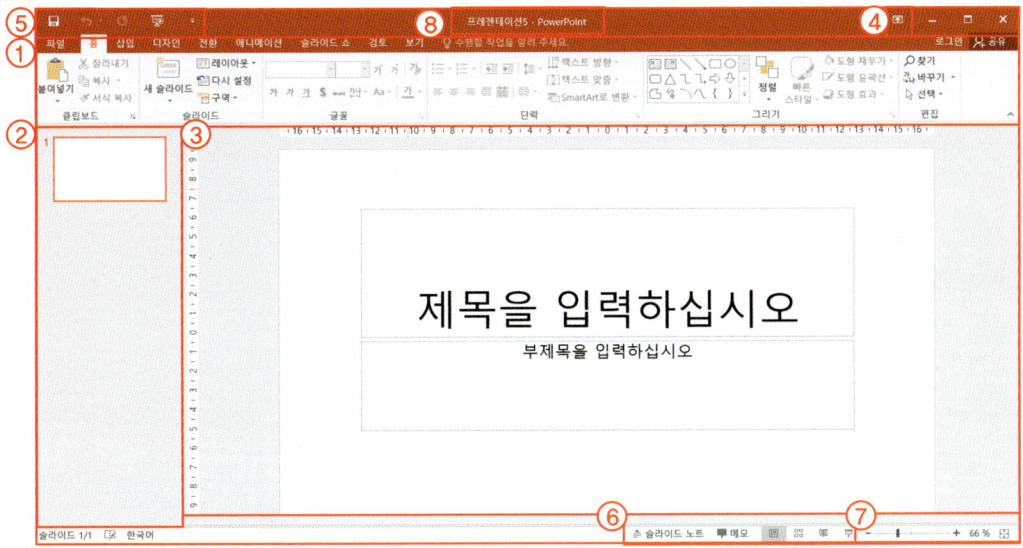

① 리본메뉴

슬라이드를 작성하는데 필요한 모든 명령어가 메뉴로 구성되어 있습니다. 리본메뉴는 파일, 홈, 삽입, 디자인, 전환, 애니메이션, 슬라이드 쇼, 검토, 보기 탭으로 되어 있고, 각각의 메뉴 탭을 클릭하면 추가 메뉴가 나타납니다. 위의 9개의 리본메뉴 탭 이외에 선택 영역에 따라 추가 탭이 표시 될 수 있습니다.

② 슬라이드 탭

슬라이드 탭에는 슬라이드 레이아웃에 표시되는 슬라이드가 축소판 그림으로 표시됩니다. 이 축소판 그림을 클릭하여 해당 슬라이드를 슬라이드 창에 표시할 수 있고, 축소판 그림을 끌어 슬라이드 순서를 바꿀 수 있고, 슬라이드를 추가하거나 삭제할 수도 있습니다.

슬라이드 창과 축소판 그림 사이의 분할 막대를 오른쪽 혹은 왼쪽으로 끌어주면 슬라이드 축소판 그림을 크게 하거나 작게 할 수 있습니다.

③ 슬라이드 창

슬라이드 창에 표시된 슬라이드의 레이아웃 형태에 따라 슬라이드의 내용을 작성합니다. 파워포인트를 실행하면 기본 레이아웃은 '제목 슬라이드'이고, 용도에 맞추어 레이아웃을 변경하여 사용합니다.

④ 리본 메뉴 표시 옵션

리본 메뉴 표시 옵션(▣)은 화면 상단의 리본 메뉴를 모두 숨기거나, 탭만 표시하거나 모두 표시하거나 선택하여 사용 할 수 있습니다.

⑤ 빠른 실행 도구 모음

사용자가 많이 사용하는 명령어들을 모아놓은 도구모음입니다. 기본으로 저장/실행취소/되돌리기/슬라이드 쇼로 구성되어 있으며, 필요에 따라 사용자가 수정할 수 있습니다.

⑥ 슬라이드 보기

작성한 슬라이드의 화면 보기를 쉽게 선택하여 볼 수 있도록 기본/여러 슬라이드/읽기용 보기/슬라이드 쇼 등을 기본화면에 제공합니다.

⑦ 확대/축소

비율을 표시하는 스크롤 바를 움직여서 작업 화면의 크기 조절을 할 수 있습니다. ▣는 슬라이드를 현재 창의 크기에 맞추어 줍니다. [Ctrl]키를 누르고 마우스 휠을 움직이면 화면 확대/축소를 간단하게 사용할 수 있습니다.

⑧ 파일 이름

현재 작업 중인 파일 이름을 표시합니다. 저장되지 않은 파일일 경우 기본 파일이름으로 '프레젠테이션'과 번호가 합성된 이름으로 제공됩니다. 이 파일에 적당한 다른 이름으로 저장하는 것이 좋습니다.

## 3 리본메뉴

기본으로 구성되어 있는 명령 탭과 추가메뉴입니다.

① 파일

파일에 대한 정보 및 저장, 열기, 인쇄, 옵션의 메뉴를 엽니다.

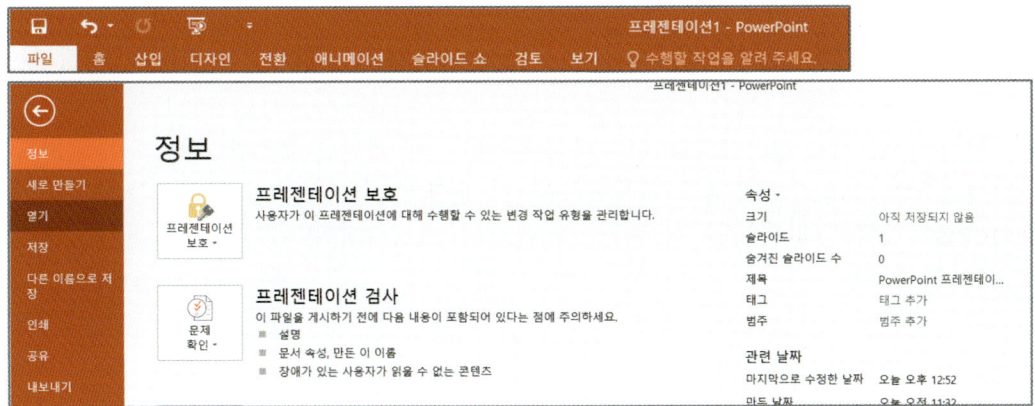

② 홈

슬라이드, 글꼴, 단락, 그리기 등의 서식을 지정합니다.

③ 삽입

슬라이드, 표, 이미지, 일러스트레이션, 링크, 텍스트, 기호 또는 미디어를 삽입합니다.

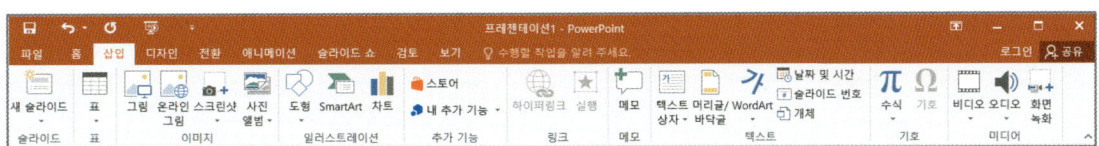

④ 디자인

슬라이드에 사용할 디자인을 선택하거나, 슬라이드의 크기, 페이지 번호 등을 지정합니다.

⑤ 전환

프레젠테이션을 하는 동안 슬라이드가 바뀔 때 슬라이드 간에 전환을 추가합니다.

⑥ 애니메이션

슬라이드의 페이지마다 사용자가 원하는 애니메이션을 지정할 수 있습니다.

⑦ 슬라이드 쇼

슬라이드 쇼(프레젠테이션) 관련 내용을 설정하고 재생합니다.

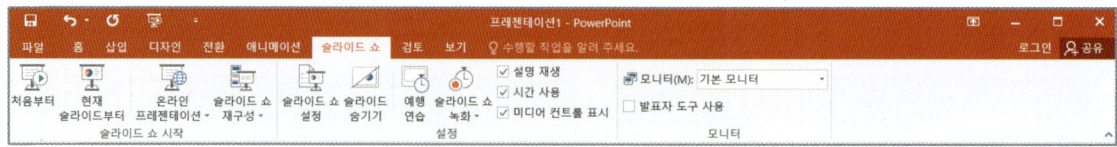

⑧ 검토

언어 교정, 메모, 맞춤법 및 접근성을 확인하고 메모를 추가하고, 프레젠테이션 시 잉크(펜) 사용 등을 지정합니다.

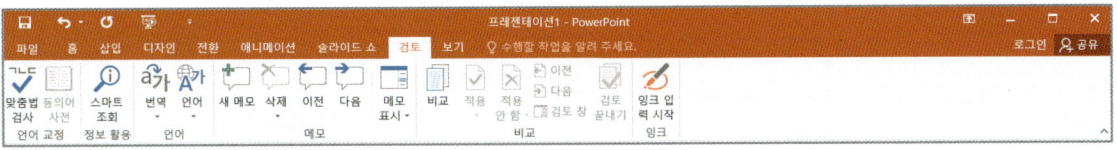

⑨ 보기

눈금선 및 안내선을 표시하거나 숨기고, 확대/축소 배율을 설정하고, 창을 관리합니다.

⑩ 그리기도구 – 서식

슬라이드에 삽입된 개체가 그리기 도구일 경우 해당하는 개체에 대한 스타일, 정렬, 크기 등의 서식을 지정합니다.

※ 대화상자 펼침( ) 아이콘

리본메뉴의 그룹명 뒤에 표시되는 대화상자 펼침( ) 아이콘을 클릭하면 관련 대화상자 혹은 작업창이 표시됩니다.

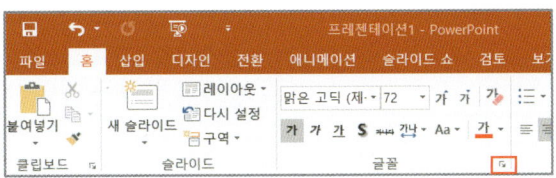

## 4 슬라이드 창

슬라이드 창에는 슬라이드 레이아웃이 표시됩니다.
슬라이드 레이아웃은 슬라이드에 표시되는 모든 내용의 서식, 위치 및 개체 틀 등을 포함하고 있습니다.

개체 틀은 텍스트, 표, 차트, SmartArt 그래픽, 동영상, 소리, 그림 및 클립아트와 같은 내용을 작성하는 틀입니다.

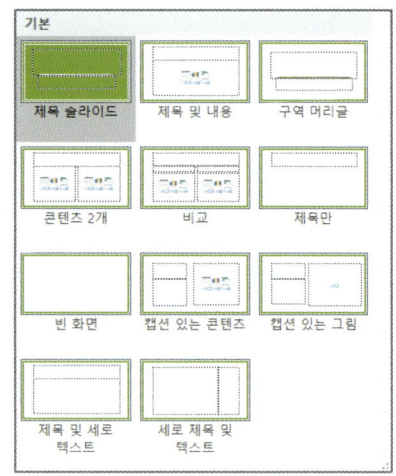

레이아웃의 종류는 오른쪽 그림과 같이 제목 슬라이드, 제목 및 내용, 구역 머리글, 콘텐츠 2개, 제목만, 빈 화면 등이 있으며, 디자인 테마의 종류에 따라 레이아웃의 종류가 달라집니다.
슬라이드 레이아웃의 색, 글꼴, 효과 및 슬라이드의 배경 등은 디자인 테마에 의하여 지정되어 있습니다. 오른쪽 그림은 '기본' 테마의 슬라이드 레이아웃입니다.

## 5 개체 틀에 텍스트 내용 삽입

개체 틀은 텍스트나 이미지 등 슬라이드에 필요한 내용을 입력할 수 있는 틀입니다. 개체 틀의 크기는 텍스트 상자의 크기 혹은 이미지의 크기 등을 결정하며, 크기는 조절할 수 있습니다.

### 01 텍스트 입력

텍스트는 슬라이드에 표시된 '텍스트 상자' 개체를 클릭하면 내용을 입력할 수 있습니다.

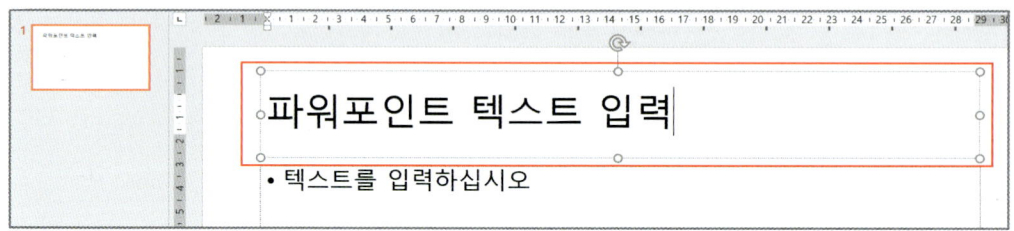

'텍스트 상자' 개체가 없으면 [삽입]탭 – [텍스트 상자] – [가로 텍스트 상자] 혹은 [세로 텍스트 상자]를 클릭하고 텍스트를 입력하고자 하는 곳에 텍스트 상자를 작성한 후 필요한 내용을 입력합니다.

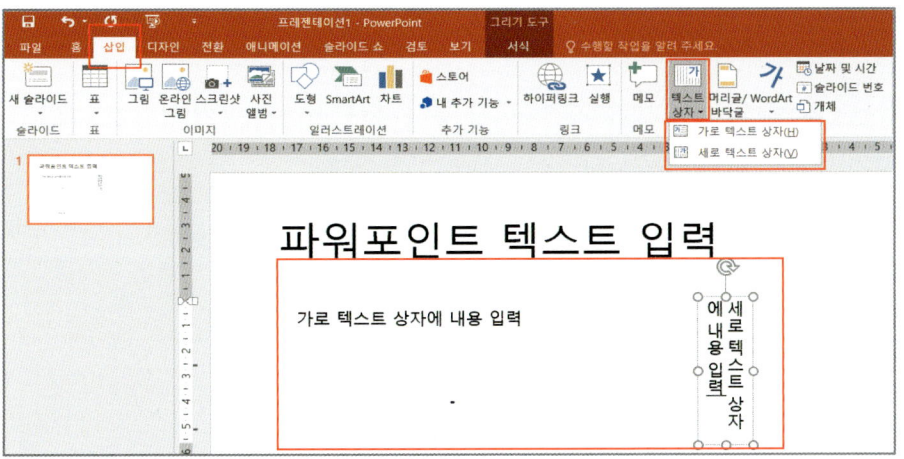

## 02 표, 차트, SmartArt 그래픽, 동영상, 소리, 그림 및 클립아트, 워드아트, 도형 등 개체 삽입

① 레이아웃 개체 틀에 표시되어 있는 표, 차트, SmartArt 그래픽, 그림, 온라인 그림, 비디오 삽입 아이콘을 클릭하거나,

② [삽입]탭을 클릭하여 그림, 스크린샷, 도형, 차트, 비디오, 오디오 등 필요한 개체를 원하는 위치에 삽입합니다.

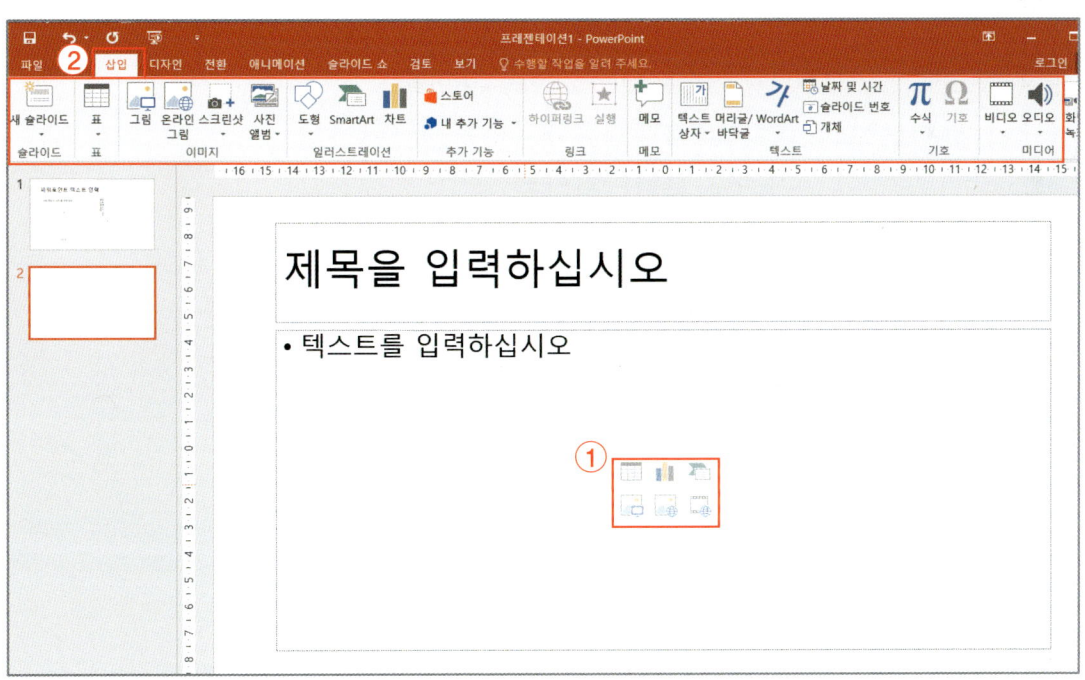

## 6 화면보기

파워포인트에서는 슬라이드를 편집, 인쇄 및 프레젠테이션 등 상황에 따라 사용자가 편리하게 이용할 수 있도록 여러가지 '보기'를 사용할 수 있습니다.

① 기본 보기
② 개요 보기
③ 여러 슬라이드 보기
④ 슬라이드 노트 보기
⑤ 읽기용 보기
⑥ 슬라이드 쇼 보기

파워포인트 '보기'를 선택하는 방법은 두 위치에서 선택할 수 있습니다.

① 파워포인트 창 아래쪽의 간편하게 사용할 수 있는 '보기' 모음
② [보기]탭 [프레젠테이션 보기]그룹

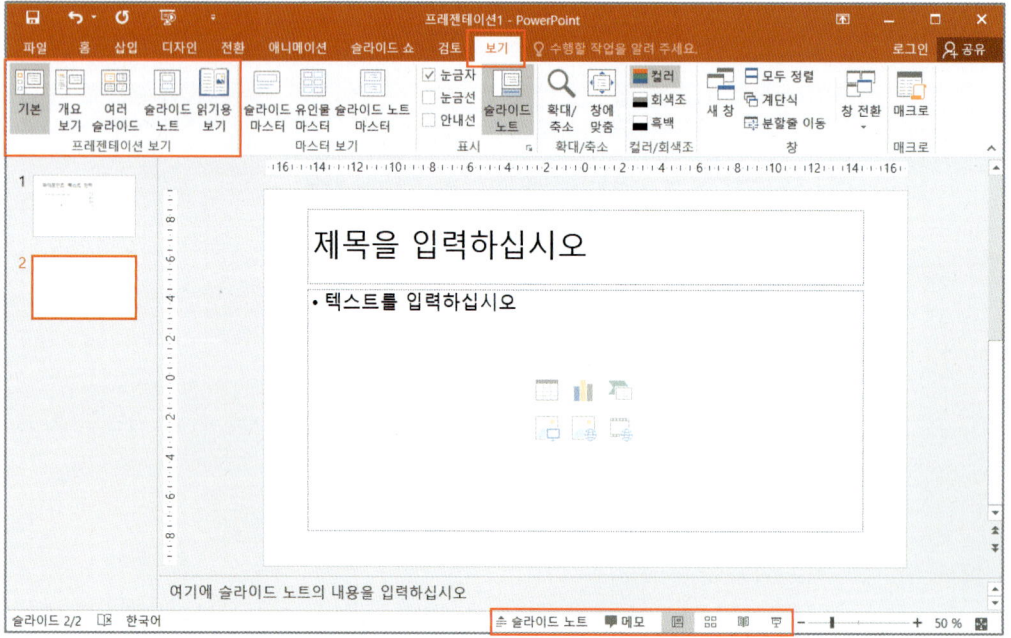

## 7 작업창

작업 창은 작업 중인 슬라이드 창의 가장자리에 선택한 개체와 연결하여 세부 설정을 할 수 있도록 나타내는 창입니다. 다음 그림은 '그림'개체에 대한 [그림 서식] 창입니다.

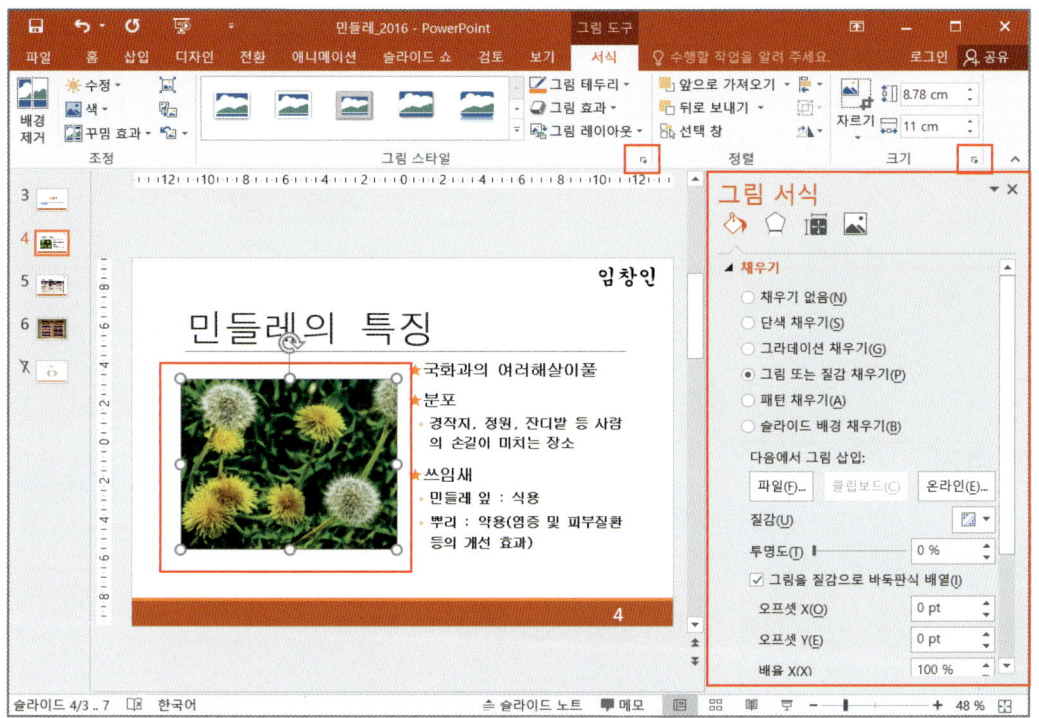

슬라이드의 '그림'을 선택하고, [그림스타일]그룹의 대화상자 펼침아이콘( )이나 [크기]그룹의 대화상자 펼침아이콘을 클릭하거나 '그림'의 팝업메뉴에서 [그림 서식]을 클릭하면 나타납니다.

[그림 서식]창은 채우기 및 선( ), 효과( ), 크기 및 속성( ), 그림( )의 하위 메뉴로 되어 있고, 하위 메뉴 아이콘을 클릭하면 세부 내역을 확인하거나 수정할 수 있습니다.

작업창의 '닫기(X)'를 클릭하면 작업창은 닫힙니다.

※ **팝업메뉴**

개체에서 마우스 오른쪽 단추를 누르면 보이는 메뉴로써, 편집하는 대상이 텍스트, 그림, 도형, 표 등에 따라 서로 다른 내용의 팝업메뉴가 나타납니다.

빠른 메뉴, 바로가기 메뉴라고 부르기도 합니다.

오른쪽 그림은 '그림'의 팝업메뉴입니다.

## 8 저장과 열기

### 01 저장(Ctrl+S)

① 슬라이드를 작성하고 빠른 실행 도구 모음의 '저장( 🖫 )'을 클릭하거나 리본메뉴의 [파일]탭을 클릭하고 [다른 이름으로 저장하기] – [이 PC] 혹은 [찾아보기]를 클릭합니다.

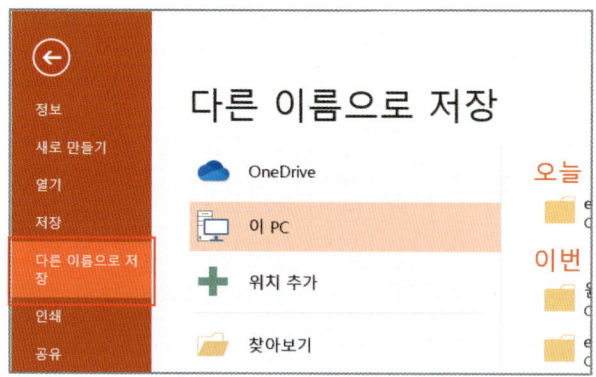

[다른 이름으로 저장하기] 대화상자에서 저장할 위치를 확인하고, 저장 이름을 입력합니다. 이 때, 파일 형식은 'PowerPoint 프레젠테이션'이 기본으로 설정되어 있습니다. 하위버전에서 사용할 수 있도록 저장하기를 원하거나 PDF 형식 등 다른 형식으로 저장하고 싶다면 '파일 형식'을 선택하십시오.

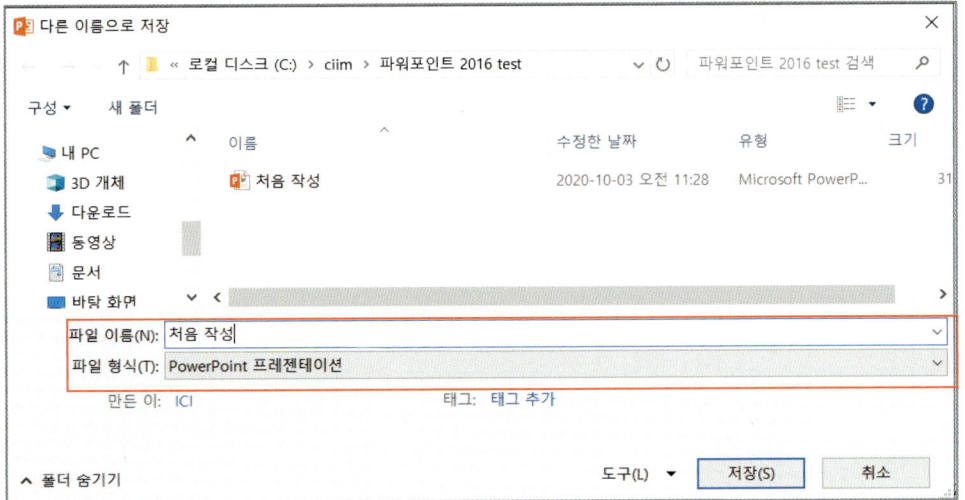

② 기존에 있던 파일을 읽어서 수정을 하였을 경우 빠른 실행 도구 모음의 '저장(📁)' 아이콘을 클릭하면 기존에 있던 파일에 수정된 내용이 저장됩니다.

만일 읽어온 파일이 인터넷(이메일이나 파일 전송 등)상에서 직접 읽어온 파일이라면 '저장'을 하여도 저장된 내용은 내 컴퓨터에서 확인 할 수 없습니다. 그러므로 이 경우 반드시 '다른 이름으로 저장'을 사용하여 내 컴퓨터에 저장하여야만 합니다.

## 02 다른 이름으로 저장

기존에 있던 파일을 읽어서 수정을 한 후 새로운 이름으로 저장할 때 사용합니다. 기존의 내용도 그대로 유지되고, 수정한 내용은 새로운 이름으로 저장합니다.
리본메뉴의 [파일]탭 - [다른 이름으로 저장]을 클릭하여 저장합니다.

## 03 파일 열기

리본메뉴의 [파일]탭 - [열기]를 클릭하여 최근에 사용한 항목에서 선택하거나 [찾아보기]를 클릭하여 저장되어 있는 파일이름을 클릭합니다.

> **주의** e-Test 시험에서는 [다른 이름으로 저장]을 클릭하여 반드시 '응시자 이름(예: 홍길동)'으로 저장하여야 합니다. 저장명은 홍길동.pptx가 됩니다.

# Part II

## e-Test 파워포인트 2016

CHAPTER 00　e-Test　파워포인트 문제 유형
CHAPTER 01　디자인 서식 지정과 마스터 편집하기
CHAPTER 02　슬라이드1 작성하기
CHAPTER 03　슬라이드2 작성하기
CHAPTER 04　슬라이드3 작성하기
CHAPTER 05　슬라이드4 작성하기
CHAPTER 06　슬라이드5 작성하기
CHAPTER 07　슬라이드 쇼 관련 기능 지정하기
CHAPTER 08　슬라이드 노트와 유인물 편집하기

# e-test 파워포인트 문제 유형

PowerPoint 2016

## 파워포인트

> ※ **답안 작성 시 주의사항**
> - 답안문서 파일명은 응시자의 이름으로 저장하십시오.
> - 파워포인트의 기능들을 이용하여 [처리사항]대로 답안문서를 작성하십시오.
>   ([보기 슬라이드]를 참고하시오.)
> - 반드시 주어진 이미지 자료를 이용하여 답안문서를 작성하십시오.
>   (주어진 이미지 자료 외 다른 자료 이용시 감점 처리됩니다.)
> - 문제에서 지시한 슬라이드의 순서가 바뀌는 경우 감점요인이 됩니다.
> - 슬라이드를 중복하여 작성한 경우, 불필요한 슬라이드를 추가로 작성한 경우 감점요인이 됩니다.
> - 서로 다른 처리사항을 같은 위치에 작성한 경우 감점요인이 됩니다.
>   (예) 슬라이드2의 텍스트 부분에 제목과 텍스트 내용까지 입력한 경우 등)
> - 워드아트 또는 텍스트 상자 등을 처리사항에서 지시한 갯수 이상 여러 개 작성한 경우 감점요인이 됩니다.
> - 문제에서 지시하지 않은 사항은 프로그램의 기본 설정 값으로 지정하십시오.
> - 문제에서 별도의 지시사항이 없는 경우, 글자 입력은 텍스트 상자를 원칙으로 합니다.

**[제공 데이터]**
주어진 이미지를 이용하여 답안문서를 작성하시오.
(**첨부파일보기** 클릭시 이미지 자료 페이지 열림)

〈디자인 서식 지정과 마스터 편집하기〉
**배점 1번(5), 2번(11), 3번(14)**
1. 전체 슬라이드의 디자인 테마는 모든 슬라이드에 '자연테마'를 적용하시오.
2. 마스터 기능을 이용하여 슬라이드 상단 오른쪽에 '○○○'을 입력하시오.
 1) 자연테마 슬라이드 마스터에 작성
 2) 텍스트 상자를 이용하여 '○○○'에는 응시자 본인의 이름을 입력
 3) 글꼴은 궁서체, 글꼴 크기는 30pt로 지정
3. 슬라이드 번호를 삽입하시오.
 1) 머리글/바닥글 기능을 이용하여 슬라이드 삽입시 자동으로 추가되게 지정
 2) 모든 슬라이드의 하단 오른쪽에 작성
 3) 글꼴 크기는 30pt로 지정
 4) 슬라이드 시작 번호는 3으로 지정

| [보기 슬라이드] | [처리사항] |
|---|---|
| 슬라이드1.<br> | 〈슬라이드 작성하기〉<br>1. **슬라이드1 : 배점 1)번(5), 2)번(15), 3)번(7)**<br>  1) 슬라이드는 '제목' 슬라이드로 지정하시오.<br>  2) 워드아트를 이용하여 제목은 '민들레'로 [보기 슬라이드]와 같이 작성하시오.<br>    - WordArt는 '채우기 - 주황, 강조1, 윤곽선 - 배경1, 진한 그림자 - 강조1'로 지정<br>    - 글꼴은 돋움체, 글꼴 크기는 72pt로 지정<br>    - 워드아트의 크기는 너비 18cm, 높이 3.5cm로 지정<br>  3) [보기 슬라이드]와 같이 부제목에 '하이퍼링크'를 입력하고, e-Test 홈페이지를 하이퍼링크로 지정하시오.<br>    (e-Test 홈페이지 : http://www.e-test.co.kr)<br>    - 글꼴은 돋움체, 글꼴 크기는 34pt로 지정<br>2. **슬라이드2 : 배점 1)번(5), 2)번(3), 3)번(10), 4)번(1), 5)번(3), 6)번(30)**<br>  1) 새 슬라이드를 '콘텐츠 2개' 슬라이드로 추가하시오.<br>  2) 제목은 '민들레의 특징'으로 입력하시오.<br>    - 글꼴은 돋움체, 글꼴 크기는 56pt로 지정<br>  3) [보기 슬라이드]와 같이 내용을 첫째 수준과 둘째 수준으로 입력하시오.<br>    〈입력 내용〉<br>    국화과의 여러해살이풀<br>      경작지, 정원, 잔디밭 등 사람의 손길이 미치는 장소<br>    쓰임새<br>      민들레 잎 : 식용<br>      뿌리 : 약용(염증 및 피부질환 등의 개선 효과)<br>    - 글꼴은 굴림체, 글꼴 효과는 굵게, 글꼴 크기는 첫째 수준은 24pt, 둘째 수준은 20pt<br>  4) 입력한 내용의 줄 간격은 고정 30pt로 지정하시오.<br>  5) 글머리 기호 및 번호 매기기를 이용하여 입력한 내용의 첫째 수준 글머리 기호를 [보기 슬라이드]와 같이 작성하시오.<br>    - 글머리 기호의 모양은 ★, 크기는 90%로 지정<br>  6) [삽입] 메뉴의 [그림 파일]을 이용하여 주어진 '민들레'의 이미지를 [보기 슬라이드]와 같이 문자열의 왼쪽에 삽입하시오.<br>    - 그림의 크기는 너비 11cm, 높이 9cm로 지정 |
| 슬라이드2.<br>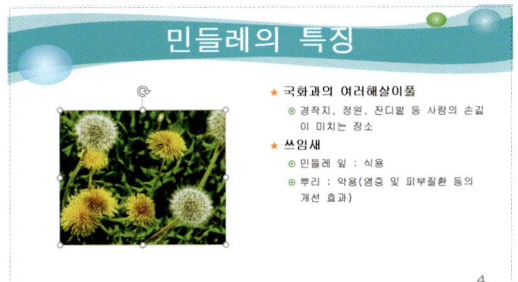 | |

| [보기 슬라이드] | [처리사항] |
|---|---|
| 슬라이드3.<br>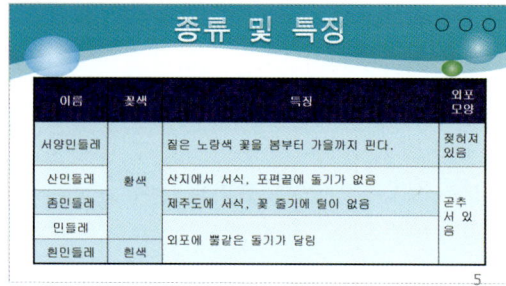 | 3. 슬라이드3 : 배점 1)번(5), 2)번(3), 3)번(30)<br>1) 새 슬라이드를 '제목 및 내용' 슬라이드로 추가하시오.<br>2) 제목은 '종류 및 특징'으로 입력하시오.<br>　- 글꼴은 돋움체, 글꼴 크기는 56pt로 지정<br>3) 6행 4열의 표를 작성하고, 아래의 조건대로 작성하시오.(반드시 표 형식이 유지되어야 함)<br>　- 아래 지정된 셀을 각각 셀 병합 지정<br>　　2행 2열 ~ 5행 2열 셀 병합<br>　　5행 3열 ~ 6행 3열 셀 병합<br>　　3행 4열 ~ 6행 4열 셀 병합<br>　- 표 전체에 [보기 슬라이드]와 같이 내용을 입력하고, 글꼴은 굴림체, 글꼴 크기는 23pt로 지정<br>　- 아래의 조건대로 셀 맞춤 지정<br>　　표 전체 : [표 도구] – [레이아웃]메뉴 [맞춤] 그룹의 세로 가운데 맞춤<br>　　1행 : [표 도구] – [레이아웃]메뉴 [맞춤] 그룹의 가운데 맞춤<br>　　1열과 2열 : [표 도구] – [레이아웃]메뉴 [맞춤] 그룹의 가운데 맞춤<br>　- 표 1행의 채우기는 질감의 '자주 편물'로 지정<br>　- 표 전체의 안쪽 가로 테두리는 점선, 안쪽 세로 테두리 와 바깥쪽 테두리는 실선으로 지정<br>　- 표 전체 바깥쪽 테두리는 3pt 실선으로 지정 |
| 슬라이드4.<br>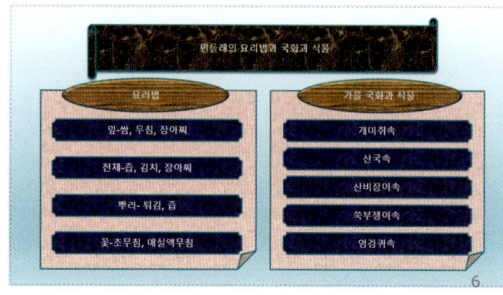 | 4. 슬라이드4 : 배점 1)번(5), 2)번(54), 3)번(10)<br>1) 새 슬라이드를 '빈 화면' 슬라이드로 추가하시오.<br>2) 그리기 도구모음을 이용하여 아래 조건에 맞게 [보기 슬라이드]와 같이 작성하시오.<br>　- 가로로 말린 두루마리 모양을 1개 그리고, 면의 질감은 밤색 대리석으로 지정하고, 그림자는 '바깥쪽, 오프셋 아래쪽'을 적용, '민들레의 요리법과 국화과 식물'을 입력<br>　- 모서리가 접힌 도형을 2개 그리고, 면의 질감은 분홍 박엽지로 지정<br>　- 타원을 2개 그리고, 면의 질감은 일반 목재로 지정, 3차원 서식으로 입체효과의 위쪽 '둥글게'를 적용, '요리법', '가을 국화과 식물'을 각각 입력<br>　- 배지를 9개 그리고, 면의 질감은 자주 편물로 지정 |

| [보기 슬라이드] | [처리사항] |
|---|---|
| 슬라이드5.<br><br>프로그램 실행 | 하고, '잎-쌈, 무침, 장아찌', '전체-즙, 김치, 장아찌', '뿌리-튀김, 즙', '꽃-초무침, 매실액무침', '개미취속', '산국속', '산비장이속', '쑥부쟁이속', '엉겅퀴속'을 각각 입력<br>  - 작성된 모든 도형은 [보기 슬라이드]와 같이 배열하고, 그룹으로 지정하고, 크기는 너비 30cm, 높이 17cm로 지정<br>3) 슬라이드의 배경 서식에서 배경 그래픽 숨기기를 지정하고, 그라데이션 채우기의 그라데이션 미리 설정은 '아래쪽 스포트라이트 - 강조 5'로 지정하시오.<br>5. 슬라이드5 : 배점 1)번(5), 2)번(3), 3)번(16), 4)번(3)<br>1) 새 슬라이드를 '제목만' 슬라이드로 추가하시오.<br>2) 제목은 '프로그램 실행'으로 입력하시오.<br>  - 글꼴은 궁서체, 글꼴 크기는 56pt로 지정<br>3) 도형을 작성하여 실행설정을 지정하시오.<br>  - 그리기 도구모음의 '달' 도형을 그리고, 면의 질감은 '종이가방'으로 지정하고, 너비 5cm, 높이 6cm로 작성<br>  - 작성된 '달' 도형은 3차원 서식으로 입체효과의 위쪽 '둥글게'와 깊이 36pt를 지정<br>  - 슬라이드 쇼 실행 시, 마우스를 '달' 도형 위에 놓았을 때 메모장 프로그램(NOTEPAD.EXE)이 실행되도록 실행설정을 지정<br>  - 실행설정이 지정된 '달' 도형을 복사하여 좌우 대칭 지정<br>  - 작성된 두 개의 '달' 도형을 그룹으로 지정<br>4) 슬라이드5를 숨기기로 지정하시오.<br><br>〈슬라이드 쇼 관련 기능 지정하기〉<br>배점 1번(8), 2번(10), 3번(9)<br>1. 아래 조건에 맞는 화면 전환을 지정하시오.<br>  - 화면 전환 효과는 '닦아내기'<br>  - 효과 옵션은 '왼쪽에서'로 지정<br>  - 1분 마다 자동으로만 전환되도록 지정<br>  - 모든 슬라이드에 지정<br>2. 아래 조건에 맞는 애니메이션을 지정하시오.<br>  1) 슬라이드2번<br>    - 그림을 제외한 제목, 텍스트에 지정 |

| [보기 슬라이드] | [처리사항] |
|---|---|
| 슬라이드 노트<br> | - 반드시 지정한 영역은 애니메이션을 이용하여 '나타내기'에 있는 '내밀기'로 지정<br>- 효과옵션은 '위에서'로 지정<br>　(단, 효과 중복 지정 시 감점처리)<br>- 애니메이션 순서는 텍스트, 제목 순으로 지정<br>　2) 슬라이드4번<br>- 그룹으로 지정된 도형 전체에 지정<br>- 반드시 지정한 영역은 애니메이션을 이용하여 '나타내기'에 있는 '휘돌아 나타내기'로 지정<br>　(단, 효과 중복 지정 시 감점처리)<br>3. 쇼 재구성 기능을 이용하여 아래 조건에 맞게 슬라이드 쇼 재구성을 2개 작성하시오.<br>- 첫 번째 재구성되는 슬라이드 쇼 이름은 '프로그램실행1'로 지정하고, 재구성 목록에 슬라이드1번과 슬라이드3번을 지정<br>- 두 번째 재구성되는 슬라이드 쇼 이름은 '프로그램실행2'로 지정하고, 재구성 목록에 슬라이드1번과 슬라이드4번, 슬라이드5번을 지정 |
| 유인물 마스터<br> | 〈슬라이드 노트와 유인물 편집하기〉<br>배점 1번(15), 2번(15)<br>1. [보기] 메뉴의 [슬라이드 노트]를 이용하여 아래와 같은 조건으로 작성하시오.<br>　1) 슬라이드1 노트<br>- 입력 내용 : 이 프레젠테이션은 민들레에 대한 자료입니다.<br>- 글꼴은 바탕체, 글꼴 크기는 14pt로 지정<br>- 슬라이드 노트 배경에서 그라데이션 채우기의 그라데이션 미리 설정은 '위쪽 스포트라이트 – 강조 4'로 지정<br>2. [보기] 메뉴의 [유인물 마스터]를 이용하여 아래와 같은 조건으로 작성하시오.<br>　1) 유인물의 제목을 그리기 도구모음으로 작성하시오.<br>- '빗면' 도형을 유인물의 상단에 그리고, 도형의 질감은 밤색 대리석으로 지정하고, '민들레'를 입력<br>- '빗면' 도형 크기는 너비 10cm, 높이 2cm로 지정<br>- 글꼴은 돋움체, 글꼴 크기는 20pt, 글꼴 효과는 텍스트 그림자 |

## 이미지 유형

e - Test 파워포인트 시험문제에서 [첨부파일보기]로 제공되는 이미지의 형태는 다음과 같습니다.

# 디자인 서식 지정과 마스터 편집하기

PowerPoint 2016

〈디자인 서식 지정과 마스터 편집하기〉
**배점 1번(5), 2번(11), 3번(14)**
1. 전체 슬라이드의 디자인 테마는 모든 슬라이드에 '자연테마'를 적용하시오.
2. 마스터 기능을 이용하여 슬라이드 상단 오른쪽에 'ㅇㅇㅇ'을 입력하시오.
  1) 자연테마 슬라이드 마스터에 작성
  2) 텍스트 상자를 이용하여 'ㅇㅇㅇ'에는 응시자 본인의 이름을 입력
  3) 글꼴은 궁서체, 글꼴 크기는 30pt로 지정
3. 슬라이드 번호를 삽입하시오.
  1) 머리글/바닥글 기능을 이용하여 슬라이드 삽입시 자동으로 추가되게 지정
  2) 모든 슬라이드의 하단 오른쪽에 작성
  3) 글꼴 크기는 30pt로 지정
  4) 슬라이드 시작 번호는 3으로 지정

〈디자인 서식 지정과 마스터 편집하기〉의 중점사항

1. 디자인 테마
2. 마스터
3. 머리글/바닥글
4. 슬라이드 크기 및 시작번호 지정
5. 따라하기

# 1 디자인 테마

디자인 테마는 슬라이드가 통일되고 전문적으로 보이도록 미리 정의된 색, 글꼴 및 시각적 효과의 집합입니다. 최소한의 노력으로 프레젠테이션을 조화롭게 보이도록 할 수 있습니다. 슬라이드에 그래픽(표, 도형 등)을 추가하는 경우 다른 슬라이드 요소와 호환되는 테마 색을 적용하고, 어두운 색 텍스트는 더 쉽게 읽을 수 있도록 빛이 선명하게 표시됩니다.

## 1) 디자인 테마 적용하는 방법

[디자인]탭에서 테마 섬네일(축소판 그림)을 클릭합니다.

## 2) 전체 테마 갤러리 보기

[다자인]탭의 테마 자세히 버튼(▼)을 클릭하면 파워포인트에서 제공하는 다양한 디자인 테마를 보여줍니다. 원하는 테마의 섬네일을 클릭합니다. 테마를 선택하면 현재 작성되어 있는 슬라이드와 이 후 작성할 모든 슬라이드에 선택된 테마가 적용됩니다. 테마는 각각의 이름(예:자연테마)을 가지고 있습니다. 테마 위에 마우스를 올리면 테마의 이름이 풍선도움말로 표시됩니다. 이름을 확인하고 선택합니다.

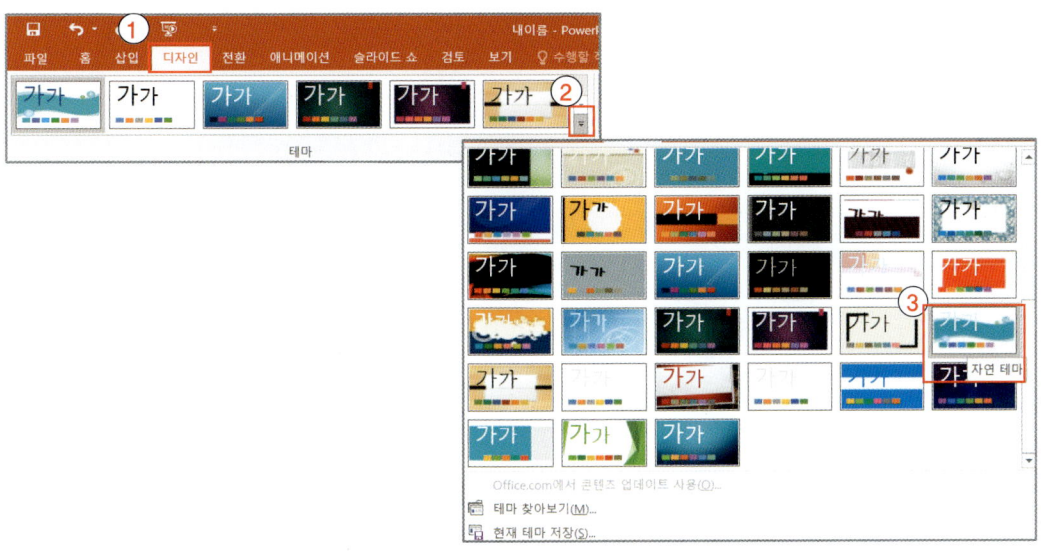

## 2 마스터

마스터는 슬라이드나 슬라이드 노트, 유인물 등에 배경, 색, 글꼴, 효과, 개체 틀 크기 및 위치, 테마 및 슬라이드 레이아웃정보 등을 저장하는 최상위 슬라이드입니다.
마스터의 종류에서 슬라이드 마스터, 유인물 마스터, 슬라이드 노트 마스터가 있습니다.

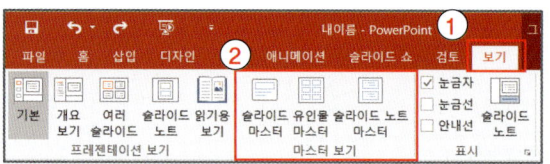

### 1) 슬라이드 마스터

슬라이드에 글꼴, 효과, 배경 스타일, 이미지 등을 같은 서식으로 적용하기 위하여 사용합니다. 슬라이드 마스터라는 한 위치에서 이러한 내용을 변경하면 모든 슬라이드에 적용됩니다.
슬라이드 마스터를 열려면 [보기]탭의 [슬라이드 마스터]를 선택합니다.

슬라이드 마스터의 종류는 테마의 종류(예:자연테마)에 따라 각 테마의 '슬라이드 마스터', '제목 슬라이드 레이아웃', '제목 및 내용 레이아웃' 등 슬라이드 레이아웃의 종류에 따라 다양하게 존재하며, 해당 슬라이드의 섬네일 위로 마우스를 가져가면 풍선 도움말로 슬라이드 마스터의 이름이 나타납니다. 슬라이드에 따라 한글 테마 이름과 영문 테마 이름('New_Natural01 슬라이드 마스터')이 혼용되어 사용되기도 합니다.

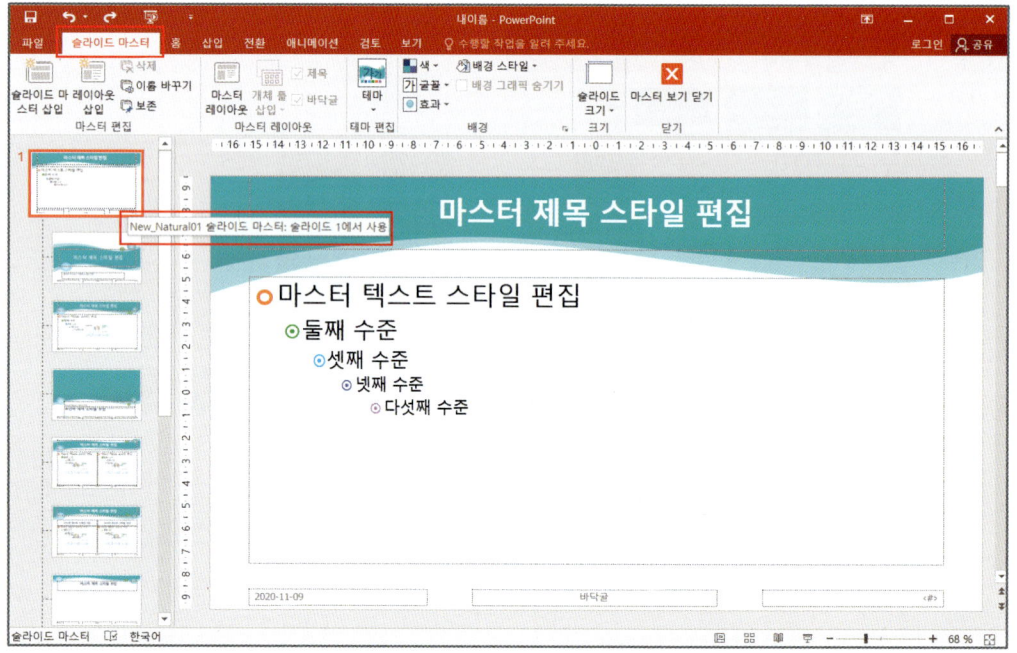

'제목 슬라이드 레이아웃' 마스터 슬라이드에서 글꼴의 서식을 지정하거나 이미지를 삽입하면 레이아웃이 '제목 슬라이드'로 되어 있는 슬라이드에만 적용됩니다. 슬라이드의 레이아웃 구분 없이 모든 슬라이드에 적용하려면 '자연 테마 슬라이드 마스터'(테마가 '자연 테마'인 경우)에 서식을 지정하거나 이미지를 삽입합니다.

슬라이드의 하단에 날짜및 시간, 바닥글, 페이지 번호 위치가 표시되어 있습니다. 이 위치는 테마에 따라 다르게 표시됩니다. 날짜및 시간, 바닥글, 페이지 번호는 머리글/바닥글에서 '표시 선택 ☑'을 하면 슬라이드에 나타나고, 선택되지 않으면 표시되지 않습니다.

페이지 번호 위치는 〈#〉으로 표시되어 있으며, 이 위치에 슬라이드 번호를 표시합니다. 〈#〉을 지우면 페이지 번호를 표시할 수 없으므로 주의합니다.

### 2) 유인물 마스터

프레젠테이션의 출력물인 유인물에 대한 레이아웃, 머리글 및 바닥글, 배경 등을 편집합니다. 유인물 마스터에서 설정한 내용은 인쇄된 유인물의 모든 페이지에 적용됩니다.

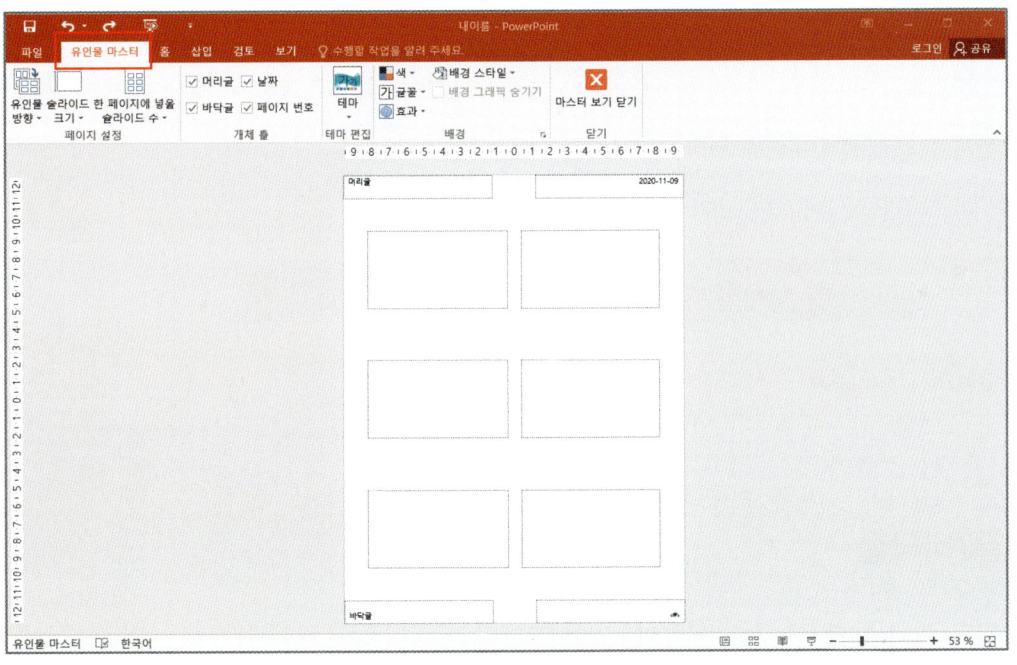

### 3) 슬라이드 노트 마스터

슬라이드의 노트 창에 대한 서식을 지정합니다.

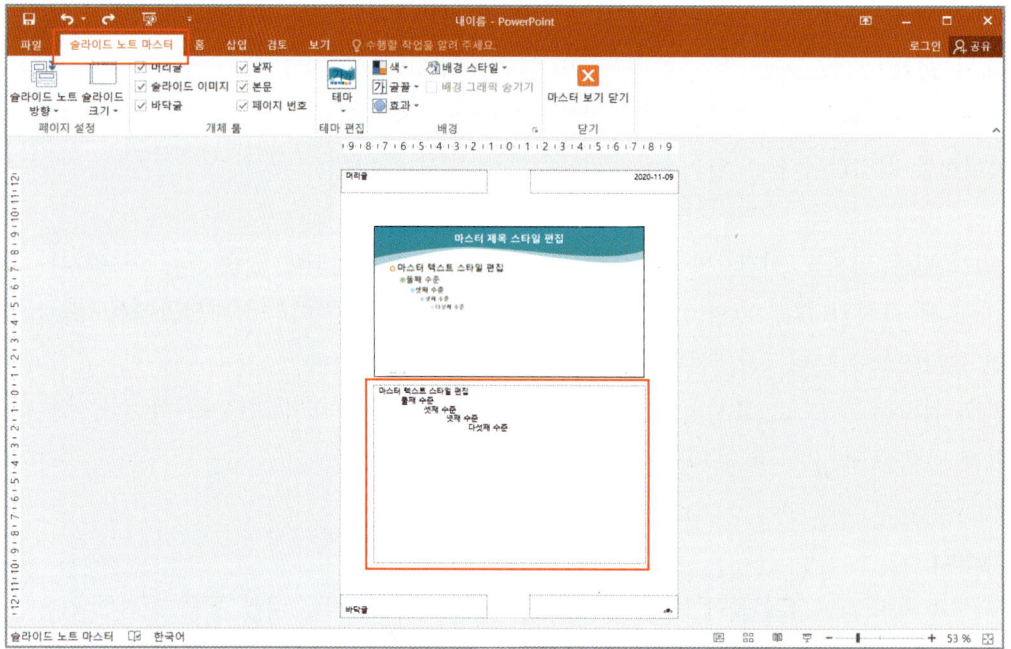

### 4) 슬라이드 마스터 닫기

[슬라이드 마스터], [유인물 마스터], [슬라이드 노트 마스터]에서 특정한 서식을 지정한 후 닫기 (❌)를 하여야 프레젠테이션을 위한 슬라이드 작업을 할 수 있다.

[슬라이드 마스터]탭의 [마스터 보기 닫기](❌)를 클릭합니다.

## 3 머리글/바닥글

슬라이드의 위와 아래에 한 두 줄의 내용이 슬라이드마다 고정적으로 표시되는 것이 있는데, 이것이 [머리글]과 [바닥글]입니다. 머리글/바닥글에는 '날짜 및 시간', '슬라이드 번호', '바닥글' 등을 넣을 수 있습니다.

머리글이나 바닥글을 표시하려면 [삽입]탭의 [머리글/바닥글]을 클릭합니다.

[머리글/바닥글] 대화상자에서 필요한 내용을 지정합니다.
[슬라이드]탭에서 슬라이드에 대한 머리글 및 바닥글 내용을 지정하고, [슬라이드 노트 및 유인물]탭에서 슬라이드 노트와 유인물에 대한 머리글 및 바닥글 내용을 지정합니다.

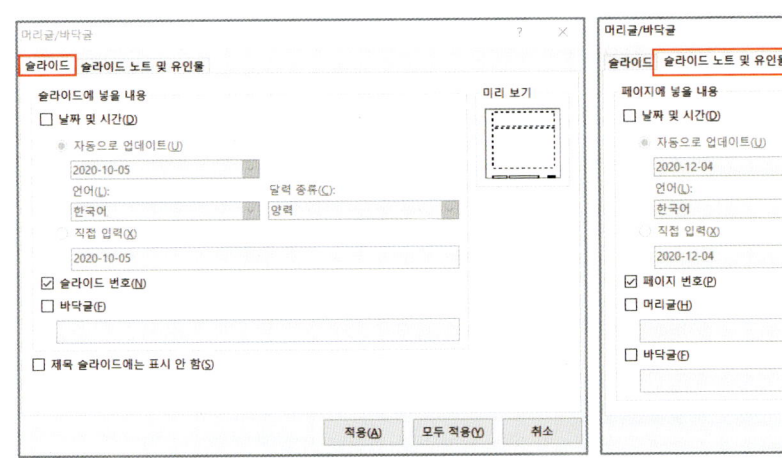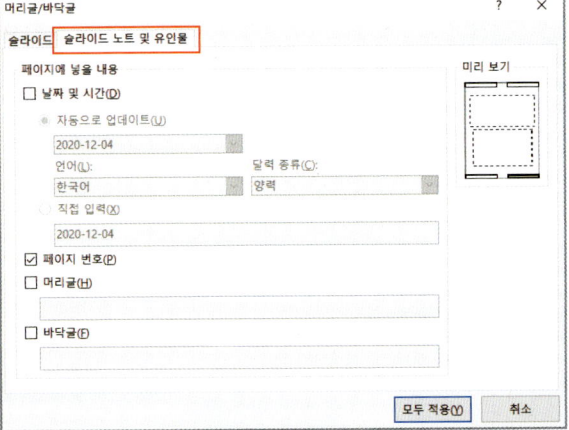

### 1) 날짜 및 시간
'날짜 및 시간' 확인란을 선택하면 현재 날짜 및 시간 혹은 사용자가 입력한 날짜가 표시됩니다.

### 2) 슬라이드 번호
'슬라이드 번호' 확인란을 선택하면 슬라이드 번호가 슬라이드에 표시됩니다.

### 3) 바닥글
'바닥글' 확인란을 선택하고, 바닥글 내용을 입력하면 입력한 내용이 슬라이드의 모든 페이지에 바닥글로 표시됩니다.

### 4) 제목 슬라이드에는 표시 안함
'제목 슬라이드에는 표시 안함'을 선택하면 작성된 슬라이드 중 '제목 슬라이드' 레이아웃으로 지정된 슬라이드에는 페이지 번호가 표시되지고 않고, 다른 레이아웃으로 지정된 슬라이드에만 번호가 표시됩니다.

### 5) [적용]과 [모두 적용]
[적용]을 클릭하면 현재 사용중인 슬라이드에만 머리글/바닥글이 적용되고, [모두 적용]을 클릭하면 모든 슬라이드에 적용됩니다.

## 4 슬라이드 크기 및 시작번호 지정

슬라이드는 기본적으로 1번부터 시작 됩니다. 그러나 시작번호를 변경 할 수 있습니다.
[디자인]탭 – [슬라이드 크기] – [사용자지정 슬라이드 크기]를 클릭하면 [슬라이드 크기] 대화상자가 나타납니다.
[슬라이드 크기] 대화상자에서 '슬라이드 크기', '슬라이드 방향', '슬라이드 시작 번호' 등을 지정합니다.

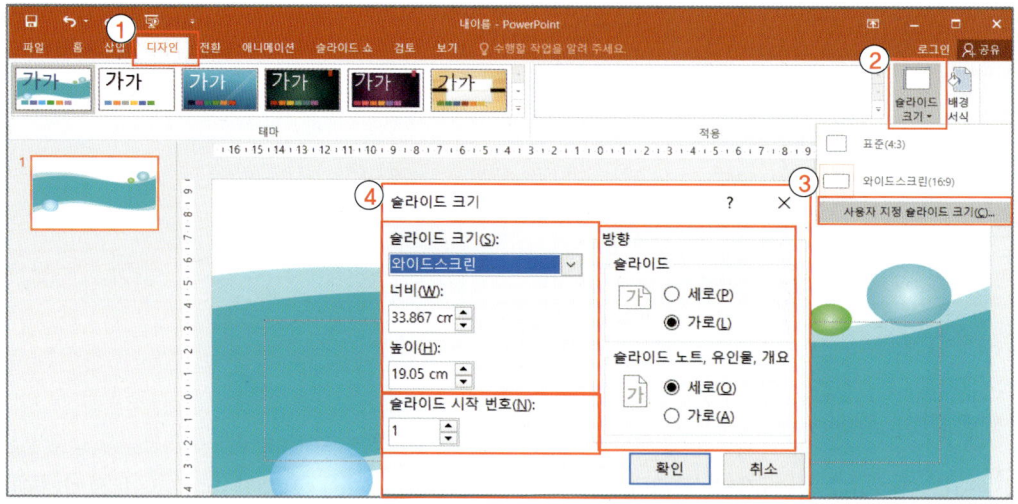

### 1) 슬라이드 크기

슬라이드 크기의 종류를 지정할 수 있습니다. 파워포인트 2016의 기본 슬라이드 크기는 와이드스크린입니다. 그러나 화면 슬라이드 쇼(4:3), A3용지 크기, A4 용지 크기 등 프레젠테이션에 알맞는 크기를 선택할 수 있습니다.

사용하고자 하는 크기에 맞는 슬라이드 크기가 없다면 너비와 높이를 입력하여 직접 사용자가 지정할 수도 있습니다.

### 2) 슬라이드 시작 번호

슬라이드의 시작 번호는 기본 1부터 시작합니다. [슬라이드 크기] 대화상자에서 시작 번호를 바꿀 수 있습니다.

### 3) 방향

슬라이드나 슬라이드 노트 혹은 유인물 등의 방향을 세로 혹은 가로 방향으로 변경할 수 있습니다.

### 5 따라하기

결과파일 : 따라하기2016\1장따라하기결과.pptx

답안 문서의 파일명은 '응시자의 이름'으로 저장하십시오.

1. **파워포인트를 실행하고 [파일]탭을 클릭합니다.**

    [다른 이름으로 저장] – [찾아보기]를 클릭하고, [다른 이름으로 저장] 대화상자에서 저장할 위치를 지정하고 [파일 이름]에 저장하고자 하는 이름(여기서는 본인의 이름) 입력 – [저장] 클릭

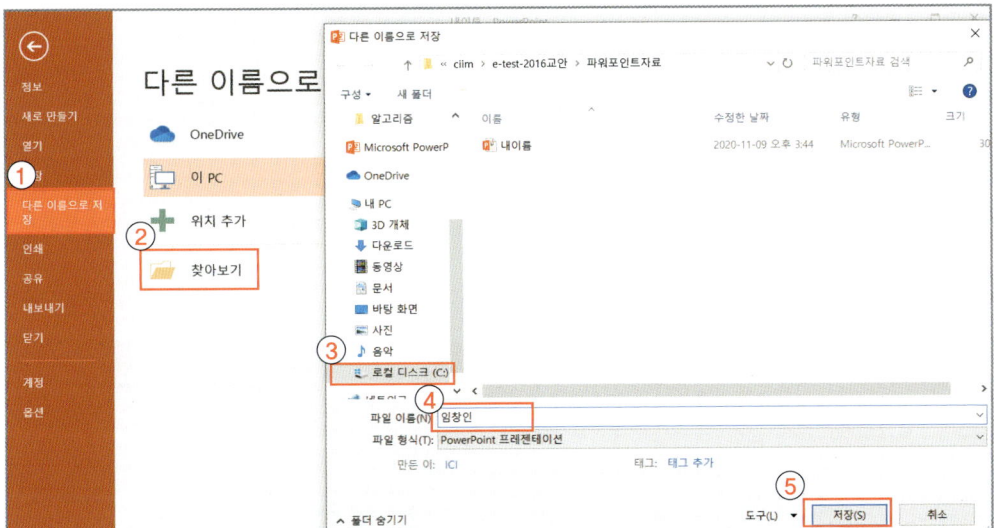

1. 전체 슬라이드의 디자인 테마는 모든 슬라이드에 '자연테마'를 적용하시오.

1. [디자인]탭 – [자연테마] 테마 클릭

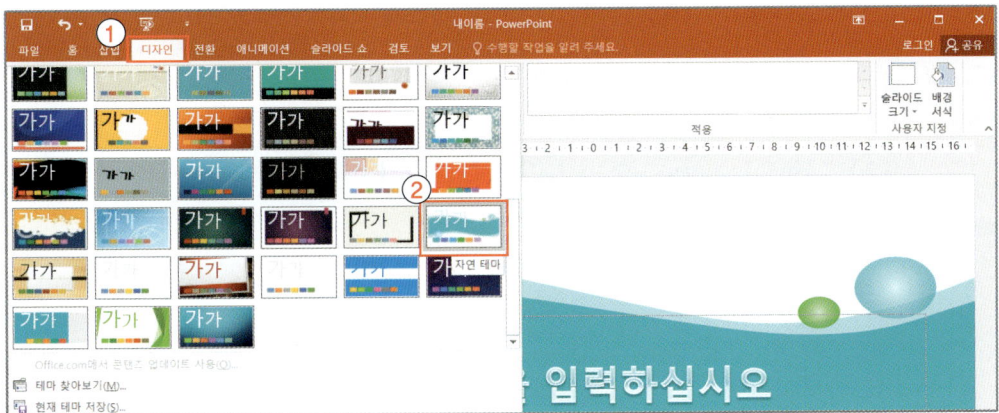

> 2. 마스터 기능을 이용하여 슬라이드 상단 오른쪽에 'OOO'을 입력하시오.
>    1) 자연 테마 슬라이드 마스터에 작성
>    2) 텍스트 상자를 이용하여 'OOO'에는 응시자 본인의 이름을 입력
>    3) 글꼴은 궁서체, 글꼴 크기는 30pt로 지정

1. [보기]탭 - [슬라이드 마스터] 클릭

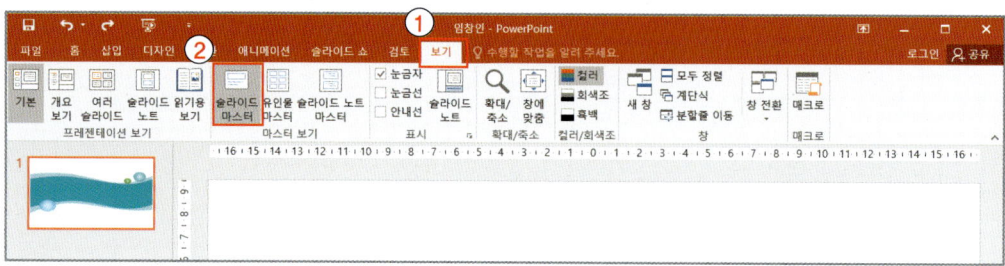

2. 슬라이드 마스터의 맨 위쪽의 '자연테마 슬라이드 마스터(New_Natural01 슬라이드 마스터)' 클릭

3. [삽입]탭 - [텍스트 상자] - [가로 텍스트 상자] 클릭

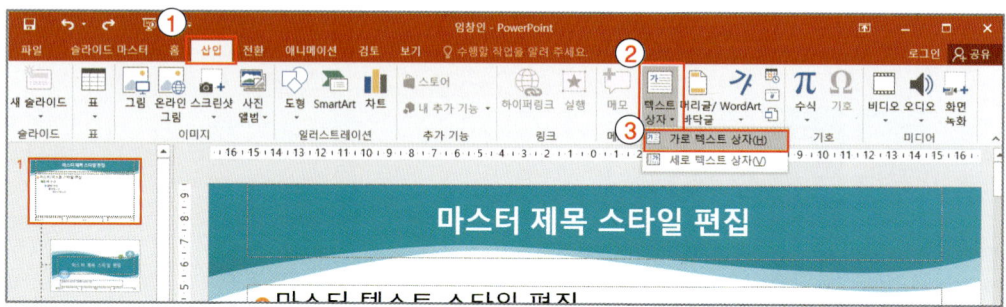

4. 상단 오른쪽에 글상자를 적당한 크기로 드래그하여 작성하고, 본인 이름(예:임창인) 입력

5. 입력한 이름을 드래그하여 블록으로 지정 - [홈]탭 - 글꼴:궁서체, 글꼴 크기:30 입력
   반드시 이름이 오른쪽 상단에 위치하도록 텍스트 상자의 위치를 조절합니다.

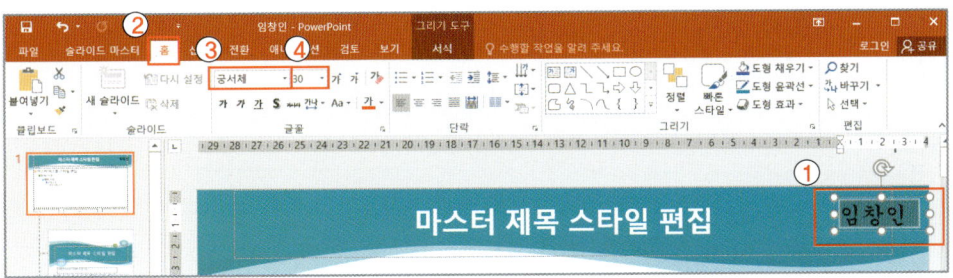

> 3. 슬라이드 번호를 삽입하시오.
>    1) 머리글/바닥글 기능을 이용하여 슬라이드 삽입시 자동으로 추가되게 지정
>    2) 모든 슬라이드의 하단 오른쪽에 작성
>    3) 글꼴 크기는 30pt로 지정
>    4) 슬라이드 시작 번호는 3으로 지정

1. [삽입]탭 - [머리글/바닥글] 클릭

   [머리글/바닥글]대화상자의 '슬라이드 번호' 선택 - [모두 적용] 클릭

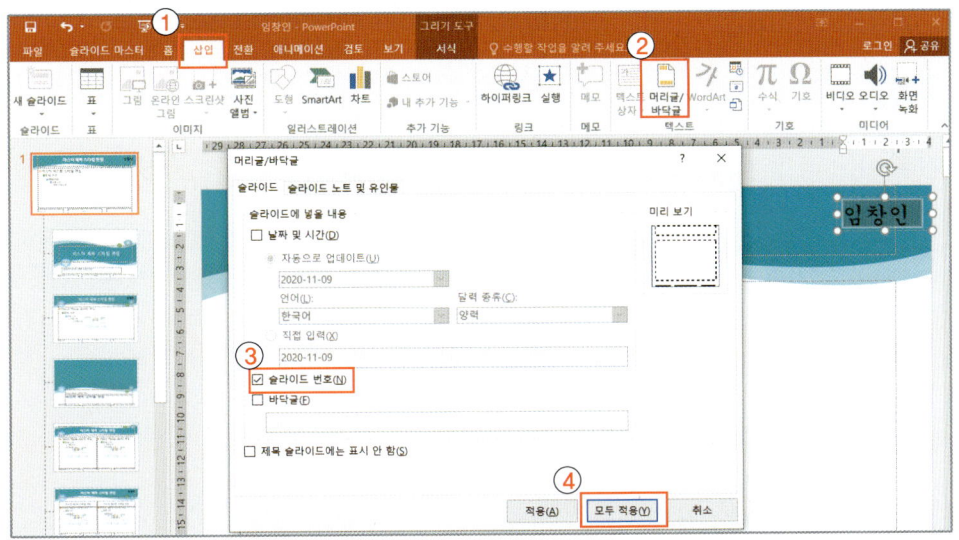

2. 슬라이드 하단 오른쪽에 슬라이드 번호가 있는지 확인

    슬라이드 번호 위치(〈#〉)를 블록으로 지정하고, [홈]탭 – 글꼴 크기:30 입력

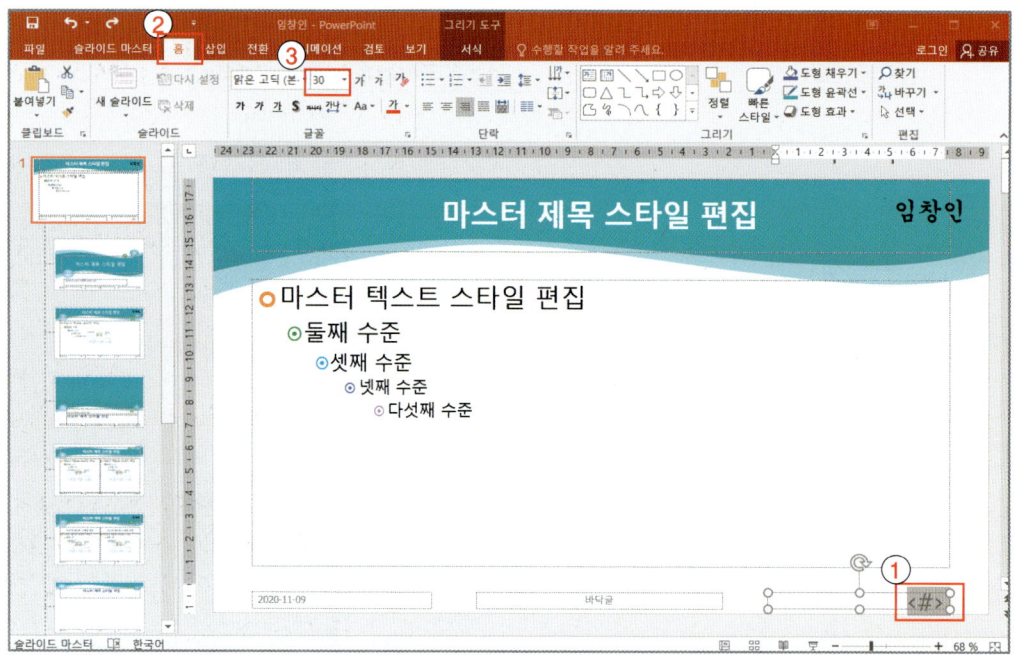

3. [슬라이드 마스터]탭 – [슬라이드 크기] – [사용자 지정 슬라이드 크기] 클릭

    [슬라이드 크기] 대화상자에서 '슬라이드 시작 번호'에 3 입력 – [확인] 클릭

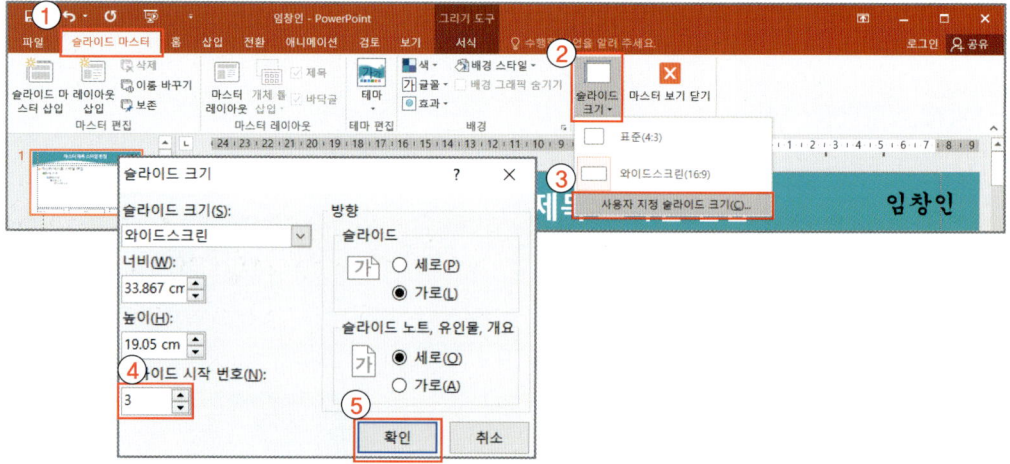

4. [슬라이드 마스터]탭 - [마스터 보기 닫기] 클릭

5. **마스터를 닫았으므로, 슬라이드 시작 번호와 사용자 이름을 확인합니다.**

    그런데 슬라이드1에는 사용자 이름이 표시되지 않았습니다. '자연 테마' 테마에는 제목 슬라이드(슬라이드1번임)에는 이름이 표시되지 않도록 되어 있는 테마입니다. 이 경우 Ctrl + M을 눌러 슬라이드 2번을 만든 후 이름과 슬라이드 번호를 확인합니다. 슬라이드 번호는 슬라이드 섬네일에서도 확인 할 수 있습니다.

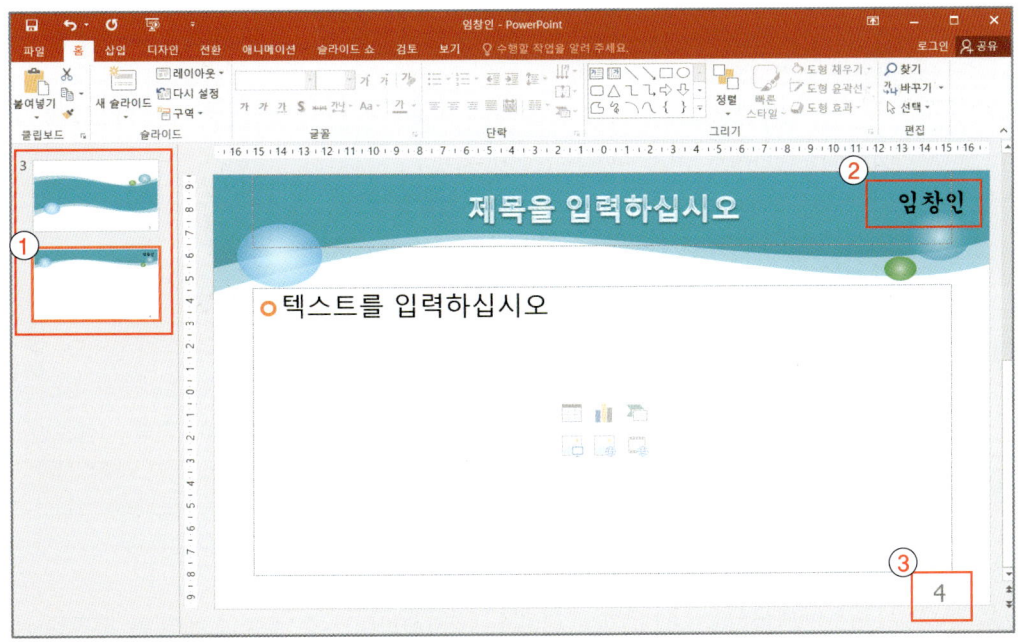

만일 슬라이드 번호나 이름이 문제와 다르게 표시되어 있다면 [보기] - [슬라이드 마스터]를 클릭하여 반드시 마스터에서 내용을 수정합니다.

## 연습문제 1

결과파일 : 연습문제2016\연습 – 1장 1번.pptx

| [보기 슬라이드] | [처리사항] |
|---|---|
|  | 〈디자인 서식 지정과 마스터 편집하기〉<br>배점 1번(5), 2번(11), 3번(14)<br>1. 전체 슬라이드의 디자인 테마는 모든 슬라이드에 '패싯'을 적용하시오.<br>2. 마스터 기능을 이용하여 슬라이드 상단 오른쪽에 'ㅇㅇㅇ'을 입력하시오.<br>  1) 패싯 슬라이드 마스터에 작성<br>  2) 텍스트 상자를 이용하여 'ㅇㅇㅇ'에는 응시자 본인의 이름을 입력<br>  3) 글꼴은 바탕체, 글꼴 크기는 30pt로 지정<br>3. 슬라이드 번호를 삽입하시오.<br>  1) 머리글/바닥글 기능을 이용하여 슬라이드 삽입시 자동으로 추가되게 지정<br>  2) 제목 슬라이드를 제외한 모든 슬라이드의 하단 오른쪽에 작성<br>  3) 글꼴 크기는 30pt로 지정<br>  4) 슬라이드 시작 번호는 3으로 지정 |

## 연습문제 2

결과파일 : 연습문제2016\연습 – 1장 2번.pptx

| [보기 슬라이드] | [처리사항] |
|---|---|
|  | 〈디자인 서식 지정과 마스터 편집하기〉<br>배점 1번(5), 2번(11), 3번(14)<br>1. 전체 슬라이드의 디자인 테마는 모든 슬라이드에 '주요 이벤트'를 적용하시오.<br>2. 마스터 기능을 이용하여 슬라이드 상단 왼쪽에 'ㅇㅇㅇ'을 입력하시오.<br>  1) 주요이벤트 슬라이드 마스터에 작성<br>  2) 텍스트 상자를 이용하여 'ㅇㅇㅇ'에는 응시자 본인의 이름을 입력<br>  3) 글꼴은 굴림체, 글꼴 크기는 29pt로 지정<br>3. 슬라이드 번호를 삽입하시오.<br>  1) 머리글/바닥글 기능을 이용하여 슬라이드 삽입시 자동으로 추가되게 지정<br>  2) 제목 슬라이드를 제외한 모든 슬라이드의 하단 가운데에 작성<br>  3) 글꼴 크기는 34pt로 지정<br>  4) 슬라이드 시작 번호는 0으로 지정 |

# 슬라이드1 작성하기

PowerPoint 2016

슬라이드1.

〈슬라이드 작성하기〉

1. 슬라이드1 : 배점 1)번(5), 2)번(15), 3)번(7)
   1) 슬라이드는 '제목' 슬라이드로 지정하시오.
   2) 워드아트를 이용하여 제목은 '민들레'로 [보기 슬라이드]와 같이 작성하시오.
      - WordArt는 '채우기 – 주황, 강조 1, 윤곽선 – 배경 1, 진한 그림자 – 강조1'로 지정
      - 글꼴은 돋움체, 글꼴 크기는 72pt로 지정
      - 워드아트의 크기는 너비 18cm, 높이 3.5cm로 지정
   3) [보기 슬라이드]와 같이 부제목에 '하이퍼링크'를 입력하고, e-Test 홈페이지를 하이퍼링크로 지정하시오.
      (e-Test 홈페이지 : http://www.e-test.co.kr)
      - 글꼴은 돋움체, 글꼴 크기는 34pt로 지정

〈슬라이드 1〉의 중점사항

1. 슬라이드 레이아웃
2. 워드아트
3. 하이퍼링크
4. 따라하기

# 1 슬라이드 레이아웃

슬라이드에 표시되는 모든 내용의 서식, 개체의 위치 및 개체 틀이 들어 있습니다. 개체 틀은 레이아웃에서 표, 텍스트, 차트, 동영상, 소리, 그림 등과 같은 내용을 유지하는 컨테이너입니다.
레이아웃의 종류는 테마의 종류에 따라 차이는 있습니다만 기본 구조는 같습니다.

레이아웃은 [홈]탭 – [레이아웃]을 클릭하거나 해당 슬라이드의 섬네일의 팝업 메뉴나 슬라이드의 그림, 텍스트 상자 등 개체가 아닌 임의의 곳에서 팝업메뉴의 [레이아웃]을 클릭하여 선택합니다.

레이아웃의 종류는 '제목 슬라이드', '제목 및 내용', '구역 머리글', '콘텐츠 2개', '비교', '제목만', '빈 화면', '제목 및 세로 텍스트' 등 다양한 종류가 있으며 필요에 따라 선택하여 사용합니다. 일반적으로 슬라이드의 첫 번째 슬라이드는 '제목 슬라이드', 내용 작성은 '제목 및 내용'을 많이 사용합니다.

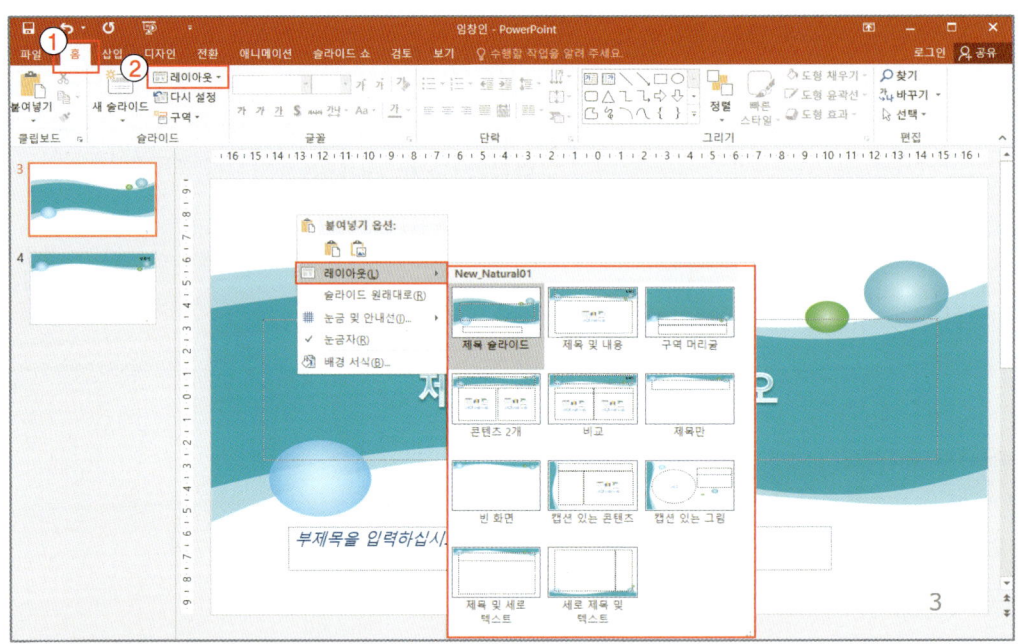

# 2 워드아트(WordArt)

WordArt는 텍스트에 그림자, 반사, 네온, 입체효과 등 여러가지 장식 효과를 추가할 수 있는 텍스트 스타일 갤러리입니다. 워드아트를 이용하여 작성된 텍스트는 그림으로 취급되어 텍스트의 크기를 글자크기로 조절할 수도 있지만 도형의 크기로 조절합니다.

[삽입]탭 – [WordArt]를 클릭하면 워드아트의 디자인 종류가 표시됩니다. 디자인마다 고유의 이름이 있으므로 풍선 도움말을 확인하여 디자인을 선택 할 수 있습니다.

워드아트의 디자인을 선택하면 '필요한 내용을 적으십시오' 문장과 함께 글상자가 나타납니다. 이 글상자에 워드아트로 표현하고자 하는 내용을 입력하면 디자인된 글자로 표시됩니다.

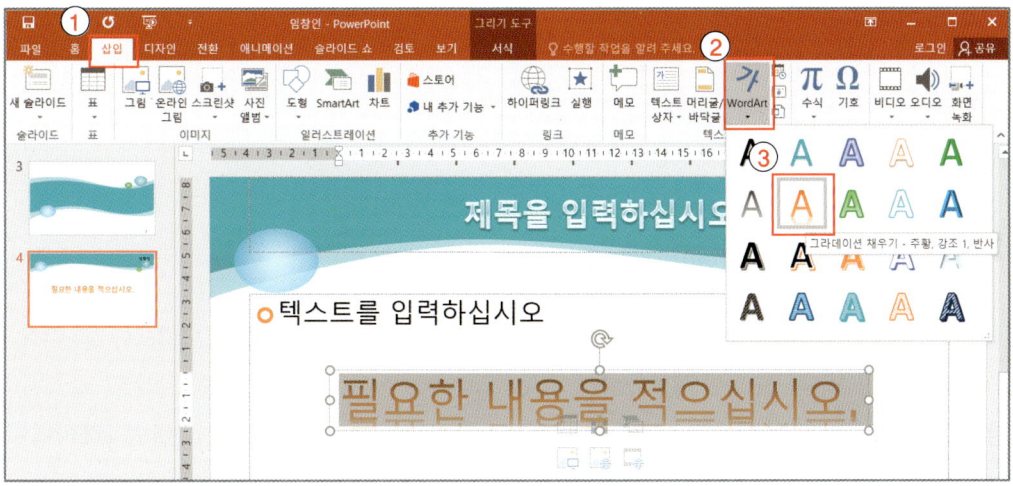

WordArt를 삽입한 후 [그리기도구] – [서식]탭의 [텍스트 채우기], [텍스트 윤곽선], [텍스트 효과]를 이용하여 다양한 효과를 적용할 수 있습니다.

아래 그림은 [텍스트 효과]의 다양한 형태입니다.

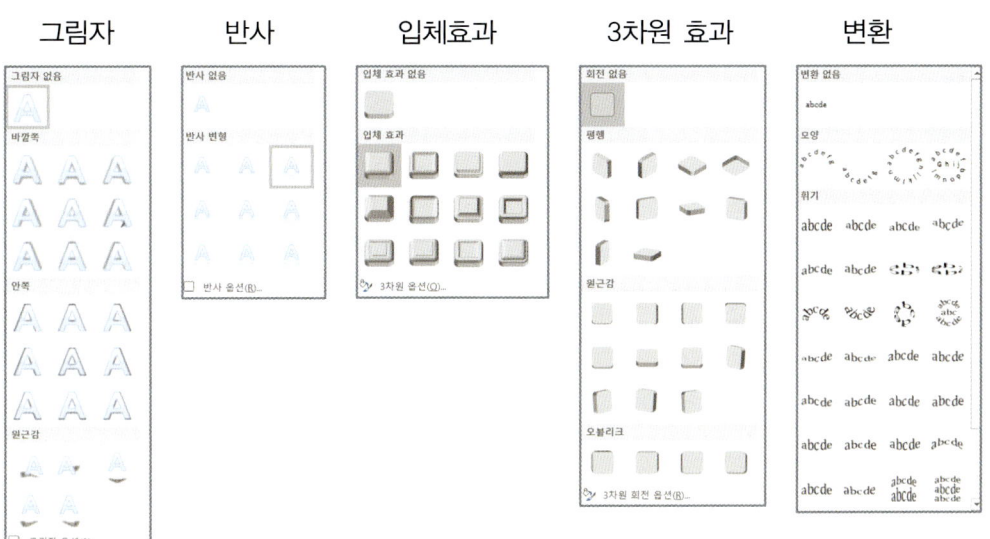

워드아트를 이용하여 '파란 가을 하늘'을 입력하고, [텍스트 효과] – [변환] – '갈매기형 수장', [텍스트 효과] – [반사] – '전체반사 터치', [텍스트 효과] – [네온] – '옥색, 11pt 네온, 강조색'과 글꼴:굵게를 지정한 모양입니다.

## 3 하이퍼링크

현재 프레젠테이션 문서의 슬라이드 사이를 연결하거나 다른 프레젠테이션 파일, 전자 메일 주소, 웹 페이지 또는 다른 파일에 대해 링크를 설정합니다.

하이퍼링크 추가는 하이퍼링크로 사용할 텍스트, 도형 또는 그림을 선택하고, [삽입]탭의 [하이퍼링크]를 클릭합니다.

[하이퍼링크 삽입] 대화상자에서 연결 대상을 기존 파일/웹 페이지의 주소를 입력하거나, 현재 문서에서 슬라이드 위치를 지정하거나 전자 메일 주소를 입력하거나 등을 선택하여 하이퍼링크를 삽입 할 수 있습니다.

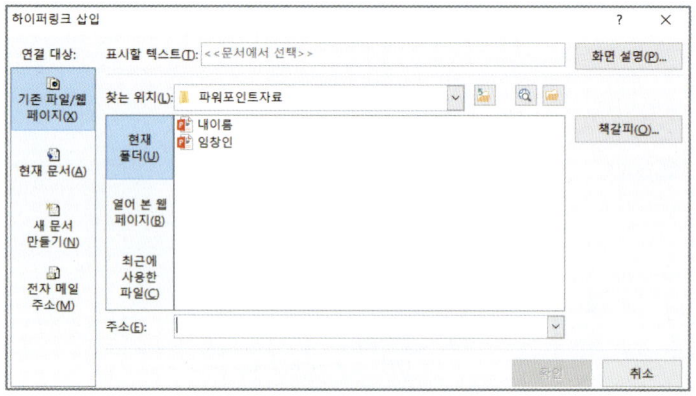

텍스트에 하이퍼링크를 지정하면 텍스트의 글자 색이 지정된 색(테마에 따라 다름)으로 바뀌고 텍스트에 밑줄이 표시됩니다. 또한 하이퍼링크를 열어본 후에는 텍스트의 글자 색이 다른 색(테마에 따라 다름)으로 바뀝니다.

## 4 따라하기

시작파일 : 따라하기2016\1장따라하기결과.pptx    결과파일 : 따라하기2016\2장따라하기결과.pptx

> 1) 슬라이드는 '제목' 슬라이드로 지정하시오.

1. [홈]탭의 [레이아웃] - [제목 슬라이드] 클릭

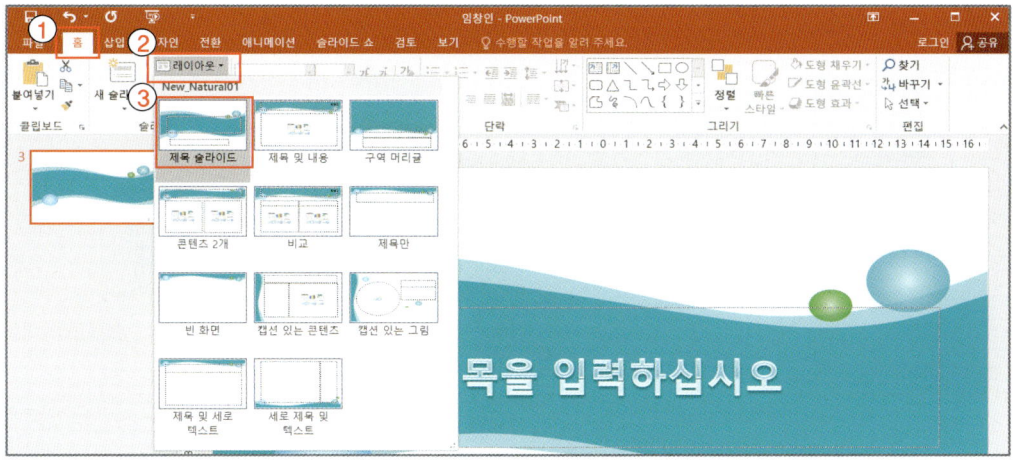

> 2) 워드아트를 이용하여 제목은 '민들레'로 [보기 슬라이드]와 같이 작성하시오.
> - WordArt는 '채우기 - 주황, 강조1, 윤곽선 - 배경1, 진한 그림자 - 강조1'로 지정
> - 글꼴은 돋움체, 글꼴 크기는 72pt로 지정
> - 워드아트의 크기는 너비 18cm, 높이 3.5cm로 지정

1. '제목을 입력하십시오' 도형의 테두리를 클릭하고 Delete 키를 눌러 삭제합니다.

2. [삽입]탭 – [WordArt] – '채우기 – 주황, 강조 1, 윤곽선 – 배경 1, 진한 그림자 – 강조 1' 클릭(풍선도 움말 확인)

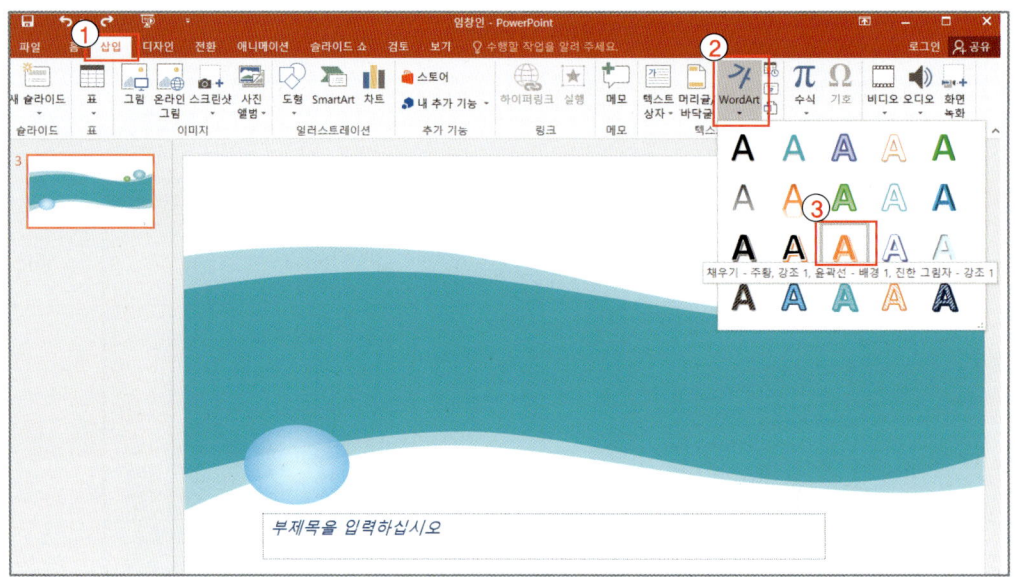

3. '필요한 내용을 적으십시오'를 지우고 '민들레' 입력

4. '민들레'를 블록으로 지정하고 미니도구모음이나 [홈]탭 – [글꼴]그룹에서 글꼴:돋움체, 글꼴 크기:72 입력

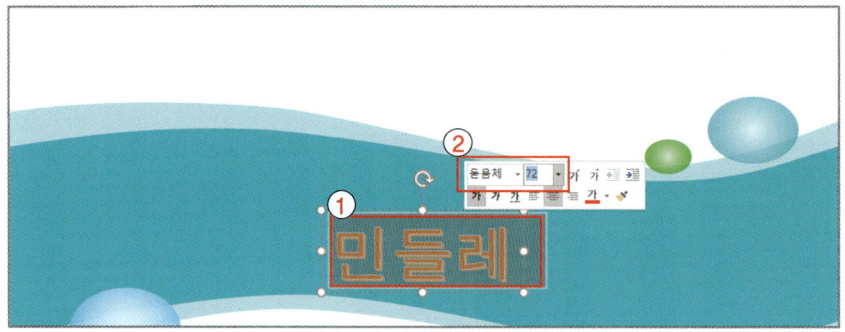

5. [그리기 도구] [서식]탭 – [크기]그룹의 대화상자 펼침아이콘( ) 클릭

[도형 서식] 작업창의 (크기 및 속성) – [크기] – '가로 세로 비율 고정'의 선택 해제. 높이:3.5, 너비:18 입력

제목('민들레')을 문제를 참고하여 적당한 위치로 드래그

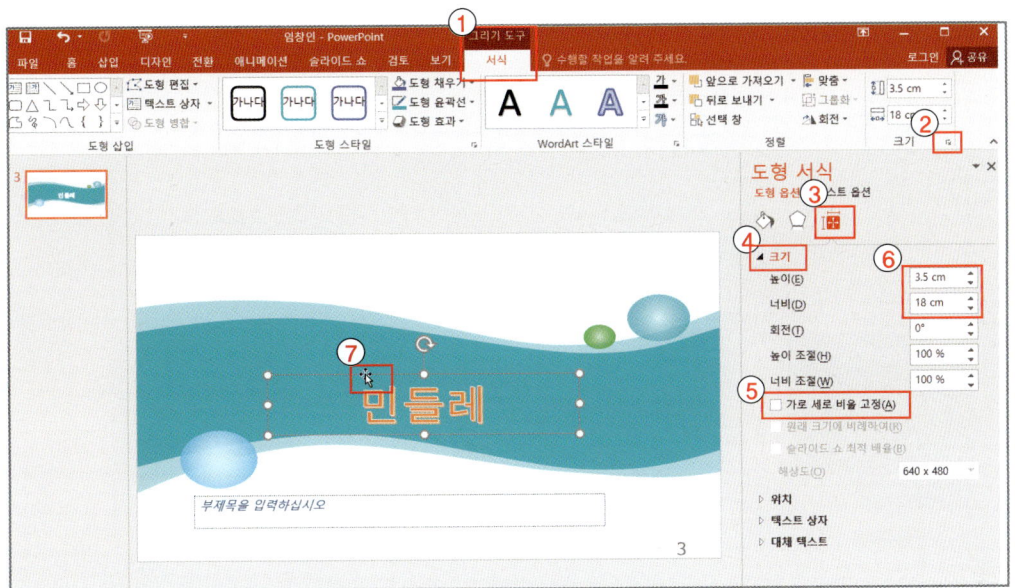

3) [보기 슬라이드]와 같이 부제목에 '하이퍼링크'를 입력하고, e-Test 홈페이지를 하이퍼링크로 지정하시오.
   (e-Test 홈페이지 : http://www.e-test.co.kr)
   - 글꼴은 돋움체, 글꼴 크기는 34pt로 지정

1. '부제목을 입력하십시오'를 클릭하고 '하이퍼링크' 입력

2. 입력한 '하이퍼링크'를 블록으로 지정하고, [삽입]탭 – [하이퍼링크] 클릭, [하이퍼링크 삽입] 대화 상자의 [기존 파일/웹 페이지] – '주소'에 'http://www.e-test.co.kr' 입력 – [확인] 클릭

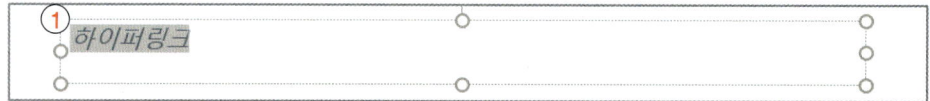

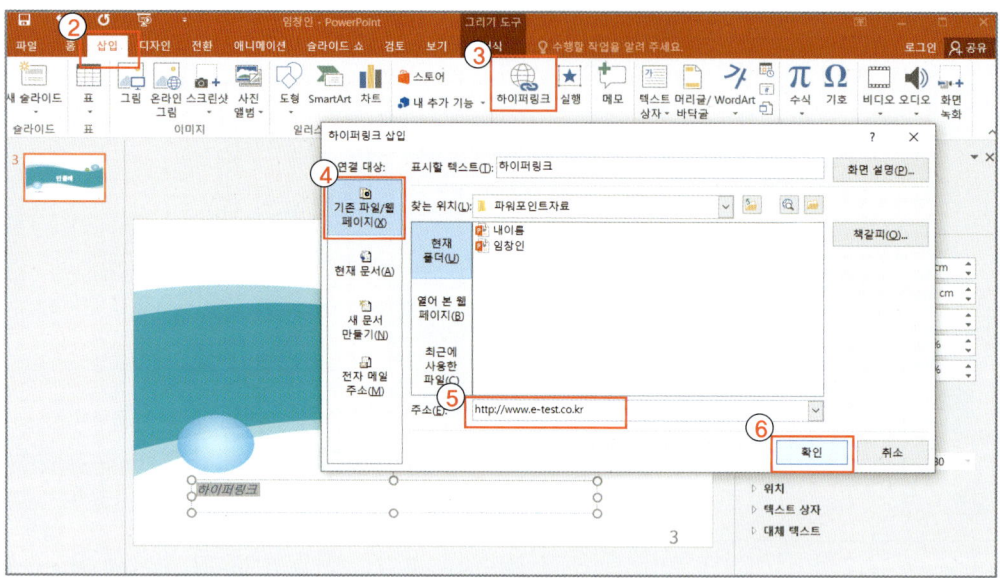

3. '하이퍼링크'를 블록으로 지정하고. [홈]탭 혹은 미니도구모음 – 글꼴:돋움체, 글꼴 크기:34 입력

# 연습문제 1

시작파일 : 연습문제2016\연습-1장1번.pptx , 결과파일 : 연습문제2016\연습-2장1번.pptx

| [보기 슬라이드] | |
|---|---|
| 슬라이드1. 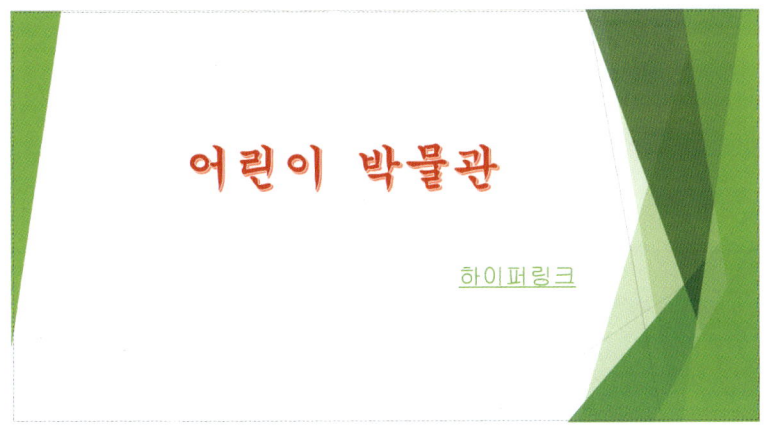 | |

[처리사항]

〈슬라이드 작성하기〉

1. 슬라이드1 : 배점 1)번(5), 2)번(15), 3)번(7)
 1) 슬라이드는 '제목' 슬라이드로 지정하시오.
 2) 워드아트를 이용하여 제목은 '어린이 박물관'으로 [보기 슬라이드]와 같이 작성하시오.
  - WordArt 는 '채우기 - 빨강, 강조 1, 윤곽선 - 배경1, 진한 그림자 - 강조 1'로 지정
  - 글꼴은 궁서체, 글꼴 크기는 62pt로 지정
  - 워드아트의 크기는 너비 16cm, 높이 3.3cm로 지정
 3) [보기 슬라이드]와 같이 부제목에 '하이퍼링크'를 입력하고, e-Test 홈페이지를 하이퍼링크로 지정하시오.
  (e-Test 홈페이지 : http://www.e-test.co.kr)
  - 글꼴은 굴림체, 글꼴 크기는 30pt로 지정

## 연습문제 2

시작파일 : 연습문제2016\연습-1장2번.pptx , 결과파일 : 연습문제2016\연습-2장2번.pptx

[보기 슬라이드]

슬라이드1.

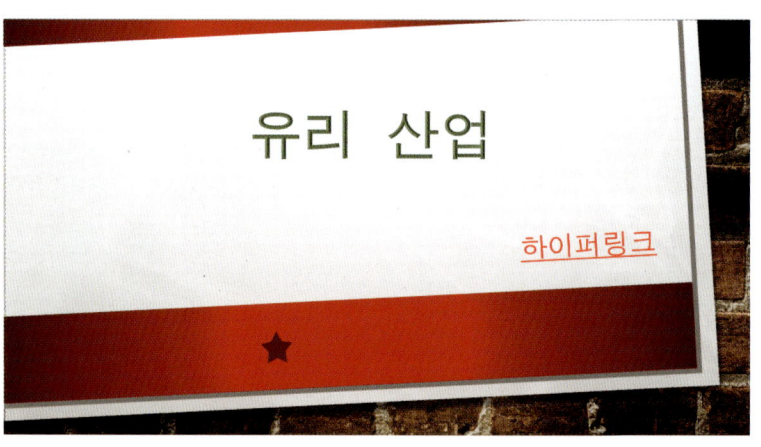

[처리사항]

〈슬라이드 작성하기〉
1. 슬라이드1 : 배점 1)번(5), 2)번(15), 3)번(7)
   1) 슬라이드는 '제목' 슬라이드로 지정하시오.
   2) 워드아트를 이용하여 제목은 '유리산업'으로 [보기 슬라이드]와 같이 작성하시오.
      - WordArt 는 '채우기 – 녹색, 강조 3, 선명한 입체'로 지정
      - 글꼴은 돋움체, 글꼴 크기는 70pt로 지정
      - 워드아트의 크기는 너비 17cm, 높이 3.5cm로 지정
   3) [보기 슬라이드]와 같이 부제목에 '하이퍼링크'를 입력하고, e-Test 홈페이지를 하이퍼링크로 지정하시오.
      (e-Test 홈페이지 : http://www.e-test.co.kr)
      - 글꼴은 돋움체, 글꼴 크기는 35pt로 지정

# 슬라이드 2 작성하기

PowerPoint 2016

슬라이드2.

2. 슬라이드2 : 배점 1)번(5), 2)번(3), 3)번(10), 4)번(1), 5)번(3), 6)번(30)

1) 새 슬라이드를 '콘텐츠 2개' 슬라이드로 추가하시오.
2) 제목은 '민들레의 특징'으로 입력하시오.
   - 글꼴은 돋움체, 글꼴 크기는 56pt로 지정
3) [보기 슬라이드]와 같이 내용을 첫째 수준과 둘째 수준으로 입력하시오.
   〈입력 내용〉
   국화과의 여러해살이풀
      경작지, 정원, 잔디밭 등 사람의 손길이 미치는 장소
   쓰임새
      민들레 잎 : 식용
      뿌리 : 약용(염증 및 피부질환 등의 개선 효과)
   - 글꼴은 굴림체, 글꼴 효과는 굵게, 글꼴 크기는 첫째 수준은 24pt, 둘째 수준은 20pt
4) 입력한 내용의 줄 간격은 고정 30pt로 지정하시오.
5) 글머리 기호 및 번호 매기기를 이용하여 입력한 내용의 첫째 수준 글머리 기호를 [보기 슬라이드]와 같이 작성하시오.
   - 글머리 기호의 모양은 ★, 크기는 90%로 지정
6) [삽입] 메뉴의 [그림 파일]을 이용하여 주어진 '민들레'의 이미지를 [보기 슬라이드]와 같이 문자열의 왼쪽에 삽입하시오.
   - 그림의 크기는 너비 11cm, 높이 9cm로 지정

〈슬라이드 2〉의 중점사항

1. 글머리기호 및 번호매기기, 목록 수준, 줄 간격, 텍스트 방향, 텍스트 맞춤
2. 슬라이드 추가
3. 이미지(그림)
4. 따라하기

# 1 글머리기호 및 번호매기기, 목록 수준, 줄 간격, 텍스트 방향, 텍스트 맞춤

글머리기호 및 번호매기기, 목록 수준, 줄 간격, 텍스트 방향, 텍스트 맞춤 등은 [홈]탭의 [단락]그룹에서 지정합니다.

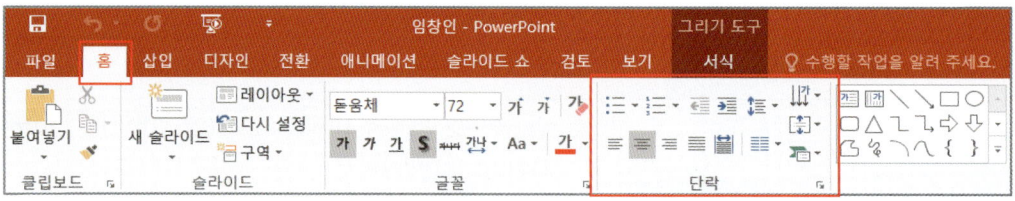

## 1) 글머리기호 및 번호매기기

글머리 기호(☰)는 목록의 글머리에 기호를 표시해 주고, 번호 매기기(☰)는 목록에 자동으로 번호를 부여하는 기능입니다.

글머리 기호 혹은 번호 매기기의 화살표(˅)를 클릭하면 기호 모양이나 번호 모양을 바꿀 수 있습니다.

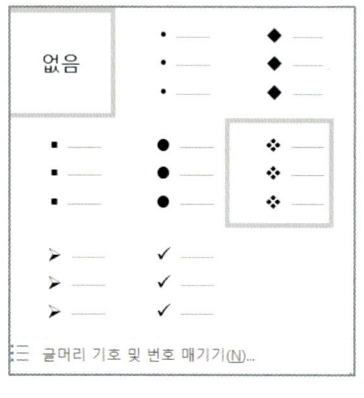

글머리 기호

번호 매기기

글머리 기호나 번호 모양을 사용자가 임의로 지정하거나 크기나 색 등을 변경하려면 하단의 '번호 매기기 설정'( 글머리 기호 및 번호 매기기(N)... )을 클릭합니다. '텍스트 크기'에 숫자를 입력하여 글머리 기호의 크기를 조절할 수 있습니다. [사용자 지정]을 클릭하여 [기호]대화상자에서 원하는 기호를 선택할 수 있습니다.

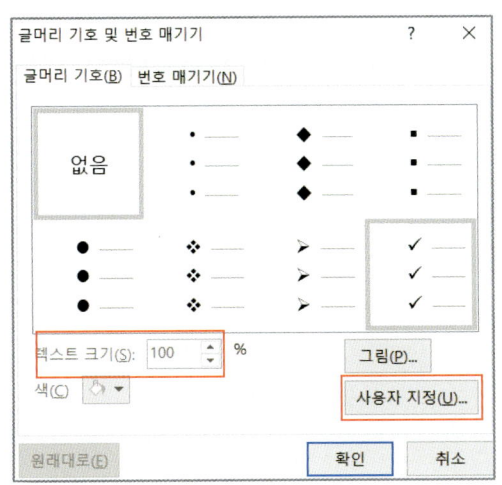 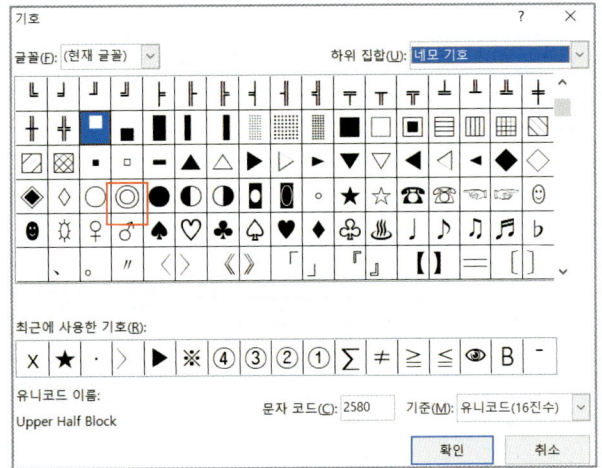

아래 그림은 텍스트 목록에 글머리 기호와 번호매기기를 지정한 예문입니다.

## 2) 목록 수준

목록 수준 줄임(	)은 목록의 수준을 낮추어 주고, 목록 수준 늘림(	)은 들여쓰기 수준을 높여 주는 아이콘으로, 각각 들여쓰기와 내어쓰기를 지정합니다.

수준에 따라 글자 크기 및 들여쓰는 폭은 '슬라이드 마스터'에서 지정한 값에 의하여 자동으로 조절이 됩니다. 목록의 수준에 따라 글머리 기호와 번호를 혼합하여 사용할 수 있습니다.

아래 그림은 텍스트 목록에 목록 수준을 지정한 예문 입니다.

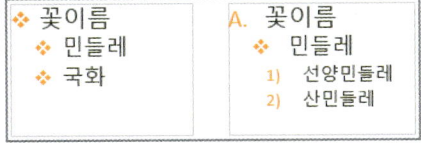

## 3) 줄 간격

텍스트를 더 쉽게 읽을 수 있도록 텍스트 줄 간격과 단락 사이의 간격을 조절합니다. 줄간격 아이콘(	)을 클릭하여 줄간격을 조절합니다. [줄 간격 옵션]을 클릭하면 [단락]대화상자에서 들여쓰기 및 줄 간격을 사용자가 조절할 수 있습니다.

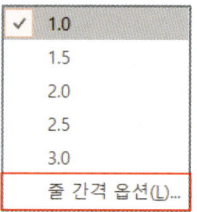

### 4) 텍스트 방향

텍스트 상자나 도형에 입력된 텍스트의 방향을 변경하여 표시할 수 있습니다. 텍스트 방향( )을 클릭하여 '가로', '세로', '모든 텍스트 90도 회전' 등을 선택합니다.

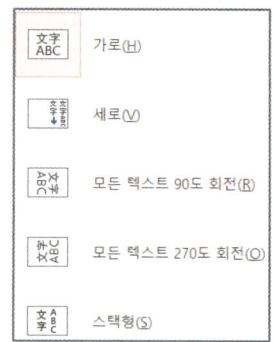

5가지 종류의 텍스트 방향을 차례대로 지정한 내용은 그림과 같습니다.

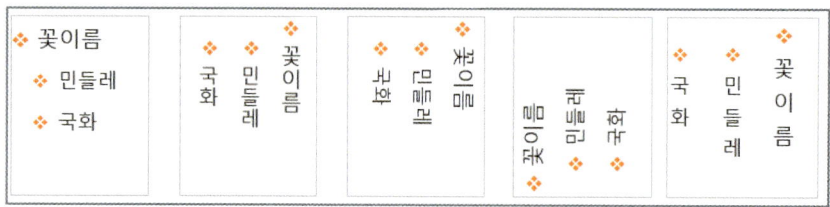

### 5) 텍스트 맞춤

텍스트 상자 혹은 도형 내에서 텍스트의 위치를 지정할 때 사용합니다. 텍스트 맞춤( )을 클릭하여 텍스트를 세로 방향으로 위쪽, 중간, 아래쪽을 지정할 수 있습니다.

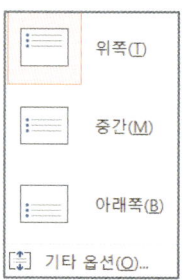
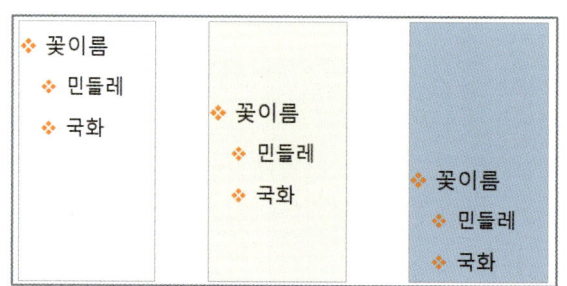

## 2 슬라이드 추가

파워포인트를 실행하면 기본적으로 하나의 슬라이드만 표시됩니다. 프레젠테이션을 작성하려면 필요한 슬라이드를 추가하여야 합니다.

다음은 슬라이드를 추가(삽입)하는 방법입니다.

1) [홈]탭 - (새 슬라이드)를 클릭하거나, [새 슬라이드 화살표( )]를 클릭하고, 필요한 레이아웃을 선택하여 슬라이드를 삽입합니다.

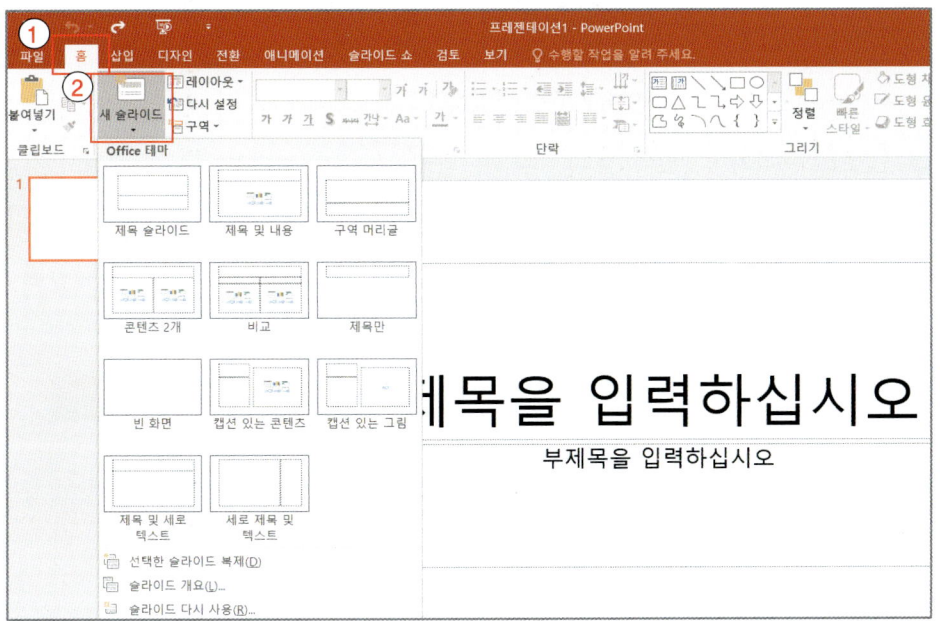

2) 슬라이드 삽입의 단축키인 Ctrl + M 을 누릅니다. 새 슬라이드는 현재 슬라이드의 다음에 추가됩니다.

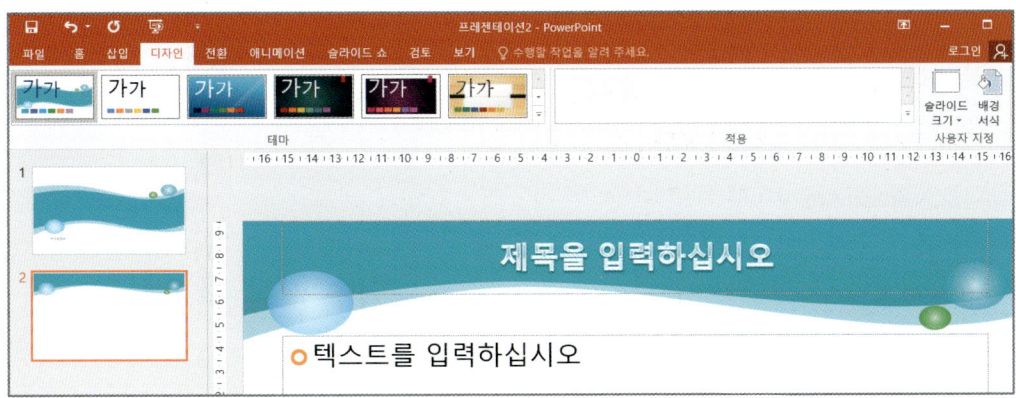

## 3 이미지

1) 이미지(그림)는 [삽입]탭의 [그림]을 클릭하거나, 슬라이드의 개체 틀에서 [그림]을 클릭하여 삽입합니다.

2) 그림을 삽입한 후 그림을 클릭하면 [그림 도구] 메뉴가 활성화되어 나타나고, [서식]탭에서 그림에 대한 다양한 서식을 지정할 수 있습니다. [서식]탭에 표시되지 않은 세부적인 사항은 [그림스타일]이나 [크기]그룹의 대화상자 펼침아이콘( ▼ )을 클릭하면 표시되는 [그림 서식] 작업창에서 변경할 수 있습니다.

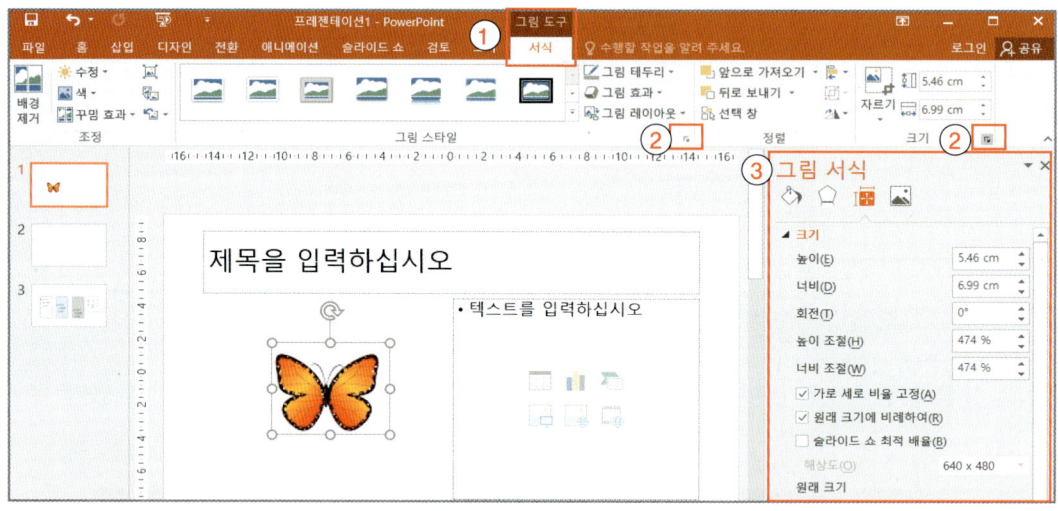

## 4 따라하기

시작파일 : 따라하기2016\2장따라하기결과.pptx    결과파일 : 따라하기2016\3장따라하기결과.pptx

1) 새 슬라이드를 '콘텐츠 2개' 슬라이드로 추가하시오.

1. [홈]탭 - [새 슬라이드] 화살표( ▼ ) - '콘텐츠 2개' 클릭

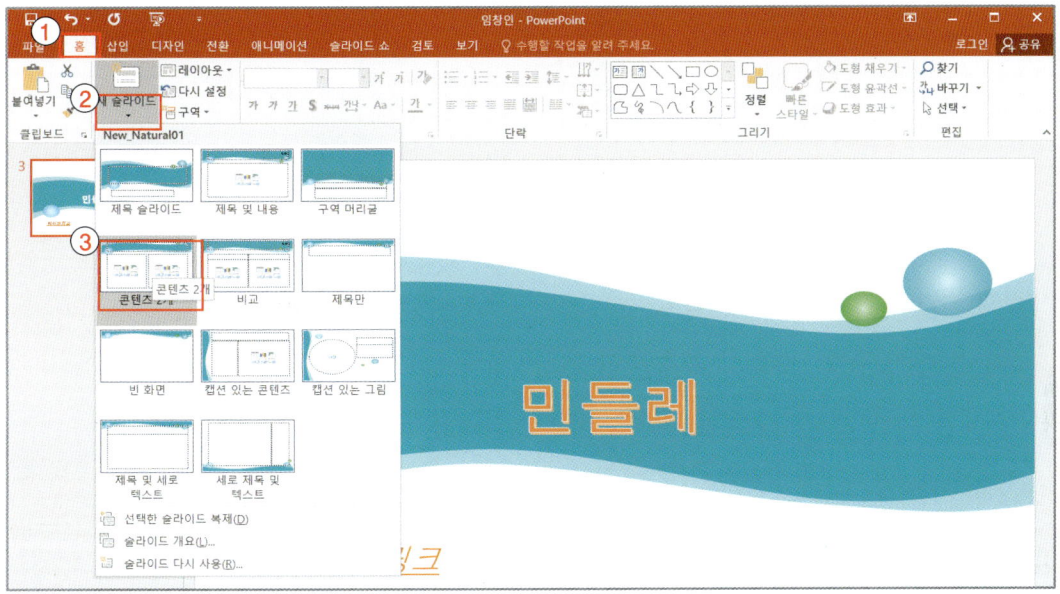

2) 제목은 '민들레의 특징'으로 입력하시오.
   - 글꼴은 돋움체, 글꼴 크기는 56pt로 지정

1. '제목을 입력하십시오'를 클릭하고 '민들레의 특징' 입력

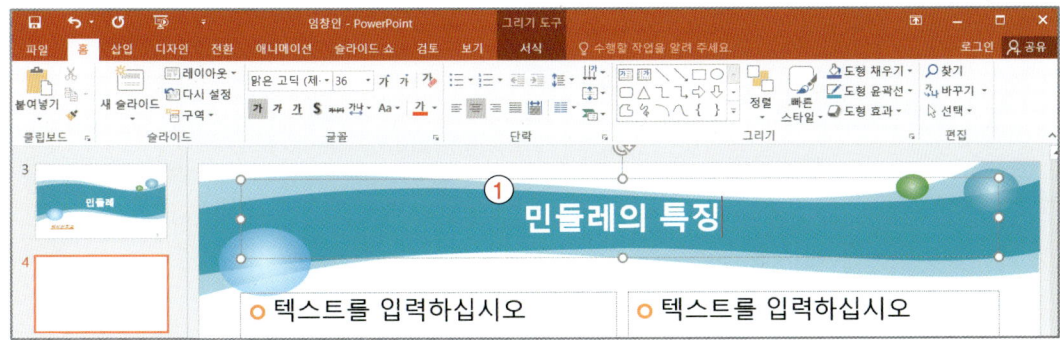

2. '민들레의 특징'을 블록으로 지정하고, [홈]탭 – 글꼴:돋움체, 글꼴 크기:56 입력

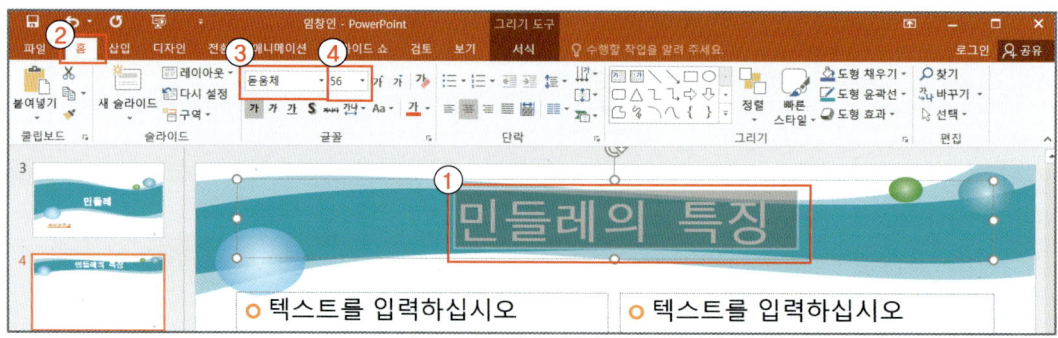

3) [보기 슬라이드]와 같이 내용을 첫째 수준과 둘째 수준으로 입력하시오.
〈입력 내용〉
국화과의 여러해살이풀
    경작지, 정원, 잔디밭 등 사람의 손길이 미치는 장소
쓰임새
    민들레 잎 : 식용
    뿌리 : 약용(염증 및 피부질환 등의 개선 효과)
– 글꼴은 굴림체, 글꼴 효과는 굵게, 글꼴 크기는 첫째 수준은 24pt, 둘째 수준은 20pt

1. 오른쪽 개체의 '텍스트를 입력하십시오'를 클릭하고 아래와 같이 줄을 바꾸면서 입력

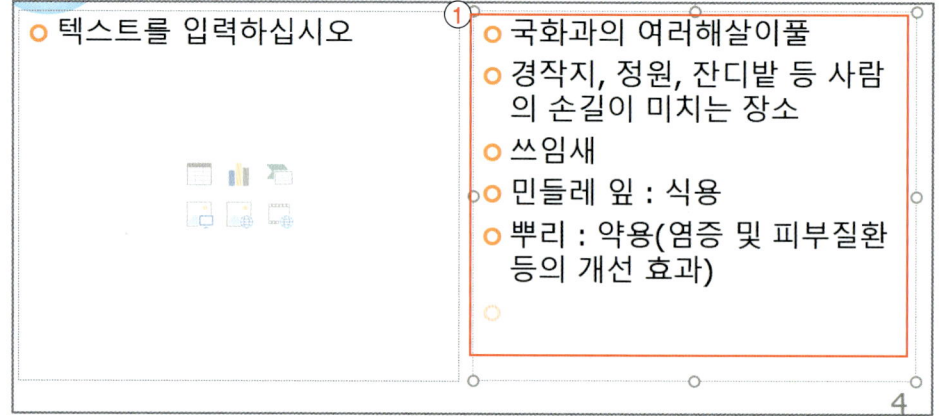

2. 두번째 줄(경작지, 정원..)과 네번째, 다섯번째 줄을 블록으로 지정하고 [홈]탭 – 목록 수준 늘림
(→≡) 클릭

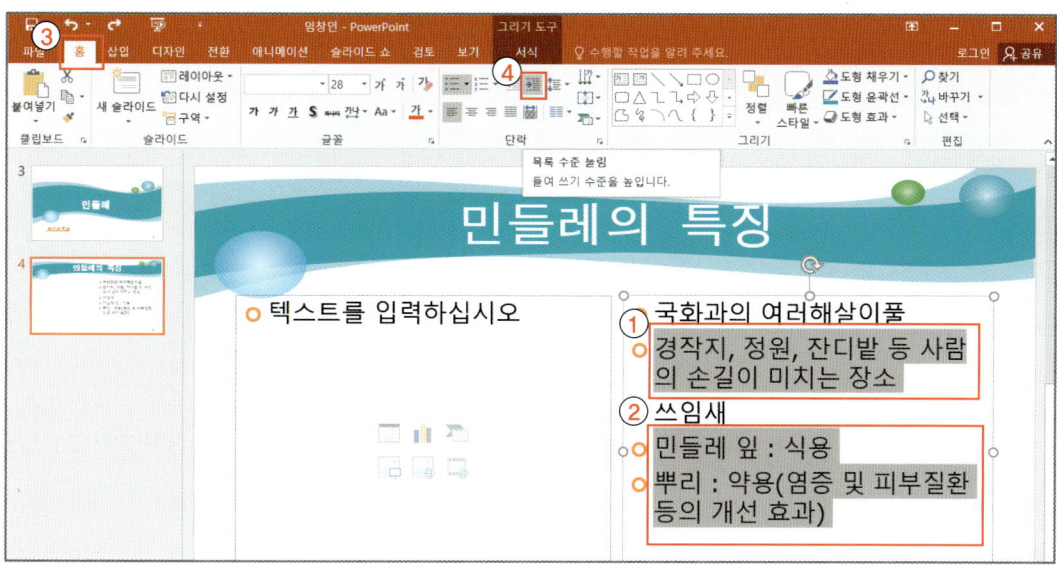

3. 텍스트 상자의 크기를 임의로 반정도의 크기로 줄이고, 임의의 글자를 클릭 – 텍스트 상자의 왼쪽
의 자동맞춤옵션(⇅) – '이 개체틀에 텍스트 맞춤 중지' 선택

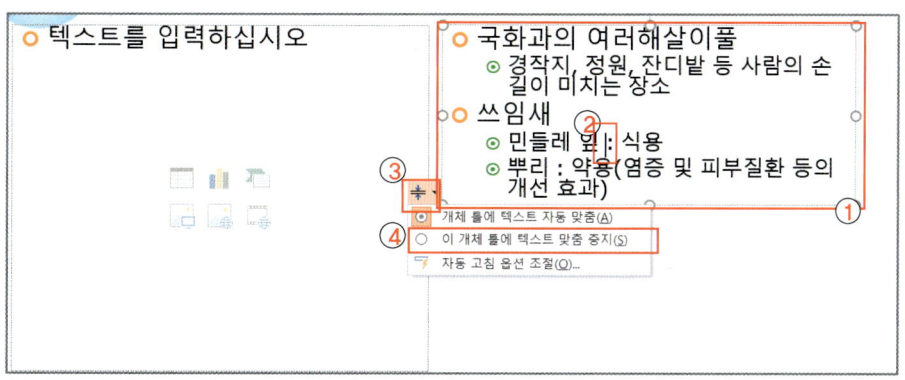

4. 첫째 수준의 내용만 블록 지정, 미니도구 모음에서 글꼴:굴림체, 글자크기:24, 굵게 입력

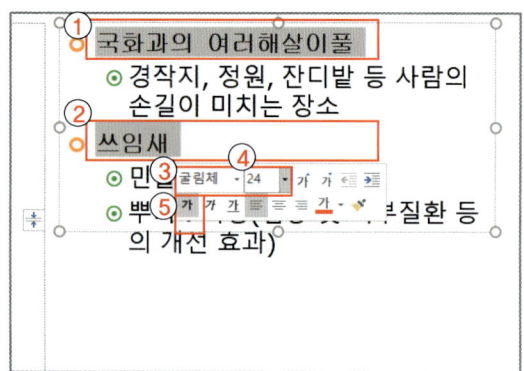

5. 둘째 수준의 내용만 블록으로 지정하고, 미니도구 모음에서 글꼴:굴림체, 굵게, 글자크기:20 입력

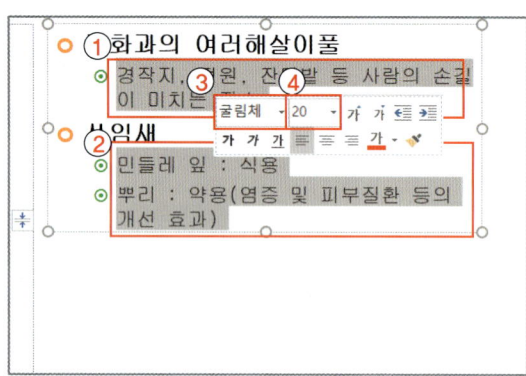

4) 입력한 내용의 줄 간격은 고정 30pt로 지정하시오.

1. 입력한 내용 전체를 블록으로 지정하고 [홈]탭 - [줄간격]( ) - [줄 간격 옵션] 클릭 - [단락] 대화 상자의 줄간격:고정, 값:30 입력 - [확인] 클릭

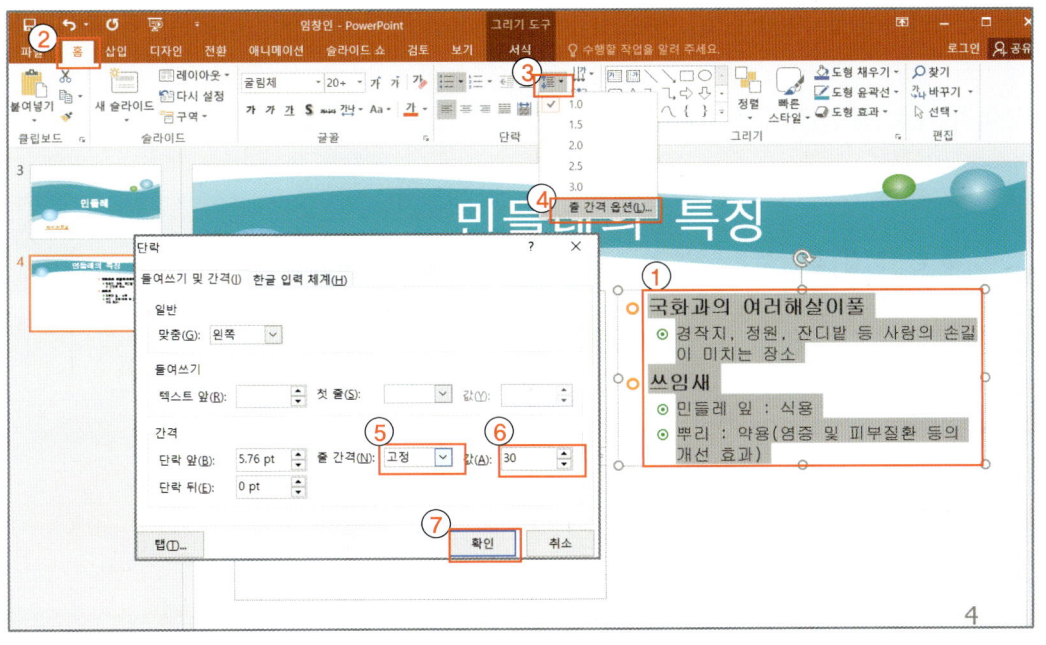

5) 글머리 기호 및 번호 매기기를 이용하여 입력한 내용의 첫째 수준 글머리 기호를 [보기 슬라이드]와 같이 작성하시오.
- 글머리 기호의 모양은 ★, 크기는 90%로 지정

1. 첫째 수준 내용만 블록 지정하고, [홈]탭 - [글머리 기호](:≡) - [글머리 기호 및 번호 매기기] 클릭. 글머리 기호에 '★'모양이 없으므로, [사용자 지정] 클릭.

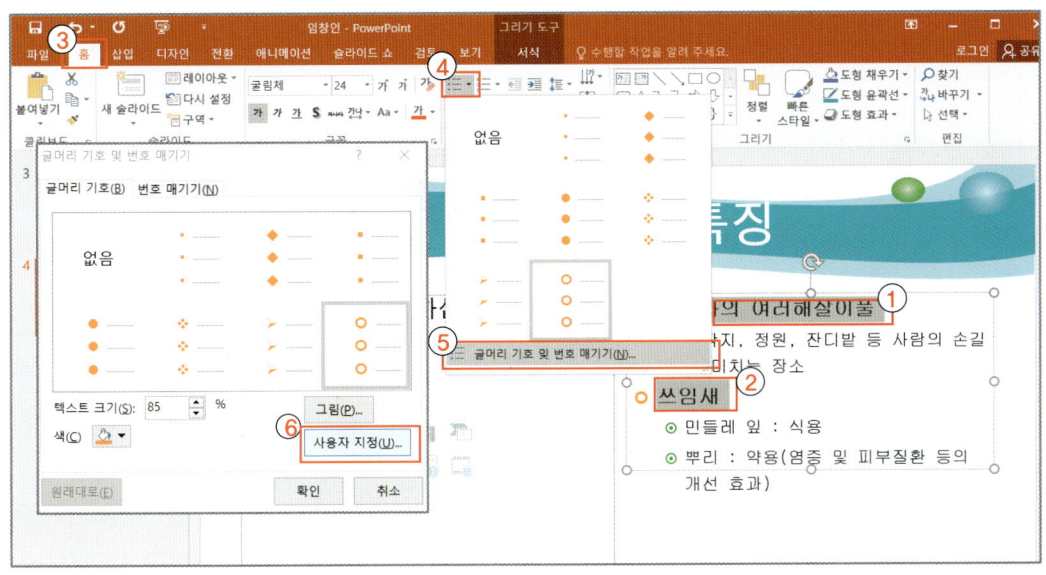

2. [기호] 대화상자에서 글꼴:(현재 글꼴), 하위집합:기타 기호를 선택하고 '★' 모양 클릭 – [확인] 클릭

3. 다시, [글머리 기호 및 번호 매기기]대화상자에서 텍스트 크기:90 입력 – [확인] 클릭

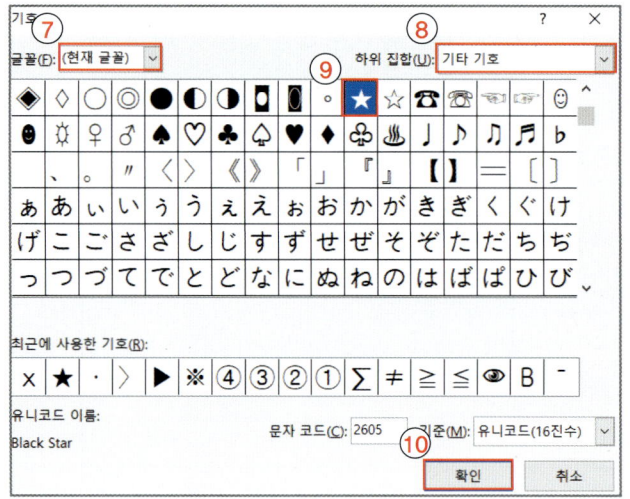
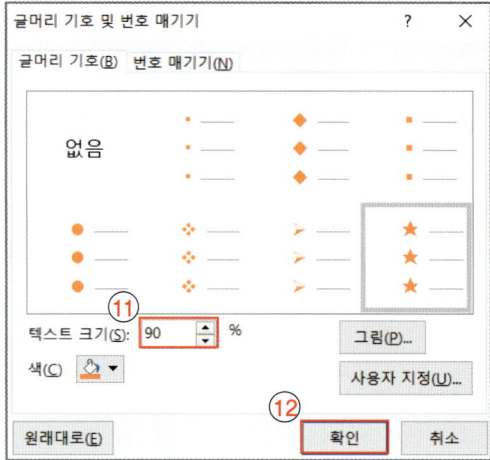

6) **[삽입]** 메뉴의 **[그림 파일]**을 이용하여 주어진 '민들레'의 이미지를 **[보기 슬라이드]**와 같이 문자열의 왼쪽에 삽입하시오.
   - 그림의 크기는 너비 11cm, 높이 9cm로 지정

1. 슬라이드 왼쪽 개체의 [그림] 클릭 – [그림 삽입]대화상자에서 '따라하기2016\민들레' 이미지 선택 – [삽입] 클릭

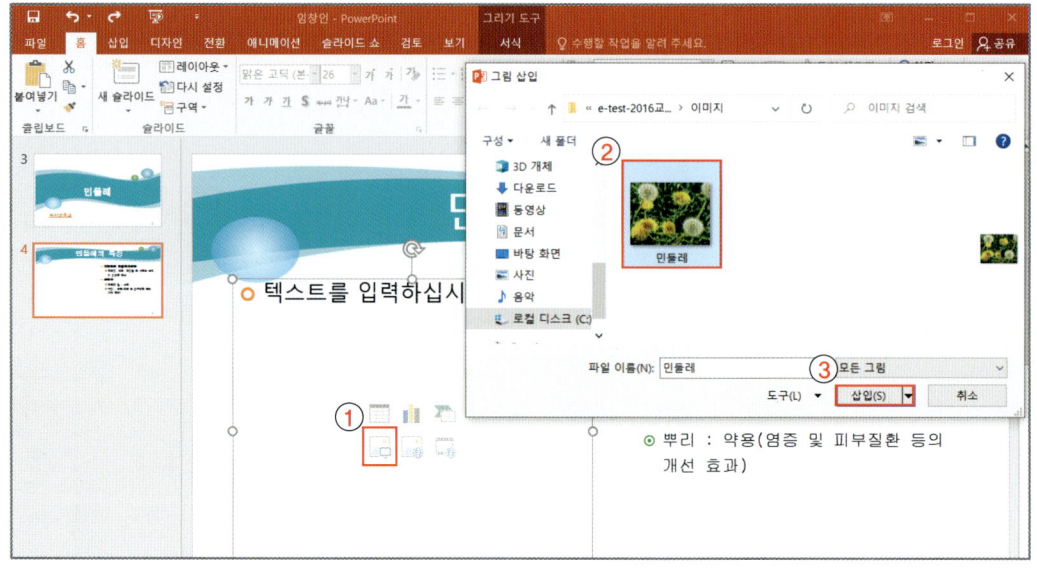

2. 이미지를 클릭하고, [그림 도구]의 [서식]탭 – [크기]그룹의 대화상자 펼침아이콘(  ) 클릭

[그림 서식] 작업창의 (크기 및 속성) – [크기] – '가로 세로 비율 고정'의 선택 해제, '원래 크기에 비례하여'의 선택 해제 – 높이:9, 너비:11 입력

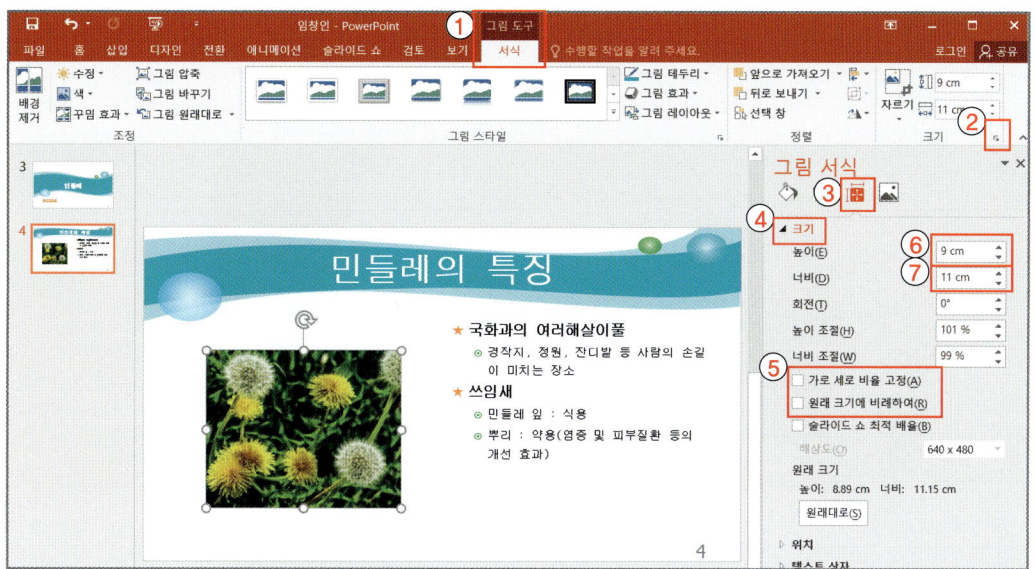

# 연습문제 1

시작파일 : 연습문제2016\연습-2장1번.pptx , 결과파일 : 연습문제2016\연습-3장1번.pptx

| [보기 슬라이드] | |
|---|---|
| 슬라이드2.  | |

[처리사항]

2. 슬라이드2 : 배점 1)번(5), 2)번(3), 3)번(10), 4)번(1), 5)번(3), 6)번(30)
1) 새 슬라이드를 '콘텐츠 2개' 슬라이드로 추가하시오.
2) 제목은 '체험 어린이 박물관'으로 입력하시오.
 - 글꼴은 궁서체, 글꼴 크기는 56pt로 지정
3) [보기 슬라이드]와 같이 내용을 첫째 수준과 둘째 수준으로 입력하시오.
 〈입력 내용〉
 장소 및 대상
  상설 전시관 교육관 어린이 박물관
  초등학생 및 동반가족
 신청방법
  인터넷 접수 및 전화 접수
 요일 및 시간
  8월, 10월 중 2회이며, 여름, 겨울, 방학 중에는 4회 운영
 - 글꼴은 굴림체, 글꼴효과는 밑줄, 글꼴 크기는 첫째 수준은 26pt, 둘째 수준은 20pt
4) 입력한 내용의 줄 간격은 고정 24pt로 지정하시오.
5) 글머리 기호 및 번호 매기기를 이용하여 입력한 내용의 첫째 수준 글머리 기호를 [보기 슬라이드]와 같이 작성하시오.
 - 글머리 기호의 모양은 ♠, 크기는 95%로 지정
6) [삽입] 메뉴의 [그림 파일]을 이용하여 주어진 '박물관'의 이미지를 [보기 슬라이드]와 같이 문자열의 왼쪽에 삽입하시오.
 - 그림의 크기는 너비 9cm, 높이 7cm로 지정

# 연습문제 2

시작파일 : 연습문제2016\연습-2장2번.pptx , 결과파일 : 연습문제2016\연습-3장2번.pptx

[보기 슬라이드]

슬라이드2.

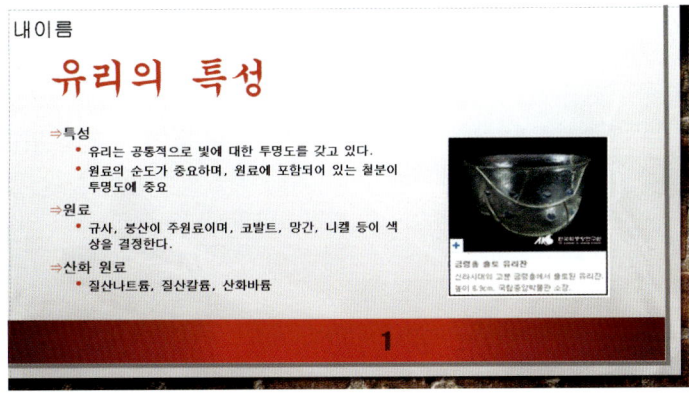

[처리사항]

2. 슬라이드2 : 배점 1)번(5), 2)번(3), 3)번(10), 4)번(1), 5)번(3), 6)번(30)
1) 새 슬라이드를 '콘텐츠 2개' 슬라이드로 추가하시오.
2) 제목은 '유리의 특성'으로 입력하시오.
  - 글꼴은 궁서체, 글꼴 크기는 56pt로 지정
3) [보기 슬라이드]와 같이 내용을 첫째 수준과 둘째 수준으로 입력하시오.
  〈입력 내용〉
  특성
    유리는 공통적으로 빛에 대한 투명도를 갖고 있다.
    원료의 순도가 중요하며, 원료에 포함되어 있는 철분이 투명도에 중요
  원료
    규사, 붕산이 주원료이며, 코발트, 망간, 니켈 등이 색상을 결정한다.
  산화 원료
    질산나트륨, 질산칼륨, 산화바륨
  - 글꼴은 돋움체, 글꼴 크기는 첫째 수준은 20pt, 둘째 수준은 17pt, 글꼴효과는 굵게
4) 입력한 내용의 줄 간격은 고정 22pt로 지정하시오.
5) 글머리 기호 및 번호 매기기를 이용하여 입력한 내용의 첫째 수준 글머리 기호를 [보기 슬라이드]와 같이 작성하시오.
  - 글머리 기호의 모양은 ⇒, 크기는 90%로 지정
6) [삽입] 메뉴의 [그림 파일]을 이용하여 주어진 '유리'의 이미지를 [보기 슬라이드]와 같이 문자열의 오른쪽에 삽입하시오.
  - 그림의 크기는 너비 8cm, 높이 8cm로 지정

# 슬라이드 3 작성하기

PowerPoint 2016

| [보기 슬라이드] | [처리사항] |
|---|---|
| 슬라이드3.<br>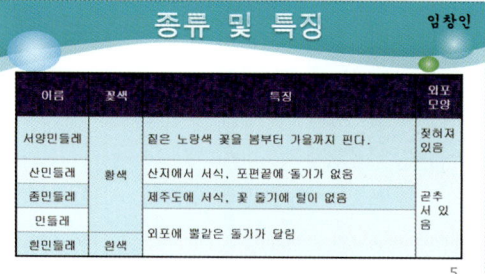<br><br>〈참고〉 | 3. 슬라이드3 : 배점 1)번(5), 2)번(3), 3)번(30)<br>1) 새 슬라이드를 '제목 및 내용' 슬라이드로 추가하시오.<br>2) 제목은 '종류 및 특징'으로 입력하시오.<br>   - 글꼴은 돋움체, 글꼴 크기는 56pt로 지정<br>3) 6행 4열의 표를 작성하고, 아래의 조건대로 작성하시오.(반드시 표 형식이 유지되어야 함)<br>   - 아래 지정된 셀을 각각 셀 병합 지정<br>     2행 2열 ~ 5행 2열 셀 병합<br>     5행 3열 ~ 6행 3열 셀 병합<br>     3행 4열 ~ 6행 4열 셀 병합<br>   - 표 전체에 [보기 슬라이드]와 같이 내용을 입력하고, 글꼴은 굴림체, 글꼴 크기는 23pt로 지정<br>   - 아래의 조건대로 셀 맞춤 지정<br>     표 전체 : [표 도구] - [레이아웃]메뉴 [맞춤] 그룹의 세로 가운데 맞춤<br>     1행 : [표 도구] - [레이아웃]메뉴 [맞춤] 그룹의 가운데 맞춤<br>     1열과 2열 : [표 도구] - [레이아웃]메뉴 [맞춤] 그룹의 가운데 맞춤<br>   - 표 1행의 채우기는 질감의 '자주 편물'로 지정<br>   - 표 전체의 안쪽 가로 테두리는 점선, 안쪽 세로 테두리와 바깥쪽 테두리는 실선으로 지정<br>   - 표 전체 바깥쪽 테두리는 3pt 실선으로 지정 |

### 〈슬라이드 3〉의 중점사항

1. 표 작성
2. 표의 디자인
3. 표의 레이아웃
4. 따라하기

# 1 표 작성

파워포인트에는 표를 작성하는 여러가지 방법이 있습니다.

1) [삽입]탭 – [표]를 클릭하고 마우스를 사용하여 원하는 행 및 열 수를 선택하거나 [표 삽입]을 선택한 후 [표 삽입] 대화상자에서 '열 개수' 및 '행 개수'를 입력합니다.

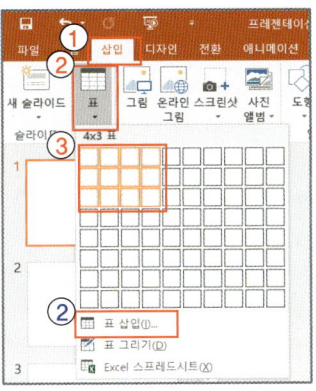
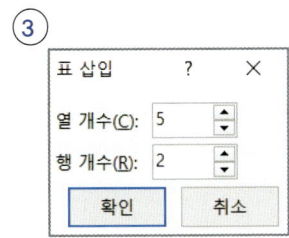

2) 슬라이드의 개체 틀에 있는 아이콘 중에서 [표 삽입]을 클릭하고, [표 삽입] 대화상자에서 '열 개수' 및 '행 개수'를 입력합니다.

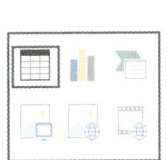
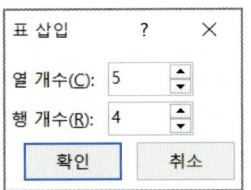

표는 개체 틀의 너비 크기로 표시됩니다. 표의 스타일은 프레젠테이션의 테마 색에서 파생된 색 조합과 서식 옵션으로 구성되어 있으며, 이 구성의 변경은 [표 도구]메뉴의 [디자인]탭과 [레이아웃]탭에서 수정 할 수 있습니다.

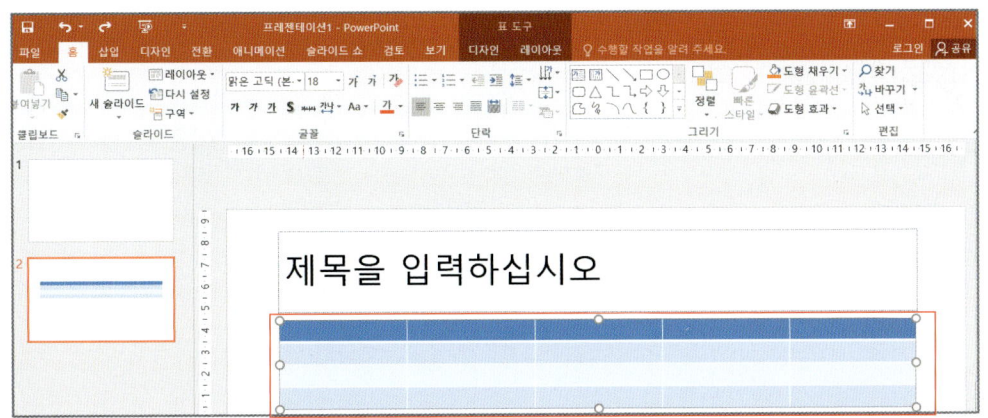

## 2 표의 디자인

작성된 표에 대하여 전체적인 구성 형태, 색상, 테두리 등을 변경 할 수 있는 메뉴 탭입니다.
표를 삽입하면 리본메뉴 [표 도구]의 [디자인]탭과 [레이아웃]탭이 활성화 됩니다.

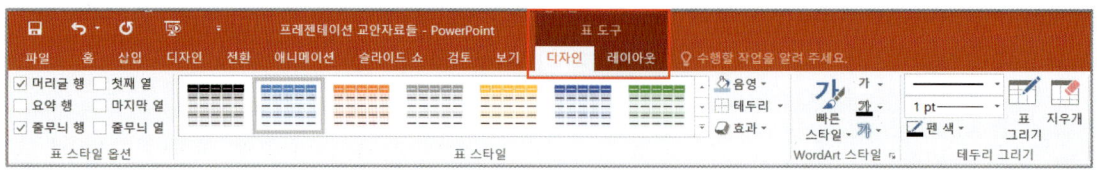

1) [표 도구] – [디자인]탭의 [표 스타일 옵션] 그룹에서는 표의 '머리글 행', '첫째 열', '줄 무늬 행' 등을 선택하거나 해제하며 표의 첫째 행, 첫째 열 부분에 무늬(색)을 표시하거나 해제합니다.

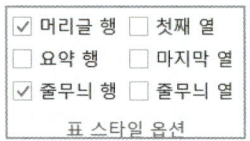

아래 그림은 [표 스타일 옵션] 그룹에서 '첫째 열'과 '줄무늬 행'만 지정한 모습입니다.

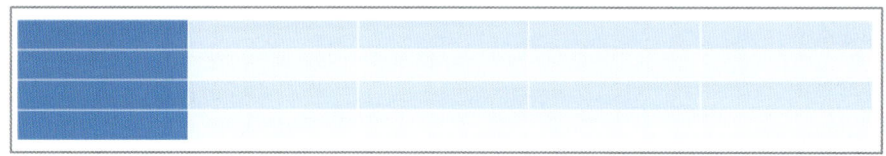

2) [표 도구] – [디자인]탭의 [표 스타일] 그룹은 다양한 표의 스타일을 선택할 수 있습니다. 표 스타일 갤러리에서 적용할 표 스타일을 선택하거나, [음영], [테두리], [효과]에서 사용자가 원하는 스타일로 표를 변경 할 수 있습니다.

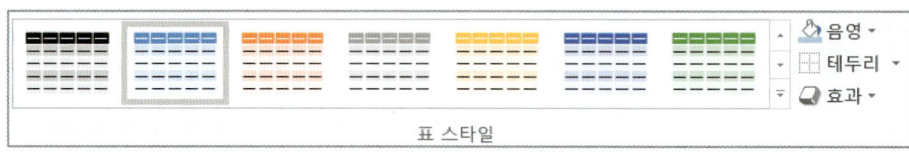

아래 그림은 두 번째 행에 [음영]에서 '주황 강조2' 색상을 지정하고, 테두리를 지정한 모습입니다.

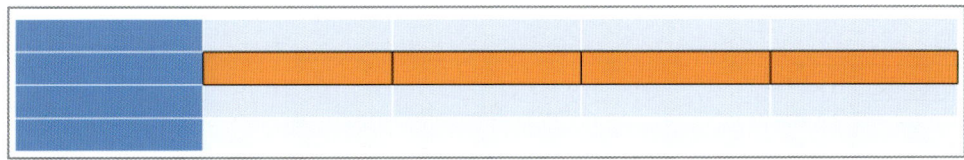

3) [표 도구] – [디자인]탭의 [WordArt 스타일] 그룹에서 셀에 입력한 내용들에 대하여 워드아트 스타일을 지정 할 수 있습니다.

4) [표 도구] – [디자인]탭의 [테두리 그리기] 그룹에서 셀 테두리의 선 모양, 펜 색, 선의 두께 등을 지정합니다. 선의 종류에는 '없음', '실선', '파선', '점선' 등이 있습니다.

[표 그리기]는 마우스 포인터 모양이 연필 모양( ✎ )으로 바뀌어 셀 내에 대각선과 선을 사용자가 직접 그려 셀을 분할 할 수 있고, [지우개]는 선을 삭제하여 셀을 병합하는 결과를 나타냅니다.

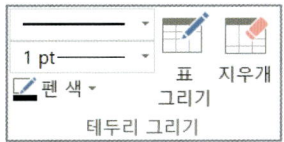

## 3 표의 레이아웃

[표 도구] – [디자인]탭에서 표의 색상, 테두리 등의 표스타일을 지정한다면, [표 도구] – [레이아웃]탭은 표 및 셀의 크기, 높이를 조절하거나 셀에 입력한 텍스트의 위치 등 표의 형태를 지정합니다.

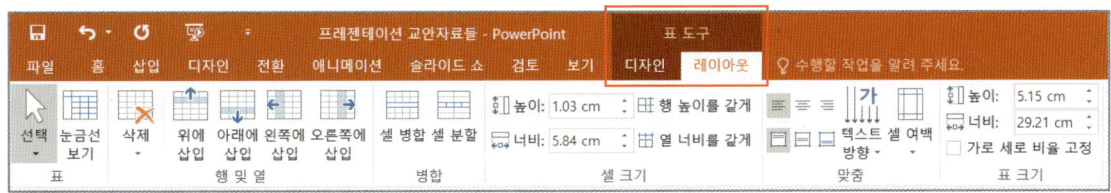

1) [표 도구] - [레이아웃]탭의 [행 및 열]그룹에서는 표를 삭제하거나, 행 혹은 열을 삽입합니다. 예를 들면, 표의 2행 3열을 클릭하고, [위에 삽입]을 클릭하면 2행 위 쪽에 전체 행이 추가됩니다.

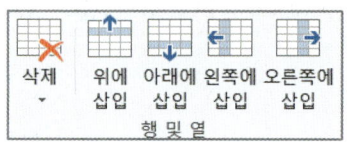

2) [표 도구] - [레이아웃]탭의 [병합]그룹에서는 셀 단위로 행 혹은 열을 병합하거나 분할합니다. 예를 들면 표의 2행 3열을 클릭하고, [셀 분할]을 클릭하고 [셀 분할]대화상자에서 행 개수에 2를 입력하면 2행 3열이 2개의 행으로 분할이 됩니다.

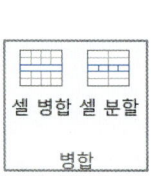 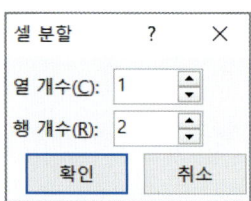

3) [표 도구] - [레이아웃]탭의 [셀 크기]그룹에서 셀의 높이와 너비를 숫자 값으로 지정 할 수 있습니다. 또한, 블록으로 지정한 여러 셀의 높이를 같게 하거나 너비를 같게 하여 표에 통일성을 부여할 수 있습니다.

4) [표 도구] - [레이아웃]탭의 [맞춤]그룹에서는 셀에 입력한 텍스트의 가로 방향 혹은 세로 방향의 맞춤 등을 지정할 수 있고, 텍스트의 방향을 세로, 가로, 90도 회전 등으로 지정할 수도 있고, 셀의 여백을 지정할 수 있습니다.

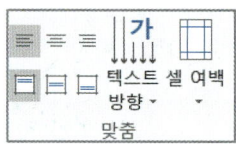

5) [표 도구] – [레이아웃]탭의 [표 크기]그룹에서는 전체 표의 크기를 숫자 입력으로 지정할 수 있습니다.

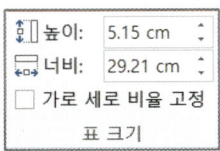

그러나 일반적으로 표의 크기는 사용자가 조절 핸들을 이용하여 셀의 크기 조절합니다.
표의 셀 테두리에서 마우스 포인터가 ÷로 바뀌면 조절 핸들을 끌어서 셀의 크기를 조절합니다. 셀의 크기는 행 단위 혹은 열단위로 이루어집니다.

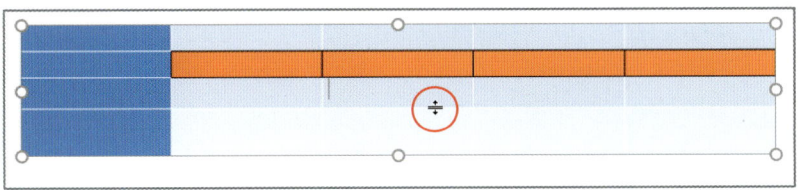

표 전체의 크기 조절은 표 테두리에서 크기 조정 핸들(○)을 가리킨 다음 포인터가 ⇔, ⇕(화살표) 등으로 바뀌면 핸들을 끌어 셀의 크기를 조절합니다. 이 때 모든 행이나 열은 균등한 비율로 크기가 변경됩니다.

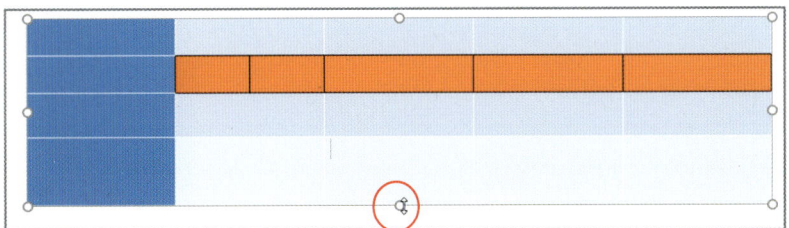

## 4 따라하기

시작파일 : 따라하기2016\3장따라하기결과.pptx    결과파일 : 따라하기2016\4장따라하기결과.pptx

1) 새 슬라이드를 '제목 및 내용' 슬라이드로 추가하시오.

1. Ctrl+M을 눌러서 새 슬라이드를 추가하고 팝업메뉴의 [레이아웃] – '제목 및 내용' 슬라이드 클릭

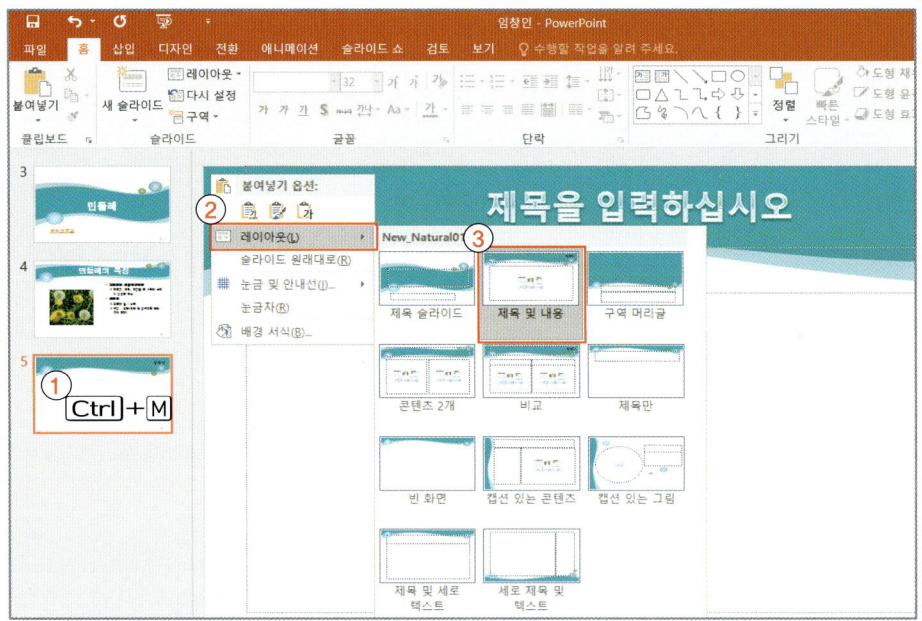

2) 제목은 '종류 및 특징'으로 입력하시오.
   – 글꼴은 돋움체, 글꼴 크기는 56pt로 지정

1. '제목을 입력하십시오'를 클릭하고 '종류 및 특징' 입력. 입력한 '종류 및 특징'을 블록으로 지정하고, [홈]탭 – 글꼴:돋움체, 글꼴 크기:56 입력

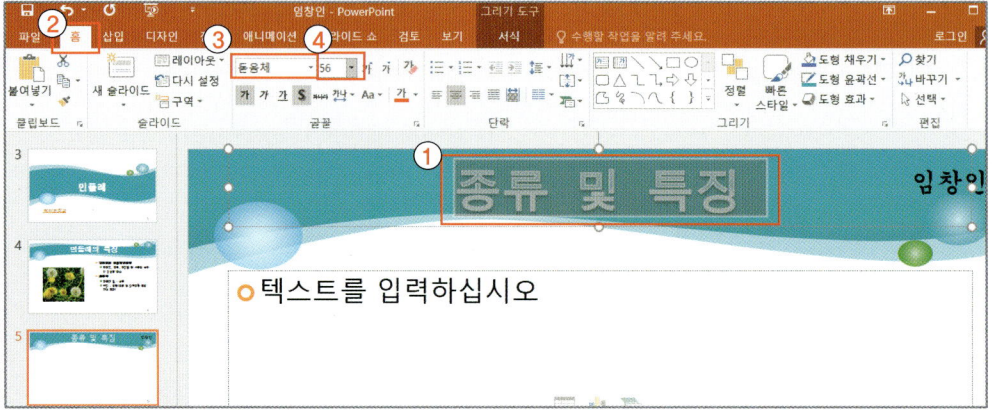

3) 6행 4열의 표를 작성하고, 아래의 조건대로 작성하시오. (반드시 표 형식이 유지되어야 함)
- 아래 지정된 셀을 각각 셀 병합 지정
  2행 2열 ~ 5행 2열 셀 병합
  5행 3열 ~ 6행 3열 셀 병합
  3행 4열 ~ 6행 4열 셀 병합

1. 개체 틀에서 표 삽입( ) 클릭, [표 삽입]대화상자에서 열 개수:4, 행 개수:6 입력 - [확인] 클릭

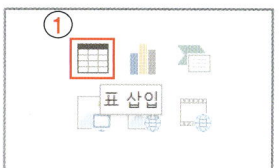 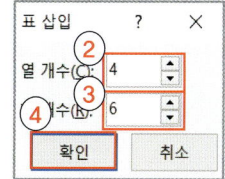

2. 2행 2열 ~ 5행 2열을 블록으로 지정하고, [표 도구] [레이아웃]탭 - [셀 병합] 클릭

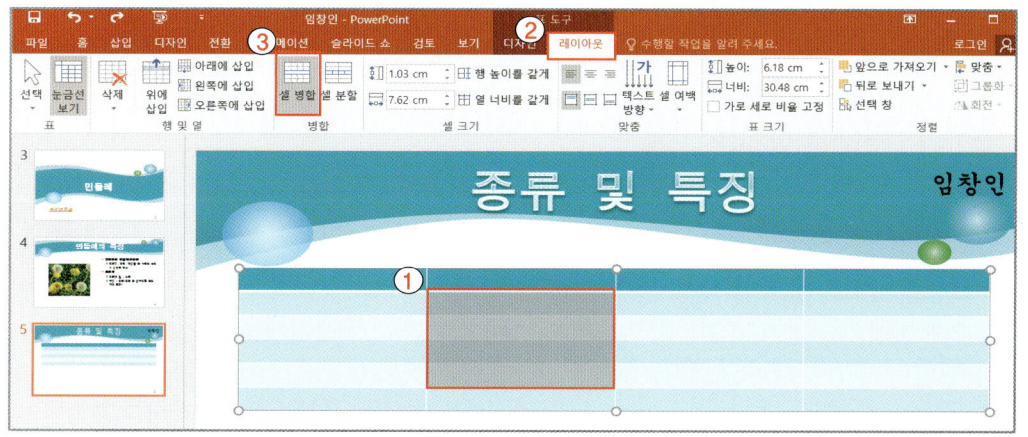

3. 5행 3열 ~ 6행 3열을 블록으로 지정하고, [표 도구] [레이아웃]탭 - [셀 병합] 클릭

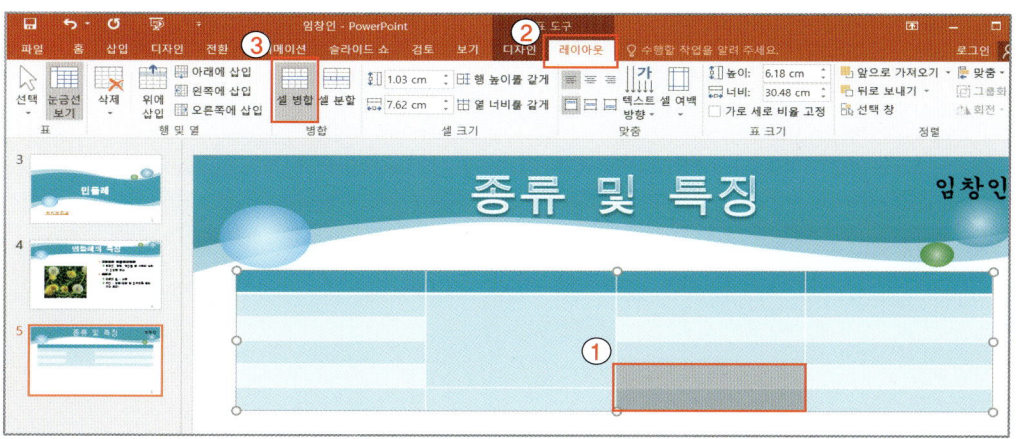

4. 3행 4열 ~ 6행 4열을 블록으로 지정하고, [표 도구] [레이아웃]의 [셀 병합] 클릭

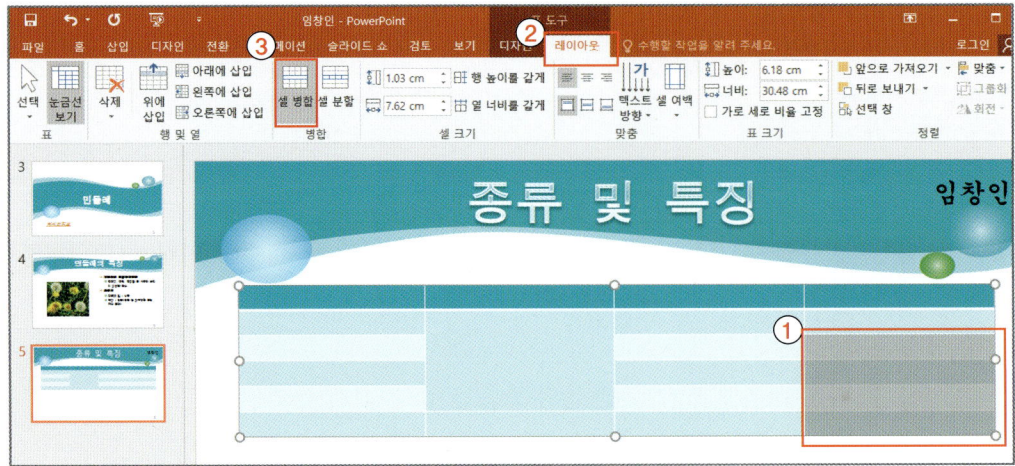

- 표 전체에 **[보기 슬라이드]**와 같이 내용을 입력하고, 글꼴은 굴림체, 글꼴 크기는 23pt로 지정
- 아래의 조건대로 셀 맞춤 지정
  표 전체 : [표 도구] – [레이아웃]메뉴 [맞춤] 그룹의 세로 가운데 맞춤
  1행 : [표 도구] – [레이아웃]메뉴 [맞춤] 그룹의 가운데 맞춤
  1열과 2열 : [표 도구] – [레이아웃]메뉴 [맞춤] 그룹의 가운데 맞춤

1. [보기 슬라이드]를 참고하여 표에 내용 입력

| 이름 | 꽃색 | 특징 | 외포모양 |
|---|---|---|---|
| 서양민들레 | 황색 | 짙은 노랑색 꽃을 봄부터 가을까지 핀다. | 젖혀져 있음 |
| 산민들레 | | 산지에서 서식, 포편끝에 돌기가 없음 | 곧추 서 있음 |
| 좀민들레 | | 제주도에 서식, 꽃 줄기에 털이 없음 | |
| 민들레 | | 외포에 뿔같은 돌기가 달림 | |
| 흰민들레 | 흰색 | | |

2. 표 전체를 블록으로 지정하고, [홈]탭 - 글꼴:굴림체, 글꼴 크기:23 입력

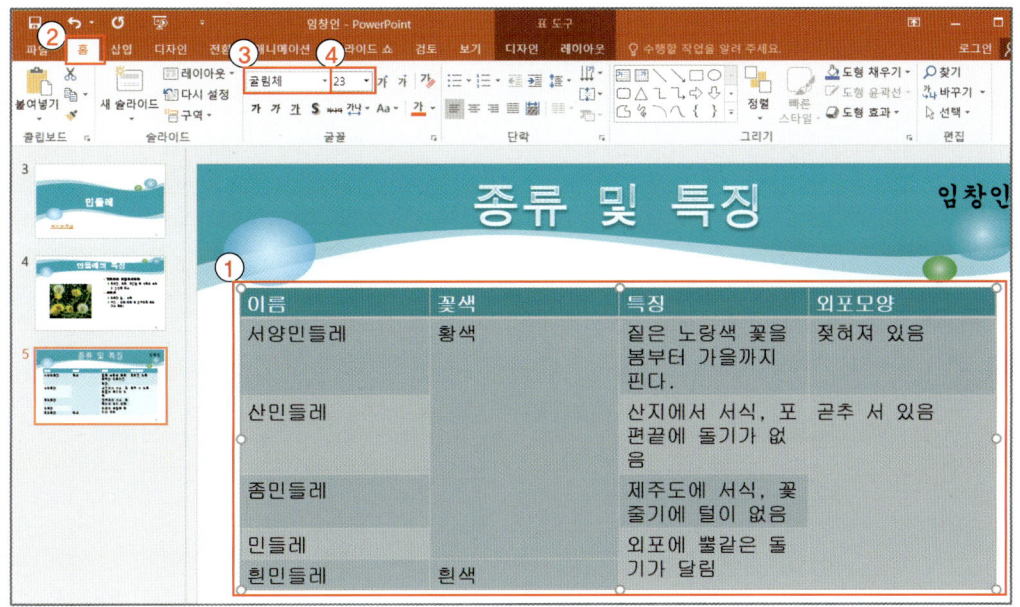

3. 표 전체를 블록으로 지정하고, [표 도구] [레이아웃]탭 - [세로 가운데 맞춤] 클릭

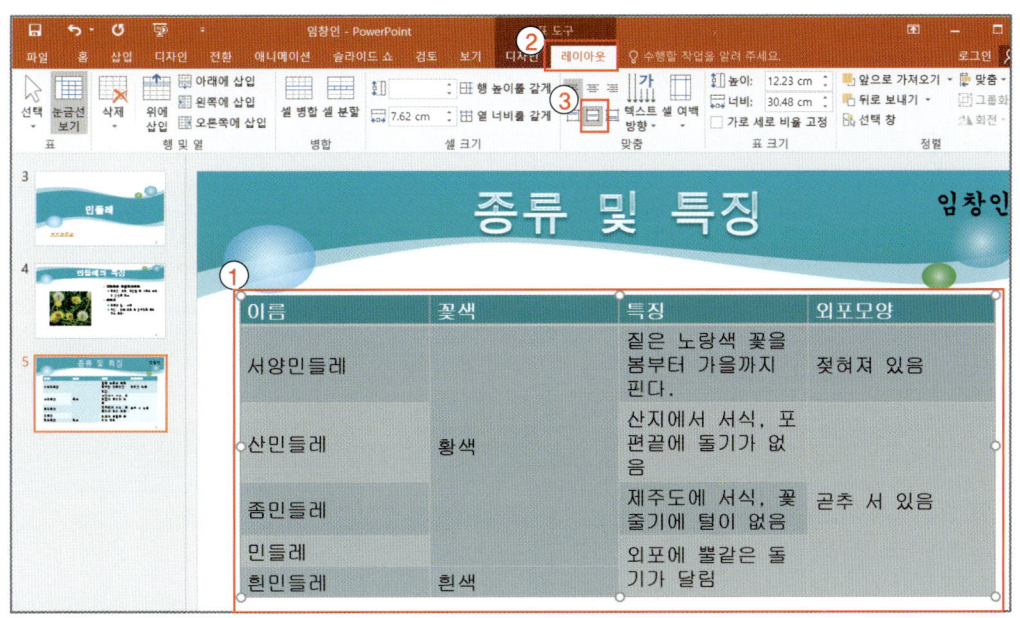

4. 1행을 블록으로 지정하고, [표 도구] [레이아웃]탭 – [가운데 맞춤] 클릭

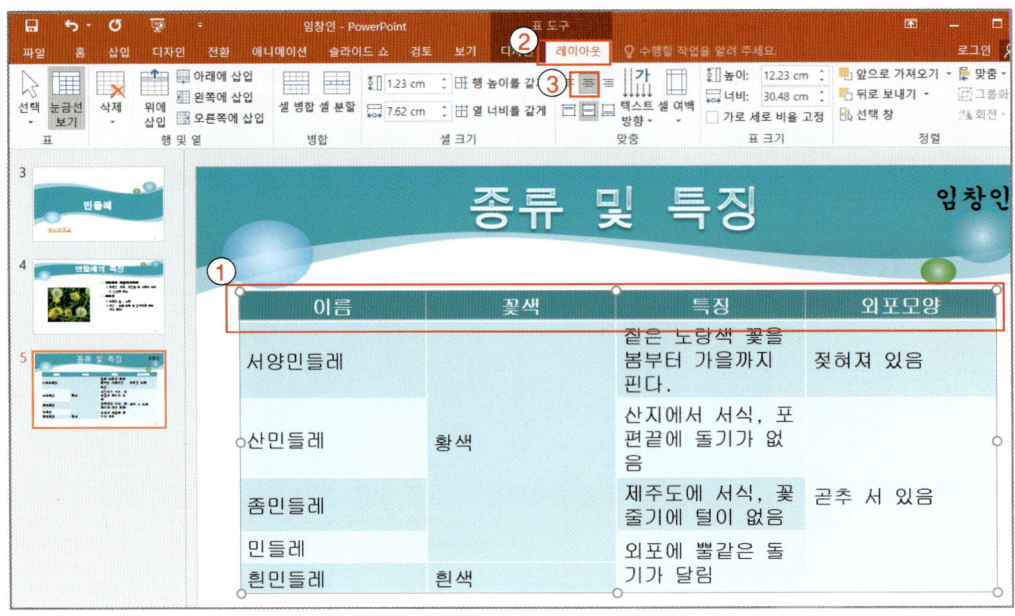

5. 1열과 2열을 블록으로 지정하고, [표 도구] [레이아웃]탭 – [가운데 맞춤] 클릭

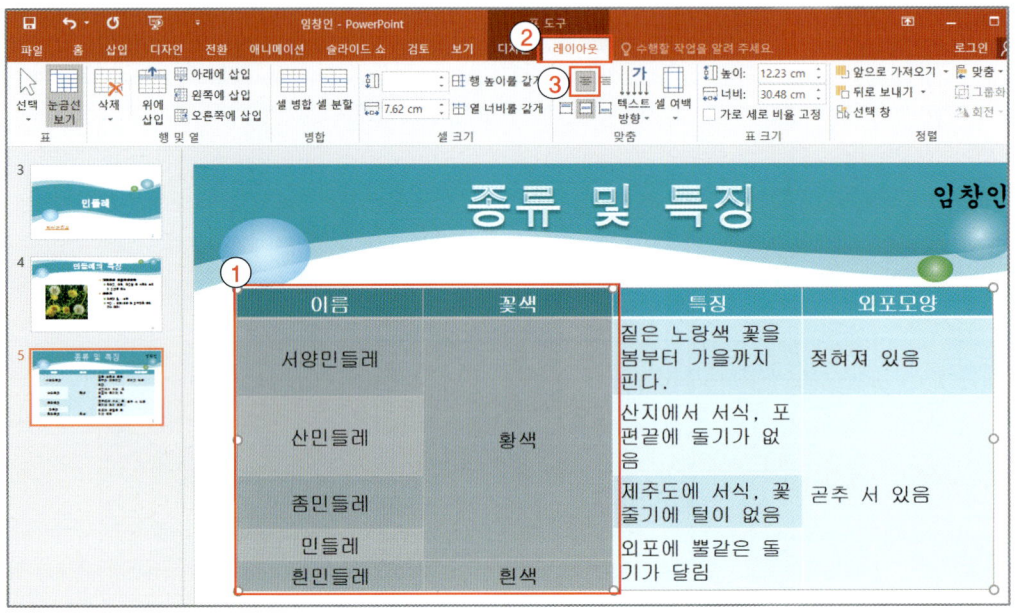

- 표 1행의 채우기는 질감의 '자주 편물'로 지정

1. 1행을 블록으로 지정하고, [표 도구] [디자인]탭 – [음영] – [질감] – [자주편물] 클릭

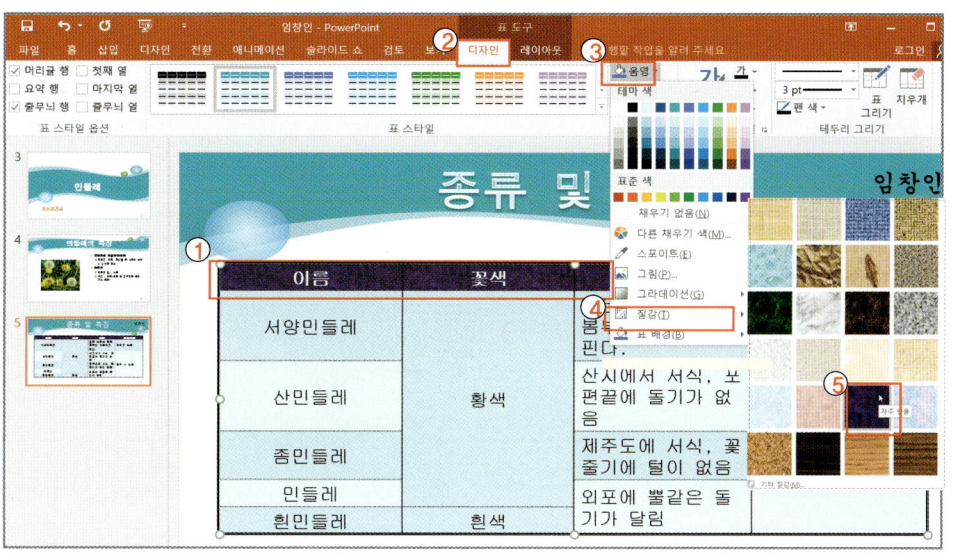

- 표 전체의 안쪽 가로 테두리는 점선, 안쪽 세로 테두리와 바깥쪽 테두리는 실선으로 지정
- 표 전체 바깥쪽 테두리는 3pt 실선으로 지정

1. 표 전체를 블록으로 지정하고, [표 도구] [디자인]탭 – 펜 스타일:점선, [테두리]의 화살표(▼)를 클릭 – '안쪽 가로 테두리' 클릭

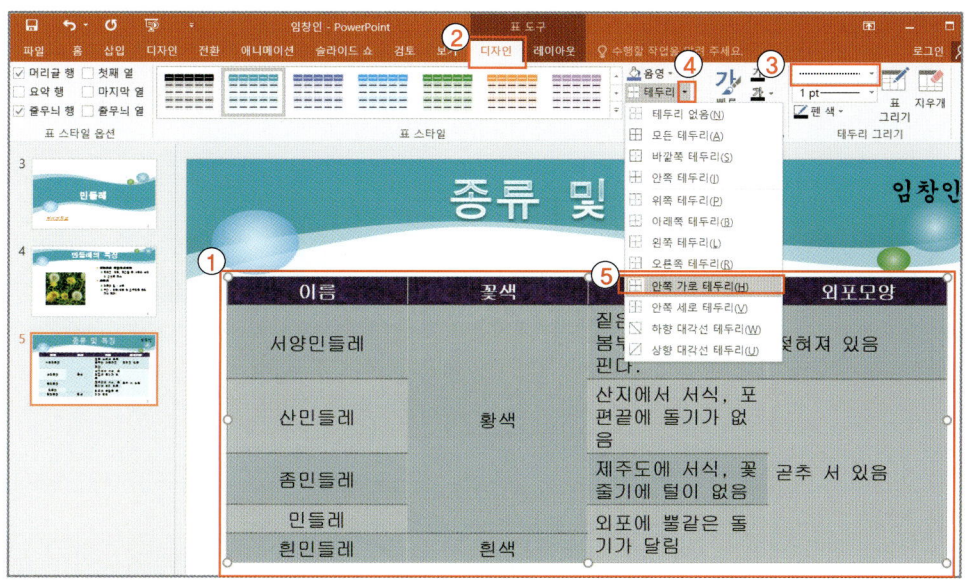

2. 블록이 지정된 상태 그대로 [표 도구] [디자인]탭 – 펜 스타일:실선, [테두리]의 화살표(▼) – '안쪽 세로 테두리'를 클릭, 다시 한번, [테두리]의 화살표(▼) – '바깥쪽 테두리' 클릭

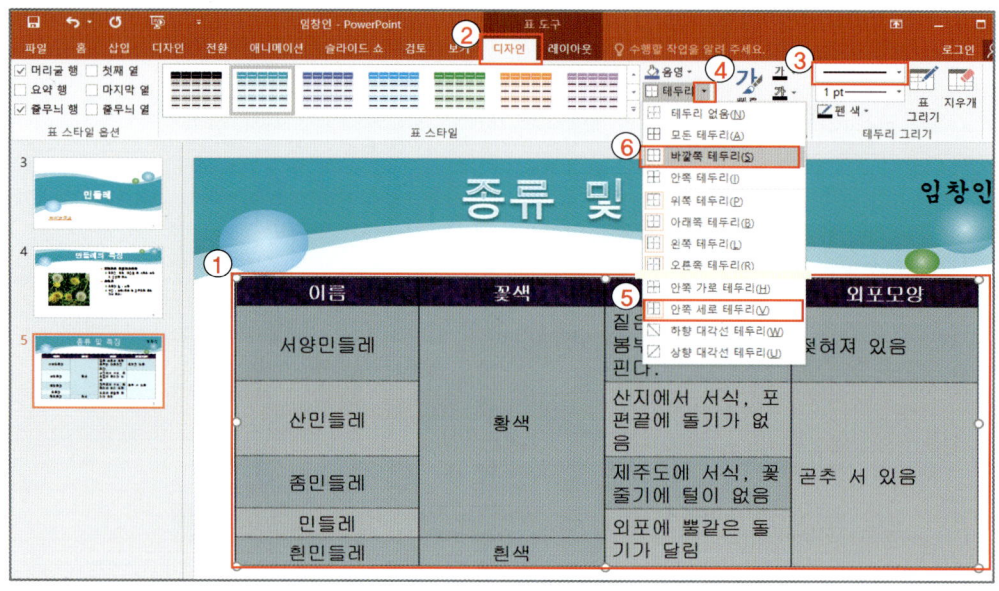

> ※ 참고
> 문제에서 펜 두께가 명시되어 있지 않으면 펜 두께는 임의로 지정합니다.
> 일반적으로 0.5pt~1pt 정도가 적당합니다.

3. 블록이 지정된 상태 그대로 [표 도구] [디자인]탭 – 펜 스타일:실선, 펜 두께:3pt, [테두리]의 화살표(▼) – '바깥쪽 테두리' 클릭

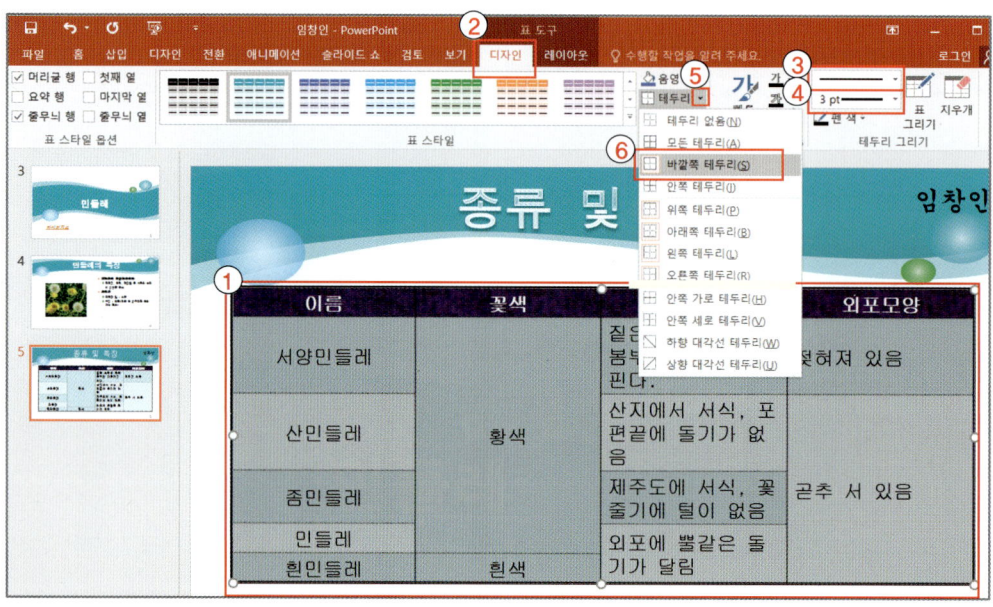

4. 모든 작업이 완료되었으므로 표의 크기를 문제와 같이 만들어 줍니다.

먼저 1열과 2열의 오른쪽 선에서 포인터가 ↔ 로 바뀌면 핸들을 누르고 왼쪽으로 끌어 셀의 크기를 줄여주고, 3열의 오른쪽 선에서 포인터가 ↔ 로 바뀌면 핸들을 누르고 오른쪽으로 끌어 셀의 크기를 넓여줍니다.

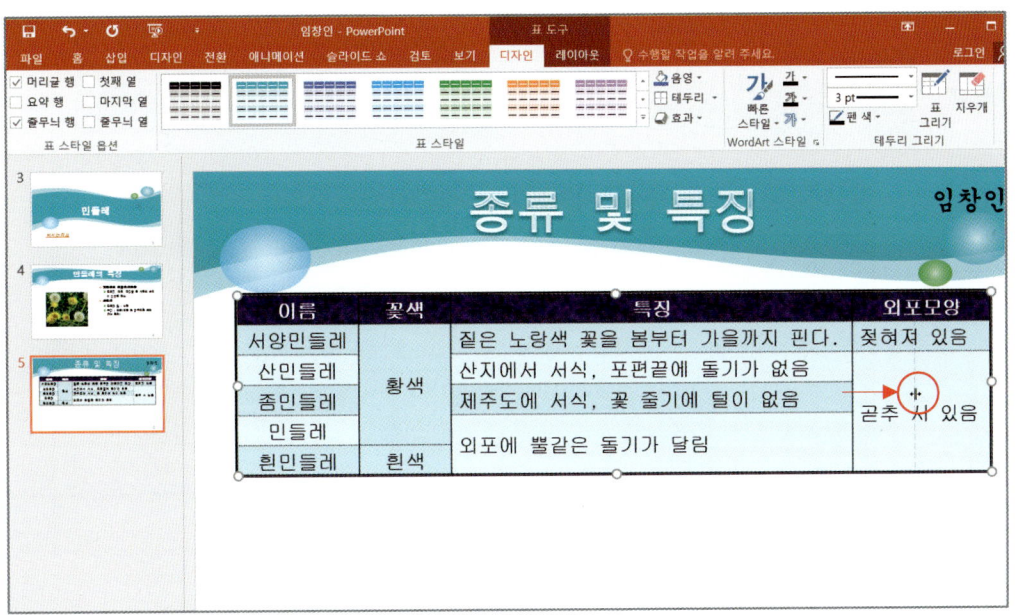

표 테두리 하단의 크기 조정 핸들(○)을 아래 방향으로 끌어 셀의 크기를 조절합니다.

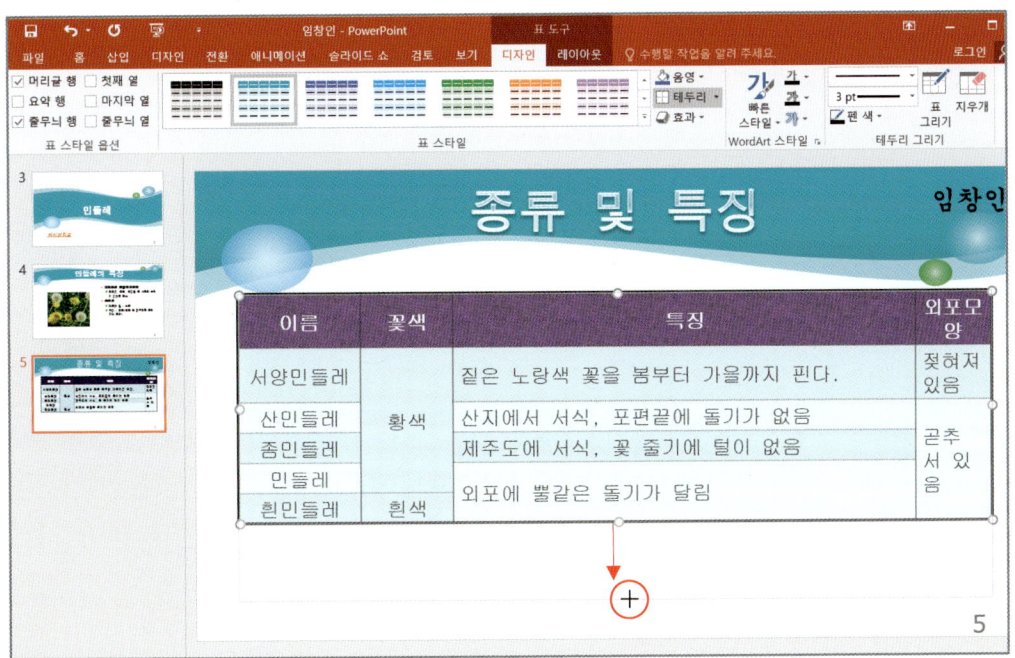

표의 크기를 확인합니다.

1행 4열이 "외포모양"의 "외포" 뒤에서 Enter를 입력하여 줄을 바꾸어 줍니다.

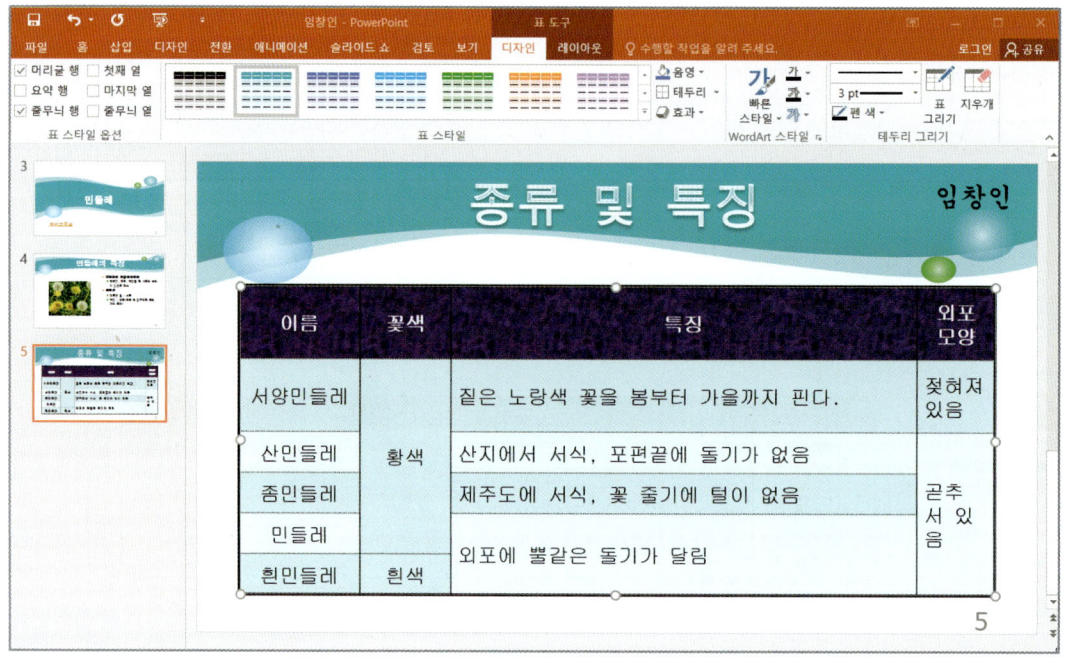

## 연습문제 1

시작파일 : 연습문제2016\연습-3장1번.pptx , 결과파일 : 연습문제2016\연습-4장1번.pptx

| [보기 슬라이드] | |
|---|---|
| 슬라이드3. 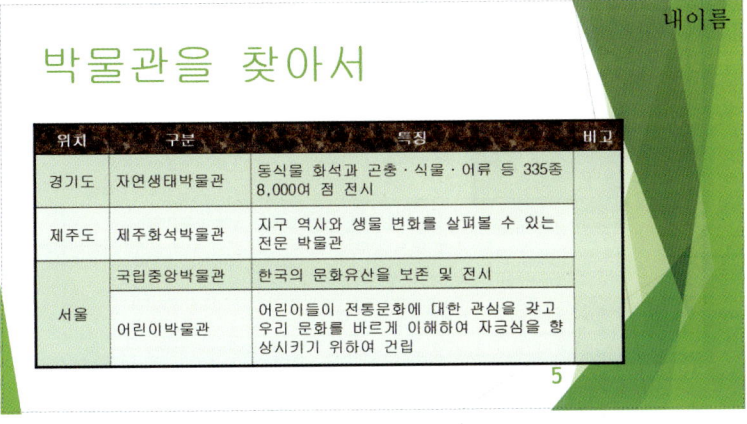 | |

[처리사항]

3. 슬라이드3 : 배점 1)번(5), 2)번(3), 3)번(30)
 1) 새 슬라이드를 '제목 및 내용' 슬라이드로 추가하시오.
 2) 제목은 '박물관을 찾아서'로 입력하시오.
  - 글꼴은 굴림체, 글꼴 크기는 56pt로 지정
 3) 5행 4열의 표를 작성하고, 아래의 조건대로 작성하시오.(반드시 표 형식이 유지되어야 함)
  - 아래 지정된 셀을 각각 셀 병합 지정
    4행 1열~5행 1열 셀 병합
    2행 4열~5행 4열 셀 병합
  - 표 전체에 [보기 슬라이드]와 같이 내용을 입력하고, 글꼴은 굴림체, 글꼴 크기는 20pt로 지정
  - 아래의 조건대로 셀 맞춤 지정
    표 전체 : [표 도구] – [레이아웃]메뉴 [맞춤] 그룹의 세로 가운데 맞춤
    1열 : [표 도구] – [레이아웃]메뉴 [맞춤] 그룹의 가운데 맞춤
    1행 : [표 도구] – [레이아웃]메뉴 [맞춤] 그룹의 가운데 맞춤
  - 표 1행 채우기는 질감의 '밤색 대리석'으로 지정
  - 표 전체의 안쪽 세로 테두리는 점선, 안쪽 가로 테두리와 바깥쪽 테두리는 실선으로 지정
  - 표 전체 바깥쪽 테두리는 3pt 실선으로 지정

## 연습문제 2

시작파일 : 연습문제2016\연습-3장2번.pptx , 결과파일 : 연습문제2016\연습-4장2번.pptx

[보기 슬라이드]

슬라이드3.

[처리사항]

3. 슬라이드3 : 배점 1)번(5), 2)번(3), 3)번(30)
1) 새 슬라이드를 '제목 및 내용' 슬라이드로 추가하시오.
2) 제목은 '유리의 주원료'로 입력하시오.
   - 글꼴은 바탕체, 글꼴 크기는 58pt로 지정
3) 5행 4열의 표를 작성하고, 아래의 조건대로 작성하시오.(반드시 표 형식이 유지되어야 함)
   - 아래 지정된 셀을 각각 셀 병합 지정
     2행 1열 ~ 3행 1열 셀 병합
     4행 1열 ~ 5행 1열 셀 병합
     2행 4열 ~ 5행 4열 셀 병합
   - 표 전체에 [보기 슬라이드]와 같이 내용을 입력하고, 글꼴은 바탕체, 글꼴 크기는 22pt로 지정
   - 아래의 조건대로 셀 맞춤 지정
     표 전체 : [표 도구] – [레이아웃]메뉴 [맞춤] 그룹의 세로 가운데 맞춤
     1열 : [표 도구] – [레이아웃]메뉴 [맞춤] 그룹의 가운데 맞춤
     1행 : [표 도구] – [레이아웃]메뉴 [맞춤] 그룹의 가운데 맞춤
   - 표 1행 채우기는 질감의 '데님'으로 지정
   - 표 전체의 안쪽 세로 테두리는 3pt 점선, 안쪽 가로 테두리와 바깥쪽 테두리는 1pt 실선으로 지정
   - 표 전체 바깥쪽 테두리는 3pt 실선으로 지정

# 슬라이드 4 작성하기

PowerPoint 2016

[보기 슬라이드]

슬라이드 4.

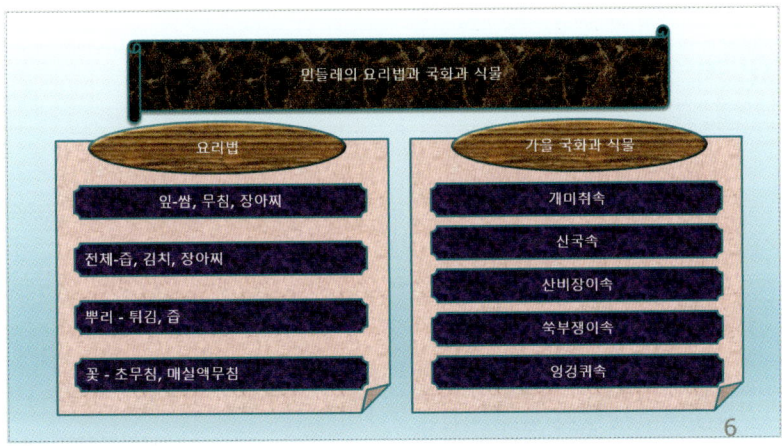

[처리사항]

4. 슬라이드4 : 배점 1)번(5), 2)번(54), 3)번(10)
   1) 새 슬라이드를 '빈 화면' 슬라이드로 추가하시오.
   2) 그리기 도구모음을 이용하여 아래 조건에 맞게 [보기 슬라이드]와 같이 작성하시오.
      - 가로로 말린 두루마리 모양을 1개 그리고, 면의 질감은 밤색 대리석으로 지정하고, 그림자는 '바깥쪽, 오프셋 아래쪽'을 적용, '민들레의 요리법과 국화과 식물'을 입력
      - 모서리가 접힌 도형을 2개 그리고, 면의 질감은 분홍 박엽지로 지정
      - 타원을 2개 그리고, 면의 질감은 일반 목재로 지정, 3차원 서식으로 입체효과의 위쪽 '둥글게'를 적용, '요리법', '가을 국화과 식물'을 각각 입력
      - 배지를 9개 그리고, 면의 질감은 자주 편물로 지정하고, '잎-쌈, 무침, 장아찌', '전체-즙, 김치, 장아찌', '뿌리-튀김, 즙', '꽃-초무침, 매실액무침', '개미취속', '산국속', '산비장이속', '쑥부쟁이속', '엉겅퀴속'을 각각 입력
      - 작성된 모든 도형은 [보기 슬라이드]와 같이 배열하고, 그룹으로 지정하고, 크기는 너비 30, 높이 17cm로 지정
   3) 슬라이드의 배경 서식에서 배경 그래픽 숨기기를 지정하고, 그라데이션 채우기의 그라데이션 미리 설정은 '아래쪽 스포트라이트 – 강조 5'로 지정하시오.

> 〈슬라이드 4〉의 중점사항
>
> 1. 도형과 그리기 도구
> 2. 그룹화와 그룹해제
> 3. 슬라이드의 배경서식
> 4. 따라하기

## 1 도형과 그리기 도구

### 1) 도형 작성

도형은 [홈]탭 - [그리기]그룹 혹은 [삽입]탭 - [일러스트레이션]그룹의 [도형]에서 도형을 선택한 후 슬라이드의 작성하고자 하는 위치에서 마우스를 끌어서 그립니다.

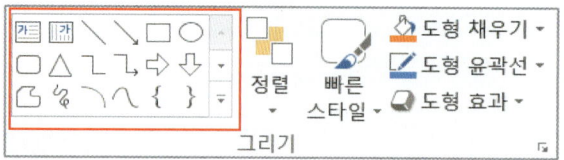 

도형의 종류는 다음 그림과 같습니다.

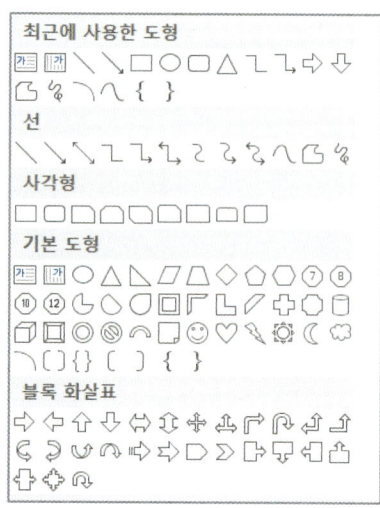 

도형 작성할 때 참고 사항

① Shift 키를 누른채 마우스를 끌어주면 정사각형이나 원 혹은 가로와 세로의 비율이 일정한 도형을 그립니다.
② 도형의 크기는 도형의 모서리나 옆 면의 컨트롤 핸들을 끌어줍니다.
③ 도형의 회전은 도형 위에 있는 회전 핸들을 끌어 줍니다.
④ 도형의 노란색 컨트롤 핸들을 끌어주면 도형의 모양을 변형 시킬수 있습니다.
⑥ 도형의 상세 설정은 [그리기 도구] - [서식]탭에서 합니다.

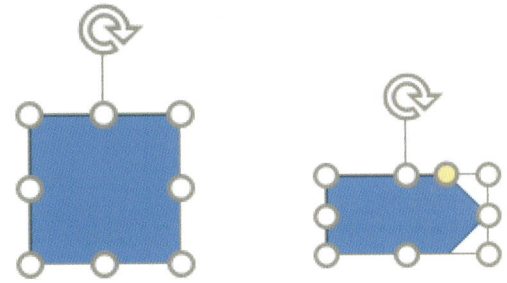

## 2) 그리기 도구

도형을 작성하면 리본메뉴 [그리기 도구] - [서식]탭이 활성화됩니다.

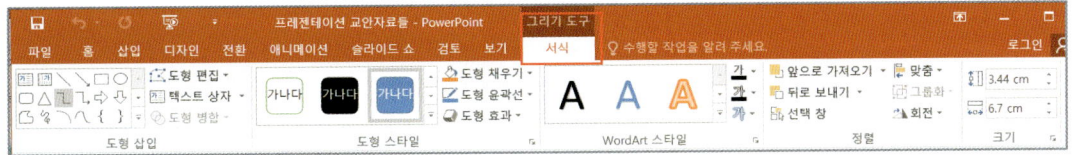

[도형 삽입]그룹에서 새로운 도형을 삽입하거나 이미 작성된 도형의 모양 변형 등 편집을 할 수 있습니다.

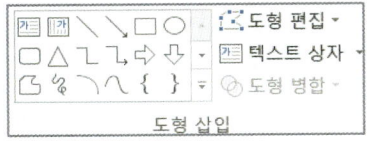

[도형 스타일]그룹은 작성된 도형의 스타일, 색 채우기, 윤곽선 등을 지정할 수 있고, 도형에 그림자, 반사, 네온, 부드러운 가장자리, 입체 효과, 3차원 회전 등 다양한 효과를 지정할 수 있습니다.

[정렬]그룹은 여러개의 개체들 사이에서 앞으로 가져오기, 뒤로 보내기, 왼쪽/오른쪽/가운데/위쪽/아래쪽/가운데 등의 정렬을 하여 통일된 모습의 슬라이드를 작성 할 수 있도록 합니다.

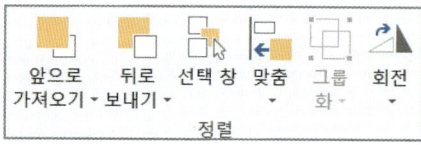

[도형 스타일] 혹은 [크기] 그룹의 대화상자 펼침아이콘( )을 클릭하면 [도형 서식]의 작업창이 열립니다.

### 3) [도형 서식] 작업창

[도형 서식] 작업창은 도형과 도형 안에 입력한 텍스트에 대한 서식을 지정할 수 있도록 [도형 옵션]과 [텍스트 옵션]으로 분리 되어 있습니다.

[도형 옵션]은 채우기 및 선( ), 효과( ), 크기 및 속성( )의 하위 메뉴로 구성되어 도형에 대한 세부 항목을 수정할 수 있습니다.

[텍스트 옵션]은 텍스트 채우기 및 윤곽선( ), 텍스트 효과( ), 텍스트 상자( )의 하위 메뉴로 구성되어 도형 안에 입력한 텍스트에 대한 세부 사항을 수정할 수 있습니다.

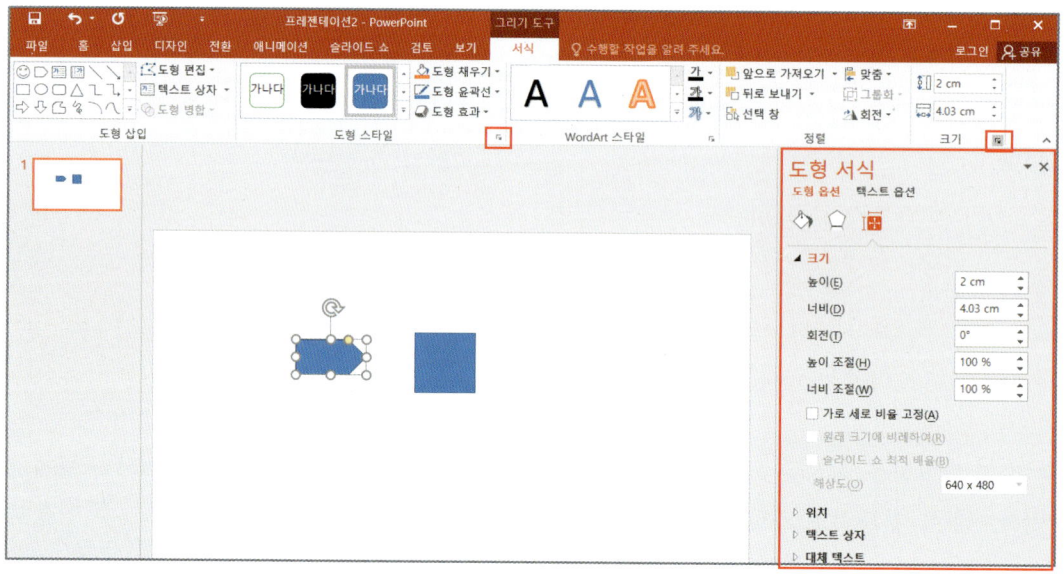

## 2 그룹화와 그룹해제

도형이나 그림 또는 기타 다른 개체들은 그룹화 할 수 있습니다. 그룹화를 사용하면 그룹화에 포함된 모든 도형들을 단일 도형이나 단일 개체처럼 동시에 회전하거나 이동 혹은 크기 조정 등을 할 수 있습니다.
또한 도형 채우기나 효과 추가 등을 한 번에 그룹에 있는 모든 도형에 적용 할 수도 있습니다.
그룹화된 도형을 다른 도형과 다시 그룹화 할 수도 있습니다.

그룹화는 [그리기 도구] [서식]탭 - [그룹화] - [그룹]을 이용하고, 그룹 해제는 [그리기 도구] - [서식]탭 - [그룹화] - [그룹해제]를 이용합니다.
그룹화된 도형을 [그룹 해제]하면 각각의 개체 혹은 도형이나 그림으로 그룹이 해제됩니다.
아래 그림은 4개의 도형에 대하여 그룹화 하기 전 도형을 선택한 모습과 그룹화 한 후 도형을 선택한 모습입니다. 그룹화 하기 전에는 4개의 각각의 개체(도형)이고, 그룹화 한 후에는 하나의 개체로 취급됩니다.

## 3 슬라이드의 배경 서식

파워포인트에서는 슬라이드마다 서로 다른 배경을 작성할 수 있습니다. 배경으로는 색, 패턴, 질감, 이미지등 다양한 모습을 반영할 수 있습니다. 이러한 요구는 현재 사용하는 슬라이드에만 적용 할수도 있고, 프레젠테이션 전체에 동일한 배경으로 사용할 수도 있습니다.

배경에 이미지를 사용할 경우 기본적으로 이미지의 크기와 상관없이 슬라이드 전체를 채우도록 이미지 크기가 자동 조정됩니다.
배경으로 그림을 추가하기 위해서는 배경그림을 추가할 슬라이드를 선택하고, [디자인]탭의 [배경 서식]을 선택하거나 팝업메뉴의 [배경 서식]을 클릭합니다.

[배경 서식] 작업창에서 [그림 또는 질감 채우기]를 선택하고, 이미지를 파일이나 클립보드, 온라인 등에서 선택합니다. 이미지를 선택한 후 하단의 [모두 적용]을 클릭하면 배경 이미지가 프레젠테이션 전체에 적용됩니다. [투명도]를 조절하여 이미지의 선명도를 조절 할 수 있습니다.

[배경 원래대로]는 배경서식에 의하여 지정된 서식을 취소하고 기본 배경으로 돌아갑니다.

[배경 그래픽 숨기기]는 프레젠테이션의 디자인의 테마에 의하여 기본으로 표시된 배경을 나타나지 않게 해 줍니다.

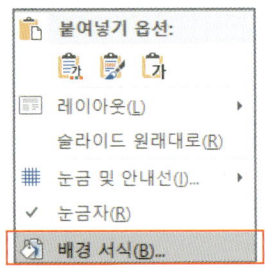

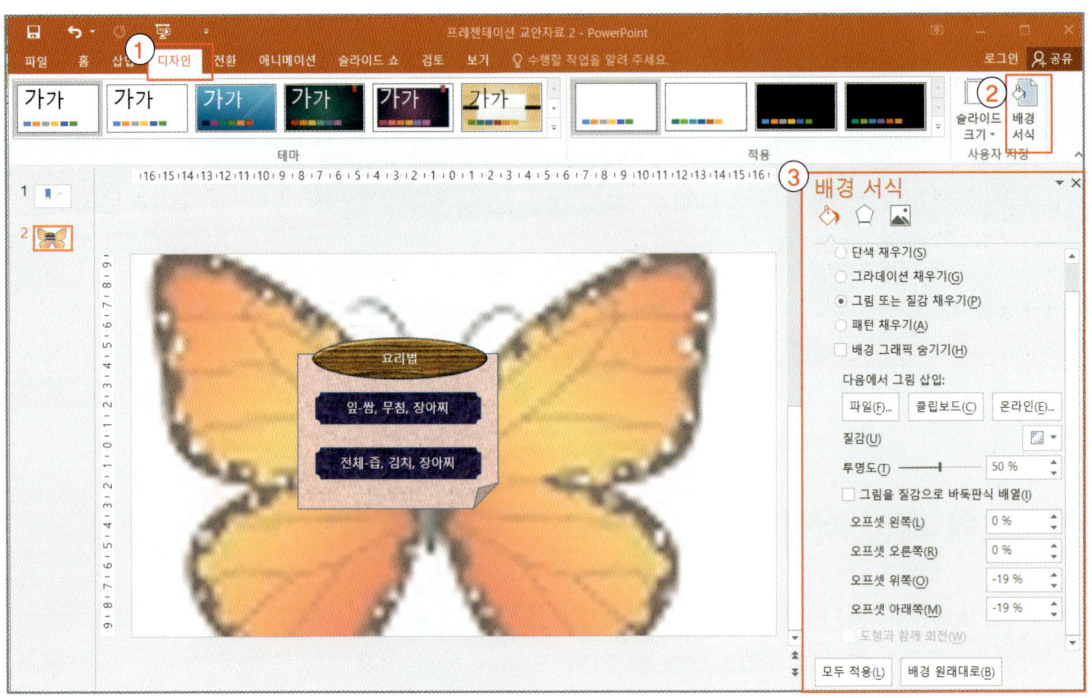

## 4 따라하기

시작파일 : 따라하기2016\4장따라하기결과.pptx   결과파일 : 따라하기2016\5장따라하기결과.pptx

1) 새 슬라이드를 '빈 화면' 슬라이드로 추가하시오.

1. Ctrl+M을 눌러서 새 슬라이드 추가하고, 슬라이드 바탕의 팝업메뉴 – [레이아웃] – [빈 화면] 클릭

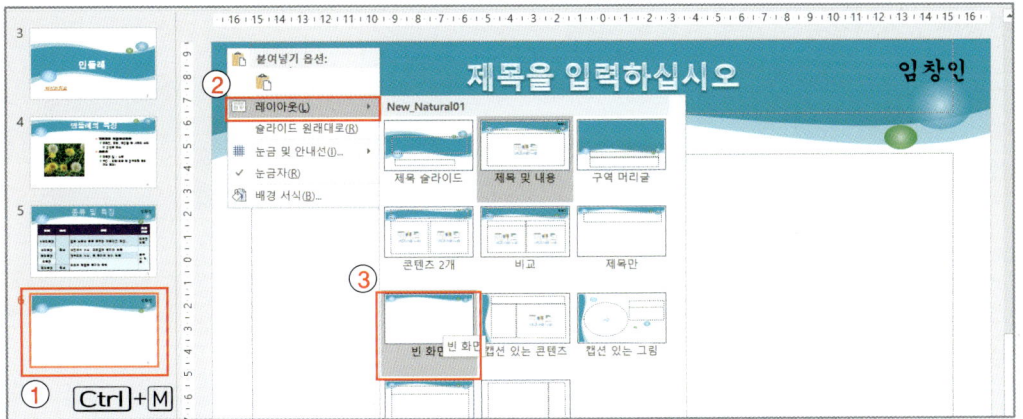

2) 그리기 도구모음을 이용하여 아래 조건에 맞게 **[보기 슬라이드]**와 같이 작성하시오.
 – 가로로 말린 두루마리 모양을 1개 그리고, 면의 질감은 밤색 대리석으로 지정하고, 그림자는 '바깥쪽, 오프셋 아래쪽'을 적용, '민들레의 요리법과 국화과 식물'을 입력

1. [삽입]탭 – [도형] – '가로로 말린 두루마리 모양' 클릭, 마우스를 드래그하여 적당한 크기로 도형 작성

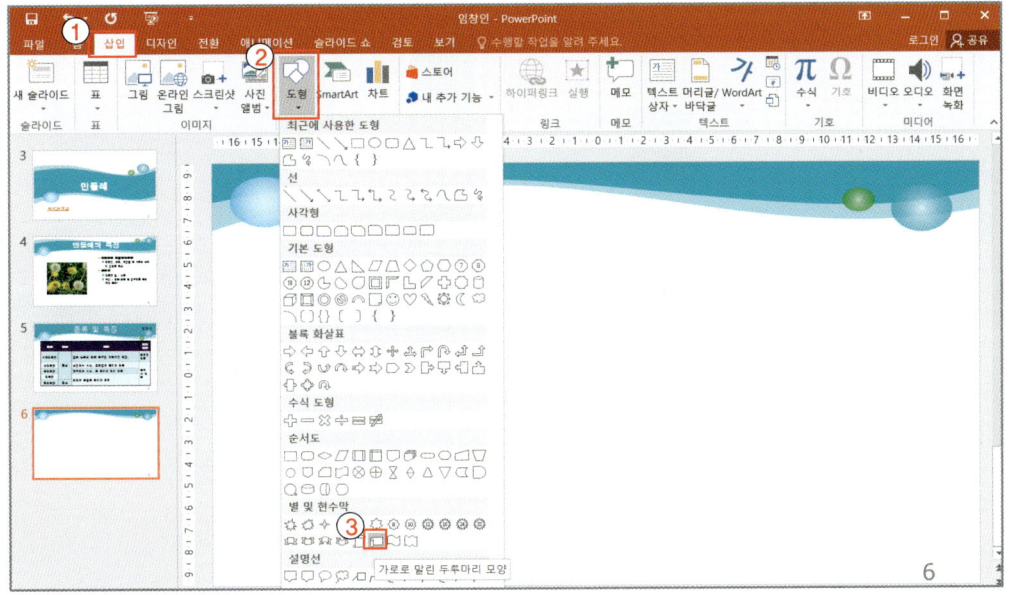

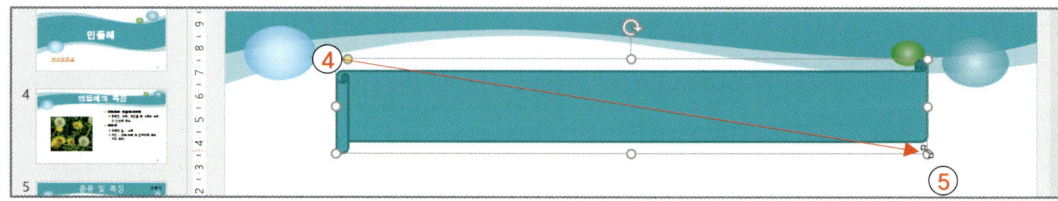

2. 도형에 '민들레의 요리법과 국화과 식물'을 입력

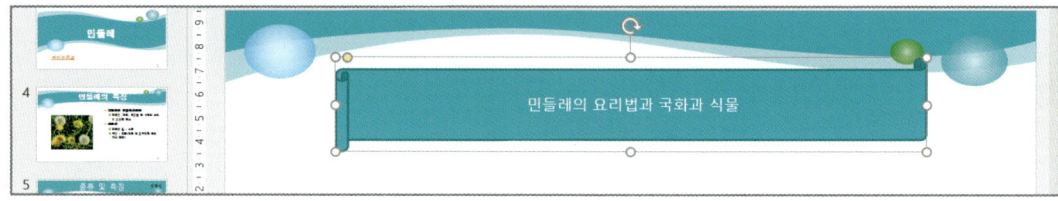

3. [그리기도구] [서식]탭의 [도형 스타일] 그룹의 대화상자 펼침아이콘( ) 클릭. [그림 서식] 작업창의 채우기및 선( ) – 채우기 – 그림 또는 질감 채우기 – 질감( ) – 밤색대리석( ) 클릭

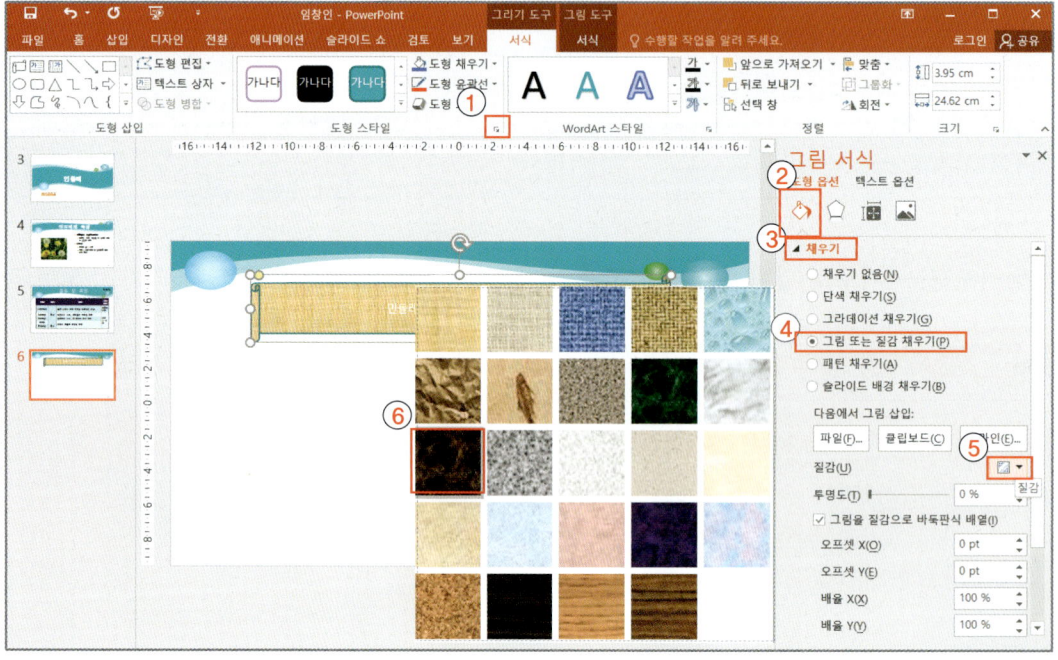

4. 도형을 선택한 상태에서 [그림 서식] 작업창의 효과(　) – 그림자 – 미리 설정의 그림자(　) – 바깥쪽의 '오프셋 아래쪽'(　) 클릭

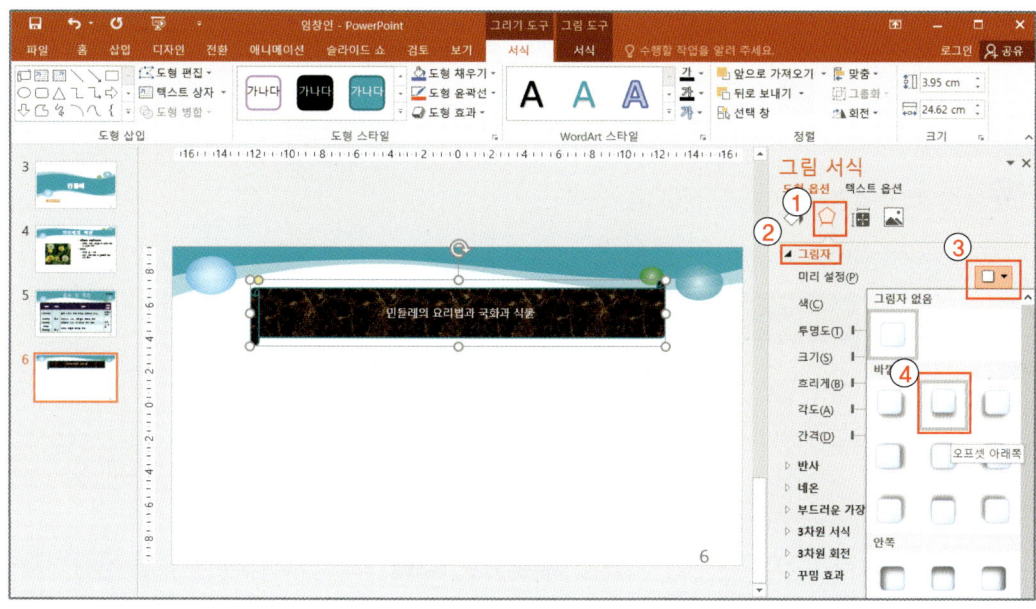

- 모서리가 접힌 도형을 2개 그리고, 면의 질감은 분홍 박엽지로 지정
- 타원을 2개 그리고, 면의 질감은 일반 목재로 지정, 3차원 서식으로 입체효과의 위쪽 '둥글게'를 적용, '요리법', '가을 국화과 식물'을 각각 입력
- 배지를 9개 그리고, 면의 질감은 자주 편물로 지정하고, '잎 – 쌈, 무침, 장아찌', '전체 – 즙, 김치, 장아찌', '뿌리 – 튀김, 즙', '꽃 – 초무침, 매실액무침', '개미취속', '산국속', '산비장이속', '쑥부쟁이속', '엉겅퀴속'을 각각 입력

1. [삽입]탭 – 도형 – '모서리가 접힌 도형' 클릭. 마우스를 드래그하여 적당한 크기로 도형 작성

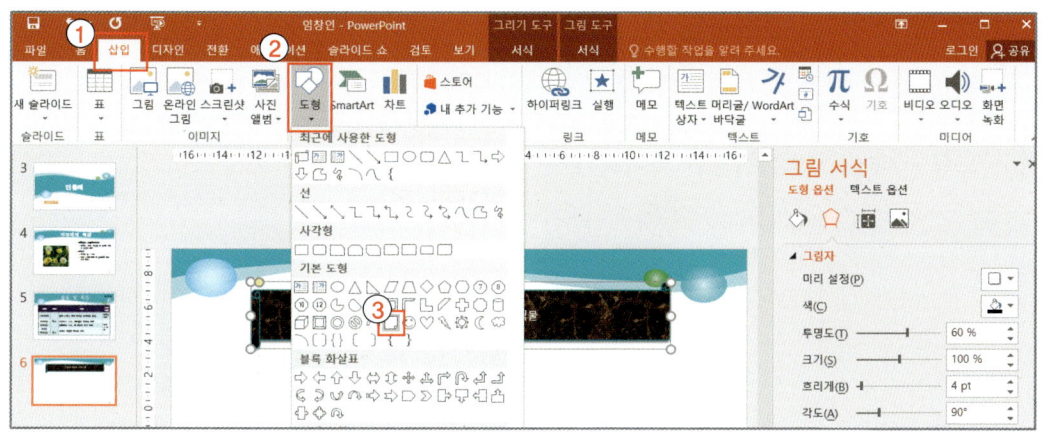

2. [그림 서식] 작업창의 채우기 및 선( ) – 채우기 – 그림 또는 질감 채우기 – 질감( ) – 분홍 박엽지( ) 클릭

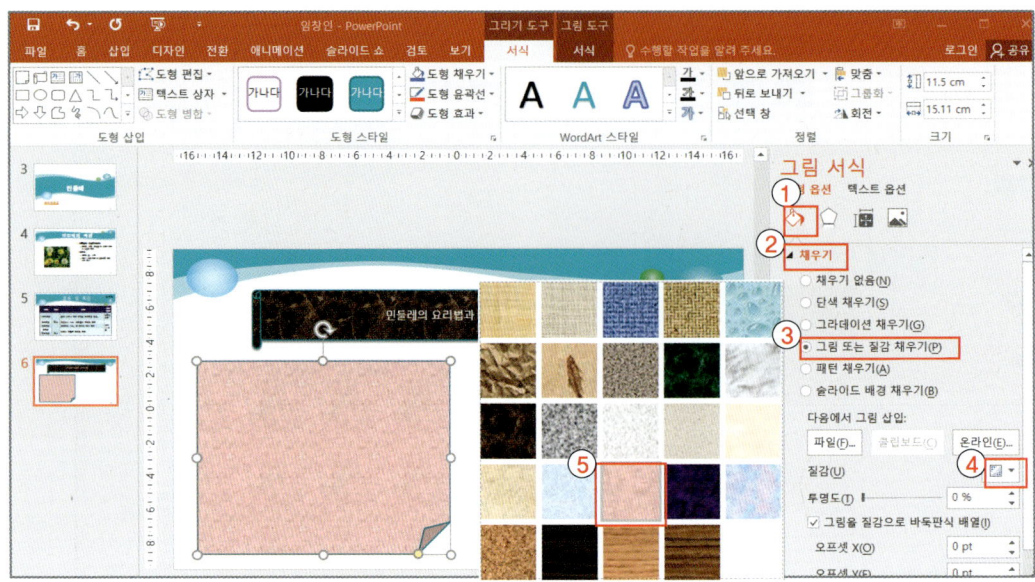

3. Ctrl + Shift 키를 누르고, 작성된 '모서리가 접힌 도형'을 마우스로 오른쪽으로 드래그하여 복사

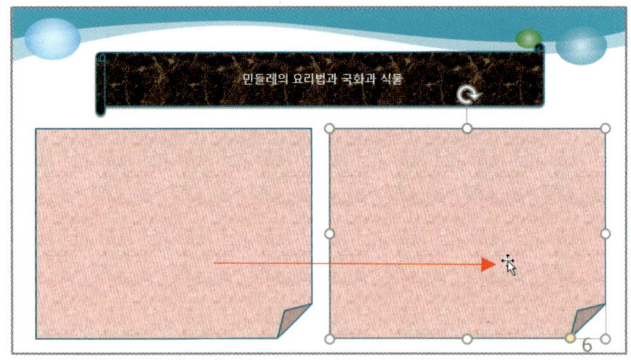

4. [삽입]탭 – 도형 – '타원' 클릭. 적당한 크기로 타원 작성

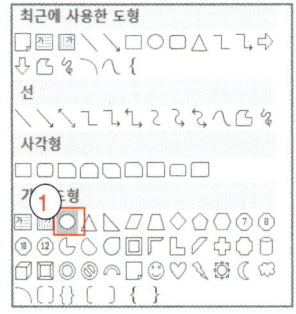 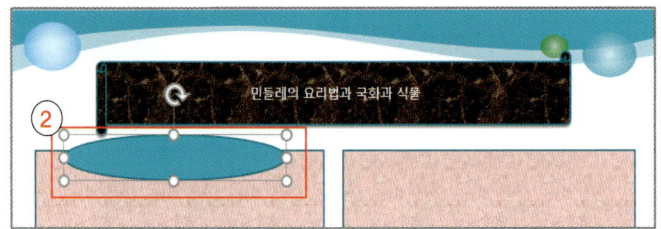

5. 타원 도형 선택 – [그림 서식] 작업창의 채우기및 선( ) – 채우기 – 그림 또는 질감 채우기 – 질감 ( ) – 일반 목재( ) 클릭

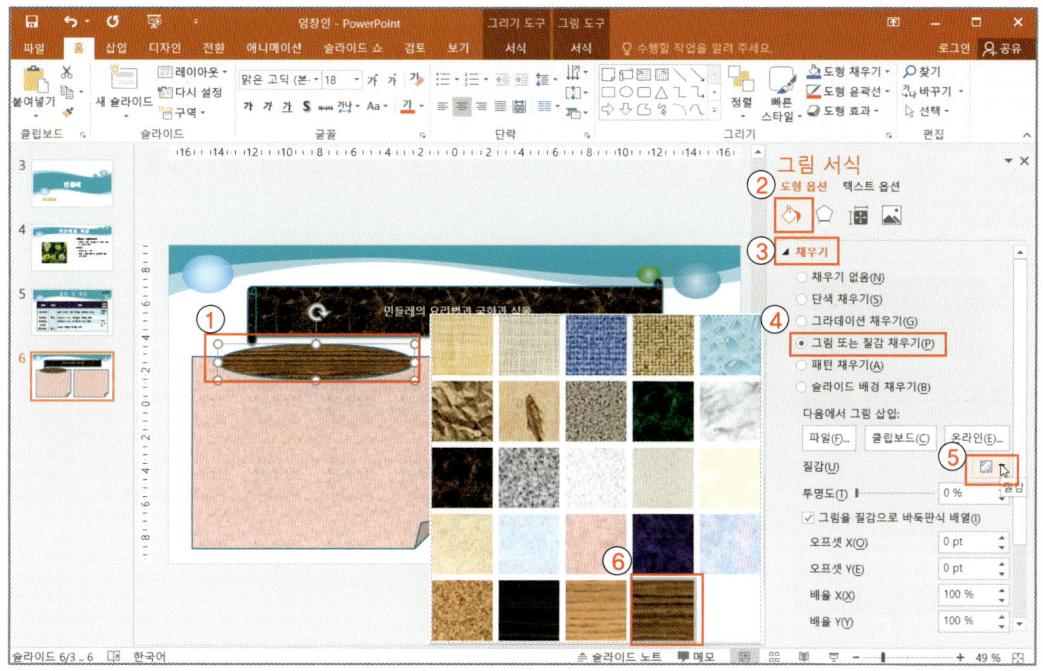

6. 타원 도형 선택 – [그림 서식] 작업창의 효과( ) – 3차원 서식 – '위쪽 입체'의 펼침 단추( ) – '둥글게' 클릭

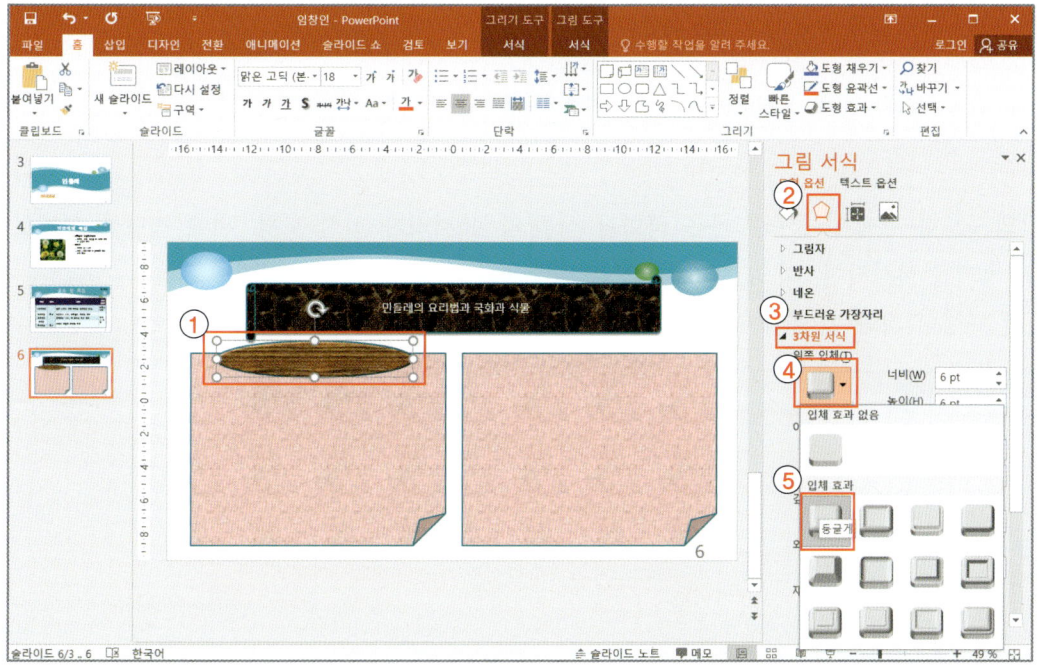

7. 타원 도형에 '요리법' 입력

8. Ctrl + Shift 키를 동시에 누르고, 작성된 '타원'을 마우스로 드래그하여 복사하고, '가을 국화과 식물' 입력

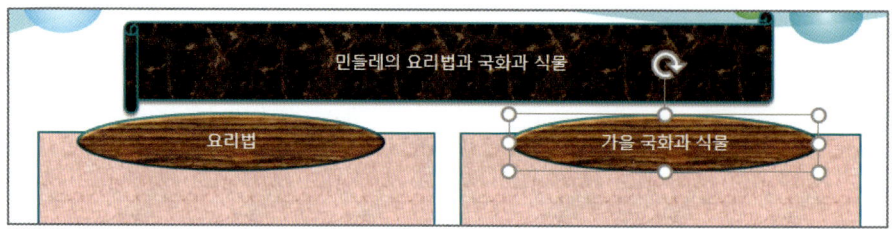

9. [그림 서식] 작업창 닫기

※ 참고. 도형 복사하는 방법
    방법 1. 원본 도형 작성 후 Ctrl + D 를 누릅니다.
    방법 2. Ctrl 키를 누르고 마우스로 도형을 드래그 합니다.
    방법 3. Ctrl + Shift 키를 누르고 마우스로 도형을 드래그 합니다.

10. [삽입]탭 - 도형 - '배지' 클릭. '가을 국화과 식물'의 '모서리가 접힌 도형' 위에 적당한 크기로 작성하고, 4개를 복사하여 5개의 도형을 작성.

    맨 위의 도형 위치와 맨 아래 도형의 위치가 중요한 역할을 하게 됩니다.

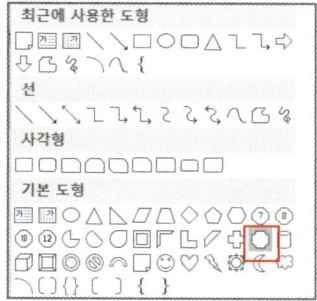

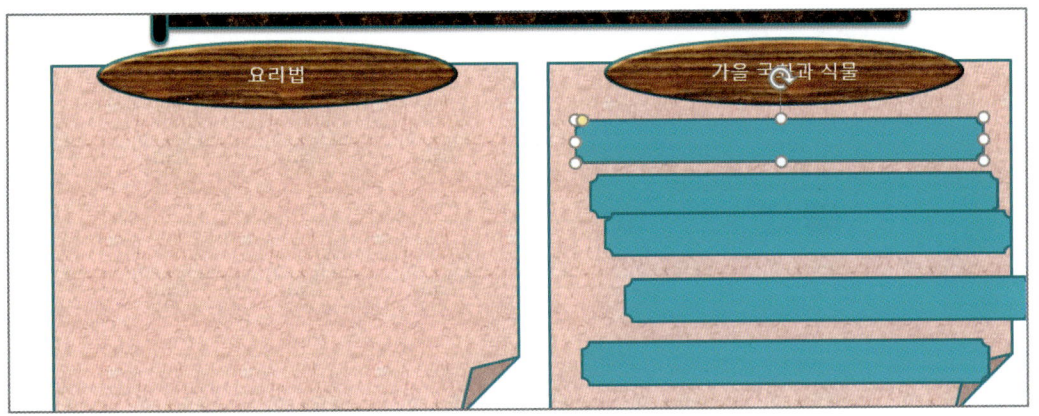

11. 5개의 배지 도형의 적당한 배치를 위하여 모서리가 접힌 도형의 모양을 변형합니다.

　　모서리가 접힌 도형을 클릭 – 모양 조절 점을 오른쪽으로 이동. 왼쪽의 모서리가 접힌 도형도 같은 모양으로 조절

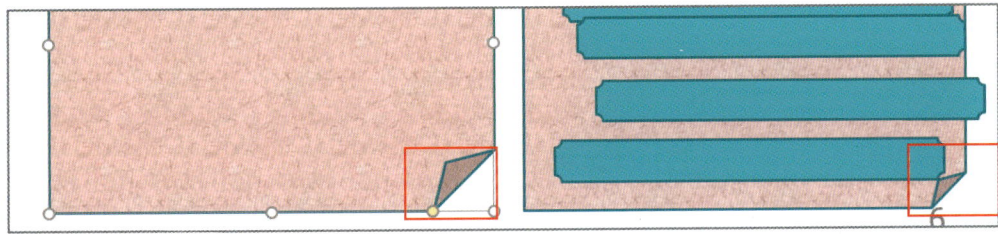

12. 5개의 배지 도형의 간격을 맞추기 위하여 5개의 배지 도형을 선택하고, [그리기도구] [서식]탭 – [맞춤] – [왼쪽 맞춤] 클릭. 한번 더, [맞춤] – [세로 간격을 동일하게] 클릭

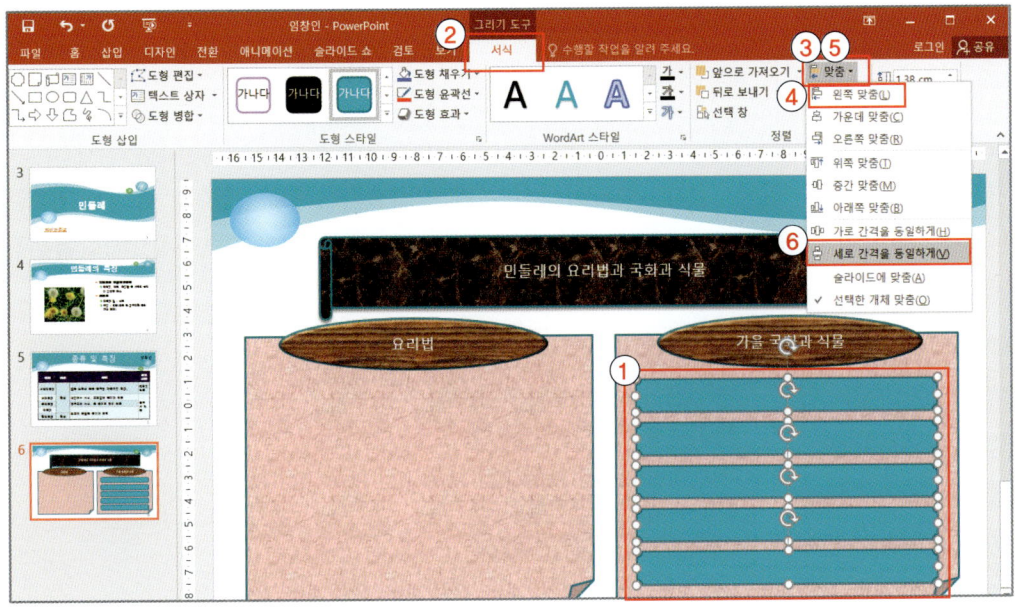

13. 5개의 배지 선택 – [도형 스타일] 그룹의 대화상자 펼침아이콘( ) 클릭 – [그림 서식] 작업창의 채우기및 선( ) – 채우기 – 그림 또는 질감 채우기 – 질감( ) – 자주편물( ) 클릭

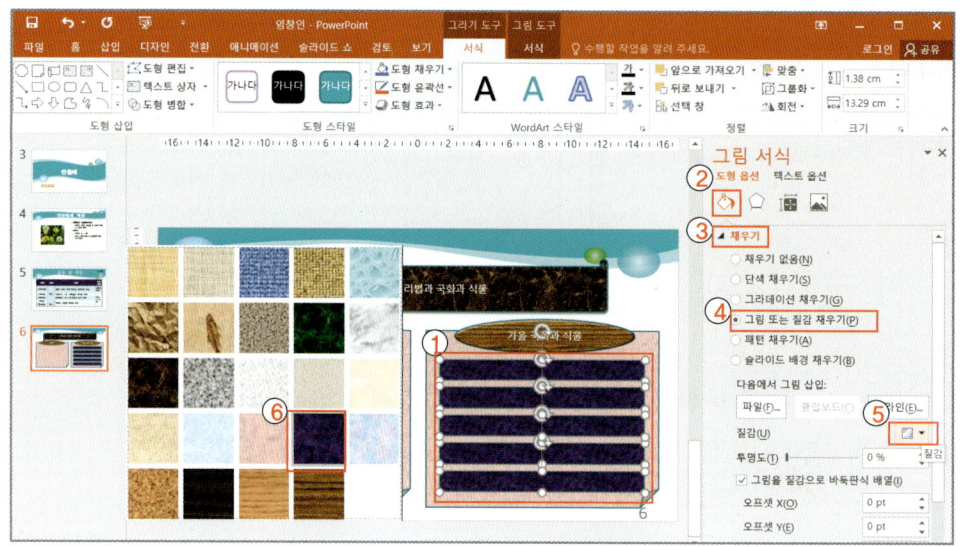

14. '개미취속', '산국속', '산비장이속', '쑥부쟁이속', '엉겅퀴속'을 배지 도형에 각각 입력.
    작성한 배지 도형 5개를 Ctrl + Shift 키를 누른채 왼쪽으로 복사하고, 중간 도형 하나를 삭제

15. 왼쪽 4개의 배지 도형을 선택 – [그리기도구] [서식]탭 – [맞춤] – [세로 간격을 동일하게] 클릭. '잎 – 쌈, 무침, 장아찌', '전체 – 즙, 김치, 장아찌', '뿌리 – 튀김, 즙', '꽃 – 초무침, 매실액무침'을 각각 입력

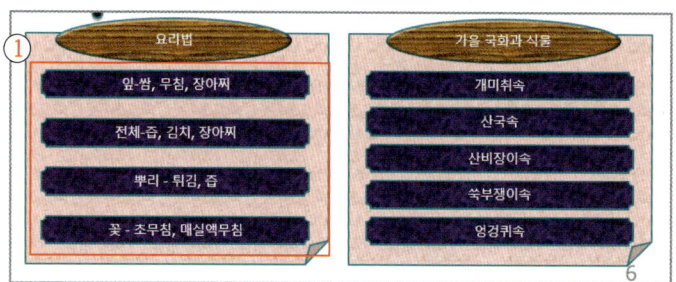

- 작성된 모든 도형은 [보기 슬라이드]와 같이 배열하고, 그룹으로 지정하고, 크기는 너비 30, 높이 17cm로 지정

1. 모든 도형이 포함되도록 임의의 위치에서 마우스를 드래그하여 사각형 모양이 되도록 합니다. 이때 슬라이드 번호인 6을 포함하지 않도록 주의합니다.

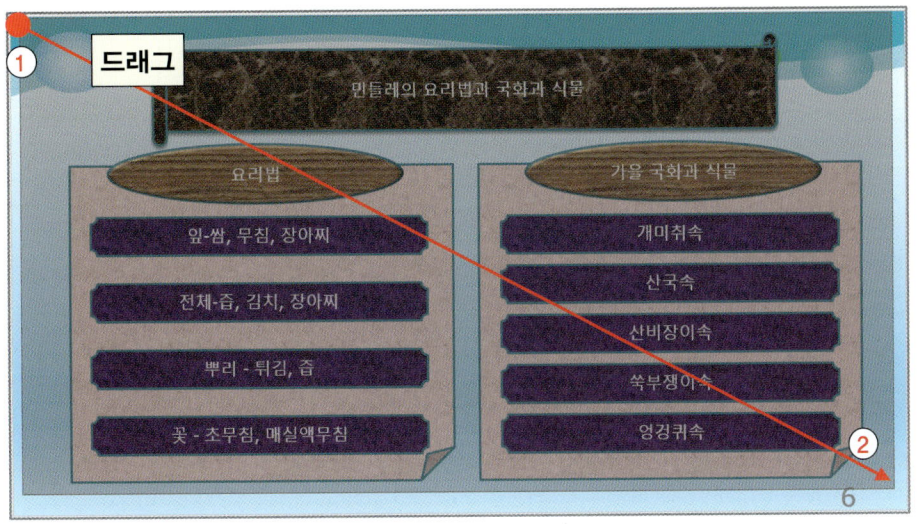

2. [그리기도구] [서식]탭 - [그룹화] - [그룹]을 클릭

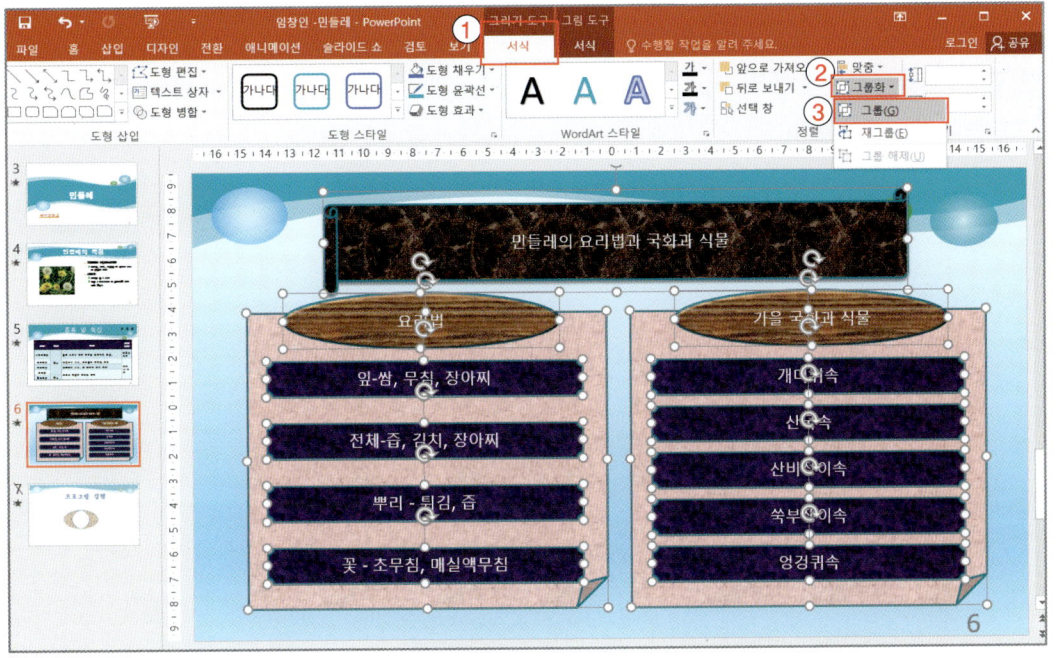

3. [그리기도구] [서식]탭 – [크기] 그룹의 대화상자 펼침아이콘(  ) 클릭, [그림 서식] 작업창 – [크기] – 가로 세로 비율 고정 해제 – 높이:17, 너비:30 입력

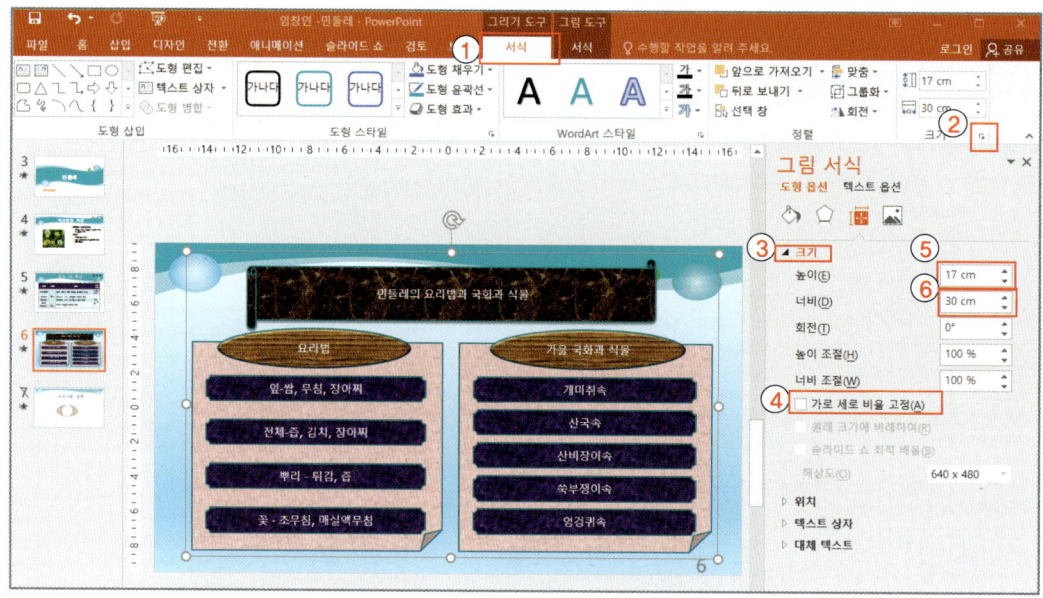

3) 슬라이드의 배경 서식에서 배경 그래픽 숨기기를 지정하고, 그라데이션 채우기의 그라데이션 미리 설정은 '아래쪽 스포트라이트 – 강조 5'로 지정하시오.

1. [디자인]탭 – [배경서식] – [배경 서식] 작업창의 채우기 – 배경 그래픽 숨기기 선택 – 그라데이션 채우기 – 그라데이션 미리설정(  ) – '아래쪽 스포트라이트 – 강조 5' 클릭

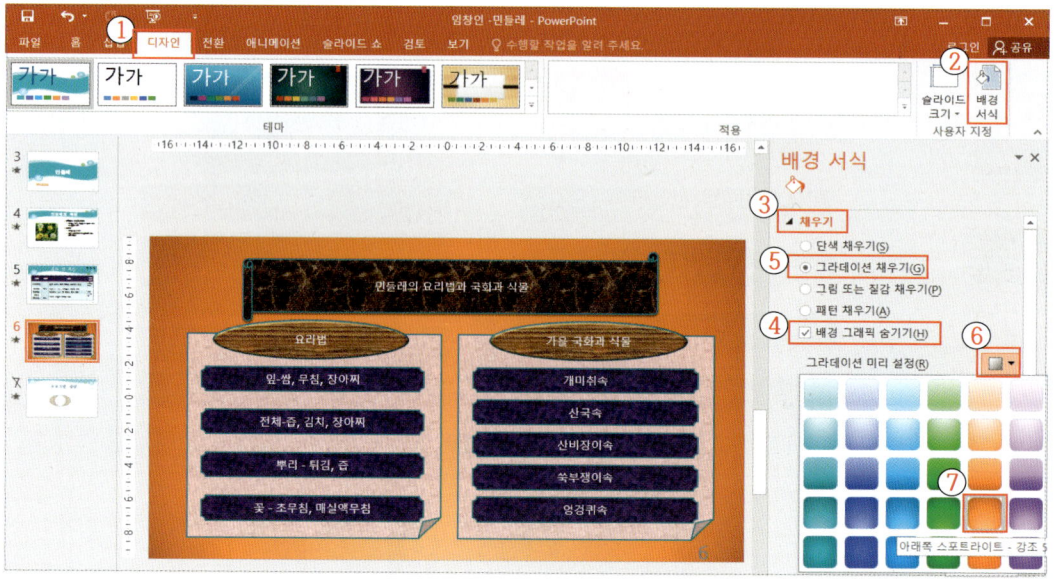

2. 전체 도형이 슬라이드의 중앙에 오도록 그룹화된 도형을 이동하여 슬라이드를 완성합니다.

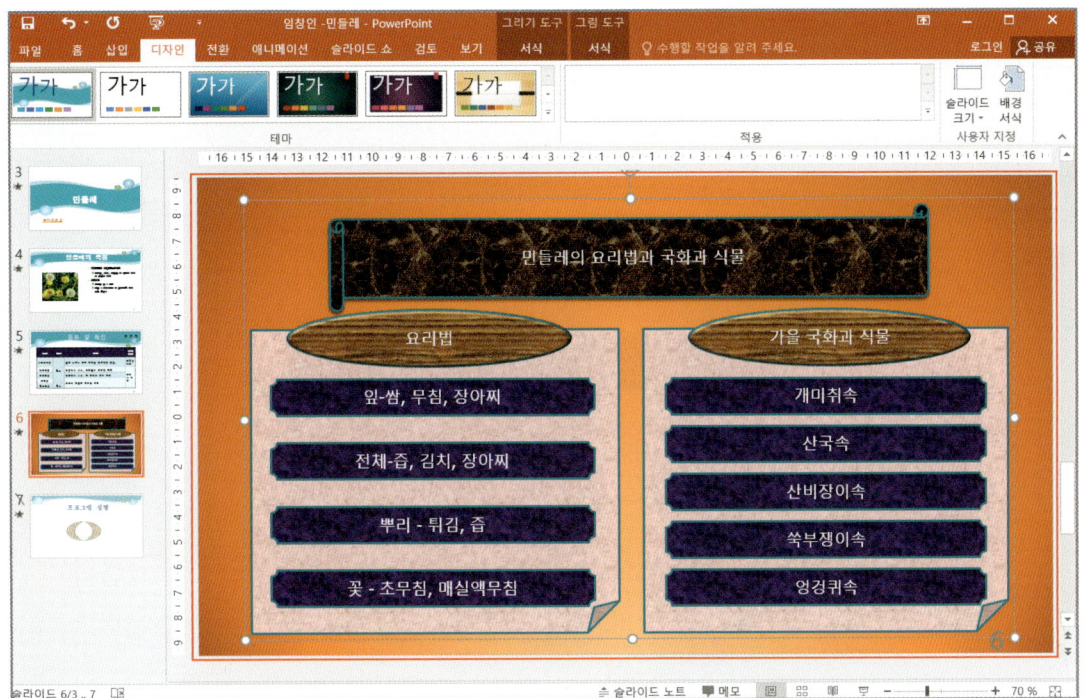

## 연습문제 1

시작파일 : 연습문제2016\연습-4장1번.pptx , 결과파일 : 연습문제2016\연습-5장1번.pptx

| [보기 슬라이드] | |
|---|---|
| 슬라이드4. 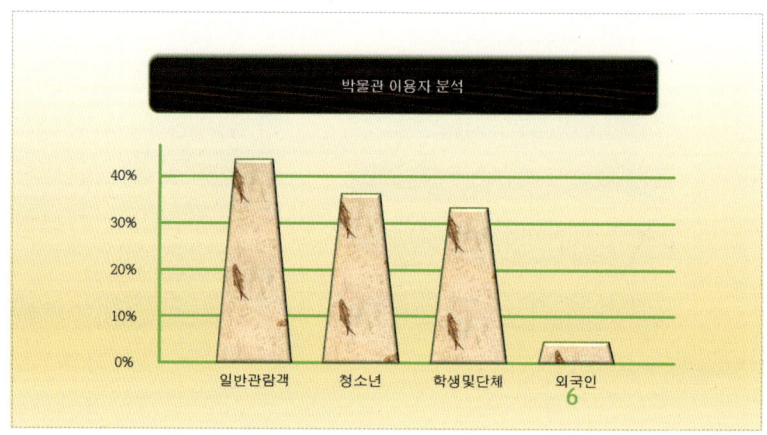 | |
| [처리사항] | |

4. 슬라이드4 : 배점 1)번(5), 2)번(54), 3)번(10)
 1) 새 슬라이드를 '빈 화면' 슬라이드로 추가하시오.
 2) 그리기 도구모음을 이용하여 아래 조건에 맞게 [보기 슬라이드]와 같이 작성하시오.
  - 모서리가 둥근 직사각형 도형을 1개 그리고, 면의 질감은 월넛으로 지정하고, 그림자는 '바깥쪽 오프셋 위쪽'을 적용, '박물관 이용자 분석'을 입력
  - 선의 종류가 실선이고, 너비가 4pt인 선 6개 그리기
  - 사다리꼴 도형을 4개 그리고, 면의 질감은 물고기 화석으로 지정하고, 3차원 서식으로 입체효과의 위쪽 '둥글게'를 적용
  - 가로 텍스트 상자를 9개 그리고, '40%', '30%', '20%', '10%', '0%', '일반관람객', '청소년', '학생 및 단체', '외국인'을 각각 입력
  - 작성된 모든 도형은 [보기 슬라이드]와 같이 배열하고, 그룹으로 지정하고, 크기는 너비 26cm, 높이 15cm로 지정
 3) 슬라이드의 배경 서식에서 배경 그래픽 숨기기를 지정하고, 그라데이션 채우기의 그라데이션 미리 설정은 '밝은 그라데이션 - 강조 3'으로 지정하시오.

# 연습문제 2

시작파일 : 연습문제2016\연습-4장2번.pptx , 결과파일 : 연습문제2016\연습-5장2번.pptx

[보기 슬라이드]

슬라이드4.

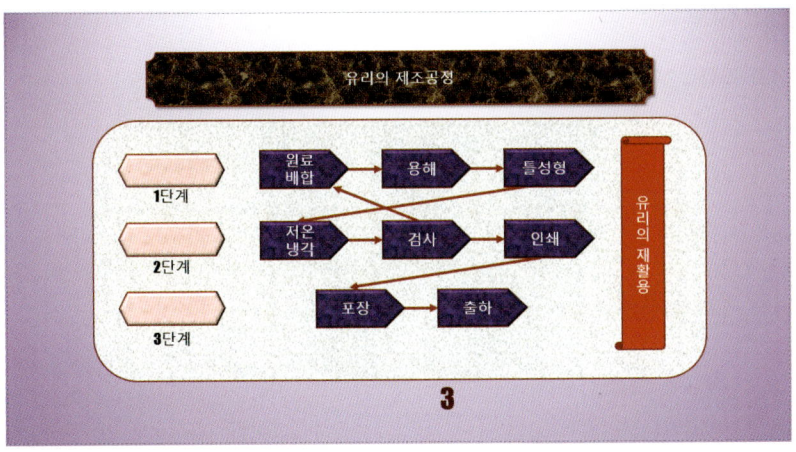

[처리사항]

4. 슬라이드4 : 배점 1)번(5), 2)번(54), 3)번(10)
1) 새 슬라이드를 '빈 화면' 슬라이드로 추가하시오.
2) 그리기 도구모음을 이용하여 아래 조건에 맞게 [보기 슬라이드]와 같이 작성하시오.
  - 배지 도형을 1개 그리고, 면의 질감은 밤색 대리석으로 지정하고, 그림자는 '바깥쪽 대각선 오른쪽 아래'를 적용, '유리의 제조공정'을 입력
  - 모서리가 둥근 직사각형 도형을 1개 그리고, 면의 질감은 신문 용지로 지정
  - 육각형 도형을 3개 그리고, 면의 질감은 분홍 박엽지로 지정하고, 3차원 서식으로 입체효과의 위쪽 '둥글게'를 적용
  - 선의 종류가 실선이고, 너비가 3pt인 선 8개 그리기
  - 오각형 도형을 8개 그리고, 면의 질감은 자주 편물로 지정하고, 3차원 서식으로 입체효과의 위쪽 '둥글게'를 적용하고, '원료배합', '용해', '틀성형'. '저온냉각', '검사', '인쇄', '포장', '출하'를 각각 입력
  - 가로 텍스트 상자를 3개 그리고, '1단계', '2단계', '3단계'를 각각 입력
  - 세로로 말린 두루마리 모양 도형을 그리고, '유리의 재활용'을 입력
  - 작성된 모든 도형은 [보기 슬라이드]와 같이 배열하고, 그룹으로 지정하고, 크기는 너비 26cm, 높이 14cm로 지정
3) 슬라이드의 배경 서식에서 배경 그래픽 숨기기를 지정하고, 그라데이션 채우기의 그라데이션 미리 설정은 '위쪽 스포트라이트 강조 5'로 지정

# 슬라이드 5 작성하기

PowerPoint 2016

[보기 슬라이드]

슬라이드 5.

[처리사항]

5. 슬라이드5 : 배점 1)번(5), 2)번(3), 3)번(16), 4)번(3)
  1) 새 슬라이드를 '제목만' 슬라이드로 추가하시오.
  2) 제목은 '프로그램 실행'으로 입력하시오.
   - 글꼴은 궁서체, 글꼴 크기는 56pt로 지정
  3) 도형을 작성하여 실행 설정을 지정하시오.
   - 그리기 도구모음의 '달' 도형을 그리고, 면의 질감은 '종이가방'으로 지정하고, 너비 5cm, 높이 6cm로 작성
   - 작성된 '달' 도형은 3차원 서식으로 입체효과의 위쪽 '둥글게'와 깊이 36pt를 지정
   - 슬라이드 쇼 실행 시, 마우스를 '달' 도형 위에 놓았을 때 메모장 프로그램(NOTEPAD.EXE)이 실행되도록 실행 설정을 지정
   - 실행 설정이 지정된 '달' 도형을 복사하여 좌우 대칭 지정
   - 작성된 두 개의 '달' 도형을 그룹으로 지정
  4) 슬라이드 5를 숨기기로 지정하시오.

> 〈슬라이드 5〉의 중점사항
>
> 1. 실행 설정
> 2. 도형의 회전
> 3. 슬라이드 숨기기/숨기기 취소
> 4. 따라하기

# 1 실행 설정

실행 설정은 도형이나 어떤 개체를 마우스가 클릭하거나 마우스를 개체위에 놓았을 때 다음과 같은 작업을 수행 할 수 있도록 하며, [삽입]탭 – [실행]을 클릭하여 설정합니다.

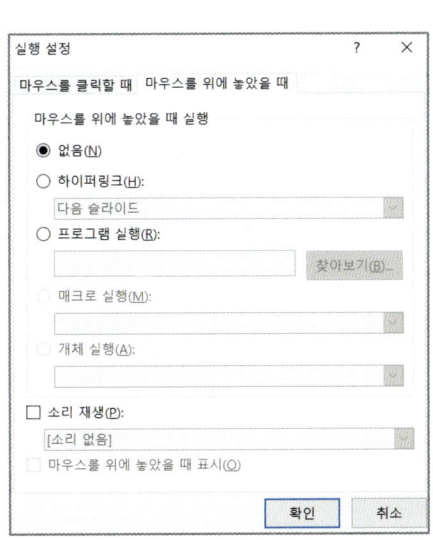

### 1) 하이퍼링크
현재 문서의 다른 슬라이드나 다른 프레젠테이션 파일 혹은 URL로 이동하거나 슬라이드 쇼를 종료합니다.

### 2) 프로그램 실행
워드, 엑셀, 메모장 등 파워포인트가 아닌 다른 프로그램을 실행합니다.

### 3) 매크로 실행
이미 만들어져 있는 매크로를 실행합니다.

### 4) 소리 재생
사운드 클립을 재생합니다.

## 2 도형의 회전

개체나 도형은 다음과 같은 방법으로 회전할 수 있습니다.
1) [서식]탭의 [회전]에서 '오른쪽으로 90도 회전', '왼쪽으로 90도 회전', '상하 대칭', '좌우 대칭'을 클릭함으로서 개체를 회전할 수 있습니다.
2) 개체의 '회전 조절점'을 마우스로 드래그하여 원하는 만큼 회전할 수 있습니다.
3) [도형 서식]작업창이나 [그림 서식]작업창에서 회전 각도를 직접 입력하여 회전할 수도 있습니다.

## 3 슬라이드 숨기기/숨기기 취소

슬라이드 숨기기는 프레젠테이션 파일에 포함되어 있는 슬라이드를 슬라이드 쇼에는 표시되지 않도록 합니다. 슬라이드 숨기기로 지정을 한 슬라이드도 편집할 수 있습니다.

숨기고자 하는 슬라이드를 선택하고, 프레젠테이션의 왼쪽 탐색창의 축소판 그림에서 마우스 오른쪽 단추를 클릭하고 [슬라이드 숨기기]를 클릭하거나. [슬라이드 쇼]탭의 [슬라이드 숨기기]를 클릭합니다. [슬라이드 숨기기]가 적용된 슬라이드는 슬라이드 축소판 그림의 번호에 슬래시( )표시가 되어 있습니다.

숨긴 슬라이드를 표시하려면 슬라이드에서 마우스 오른쪽 단추로 클릭하고 다시 [슬라이드 숨기기]를 클릭합니다.

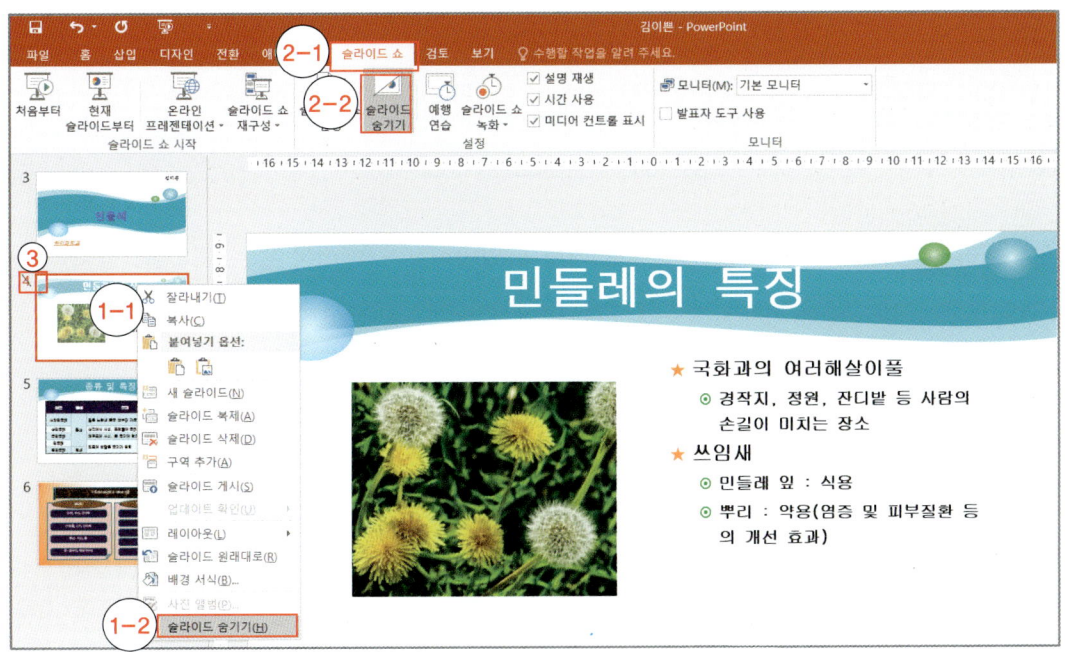

## 4 따라하기

시작파일 : 따라하기2016\5장따라하기결과.pptx    결과파일 : 따라하기2016\6장따라하기결과.pptx

1) 새 슬라이드를 '제목만' 슬라이드로 추가하시오.

1. Ctrl + M을 눌러서 새 슬라이드 추가. 슬라이드 바탕의 팝업메뉴 - [레이아웃] - [제목만] 클릭.

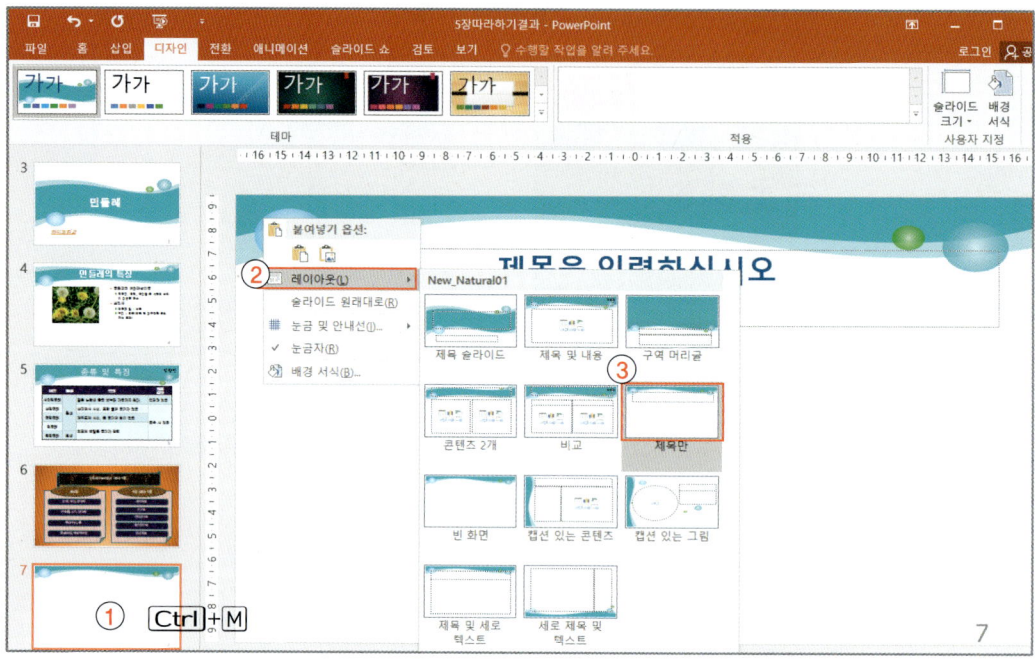

2) 제목은 '프로그램 실행'으로 입력하시오.
   - 글꼴은 궁서체, 글꼴 크기는 56pt로 지정

1. '제목을 입력하십시오'를 클릭하고 '프로그램 실행' 입력

2. '프로그램 실행'을 블록으로 지정하고, 미니도구 모음에서 글꼴:궁서체, 글자 크기:56 입력

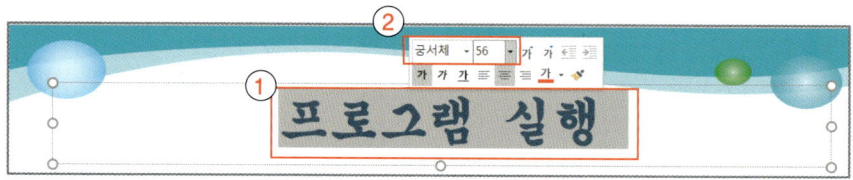

3) 도형을 작성하여 실행 설정을 지정하시오.
- 그리기 도구모음의 '달' 도형을 그리고, 면의 질감은 '종이가방'으로 지정하고, 너비 5cm, 높이 6cm로 작성
- 작성된 '달' 도형은 3차원 서식으로 입체효과의 위쪽 '둥글게'와 깊이 36pt를 지정

1. [삽입]탭 - [도형] - 달 클릭. 마우스를 드래그하여 적당한 크기로 도형 작성

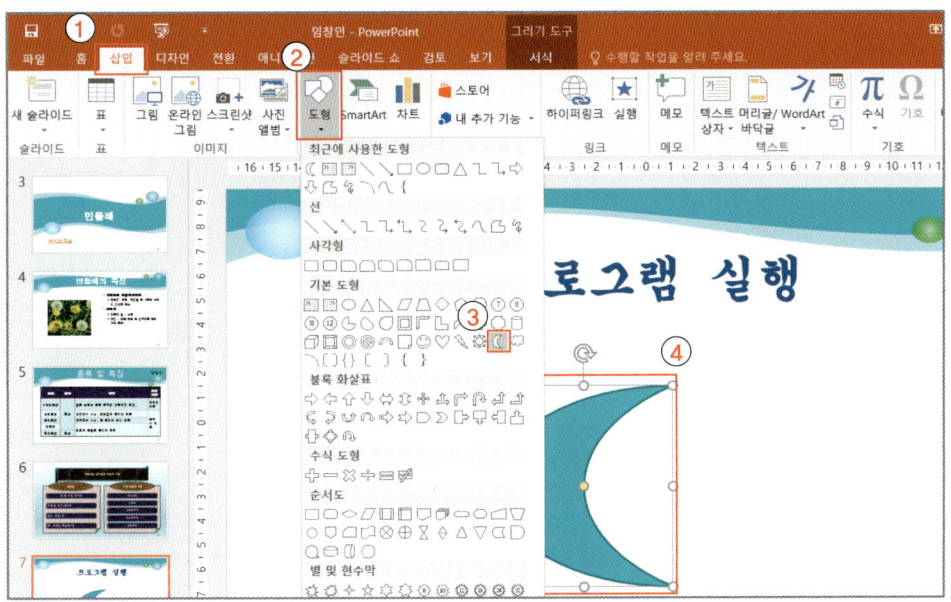

2. 달 도형 클릭, [그리기도구] [서식]탭 - [도형 스타일] 그룹의 대화상자 펼침아이콘( ) 클릭. [그림 서식] 작업창의 채우기 및 선( ) - 채우기 - 그림 또는 질감 채우기 - 질감( ) - 종이가방( ) 클릭

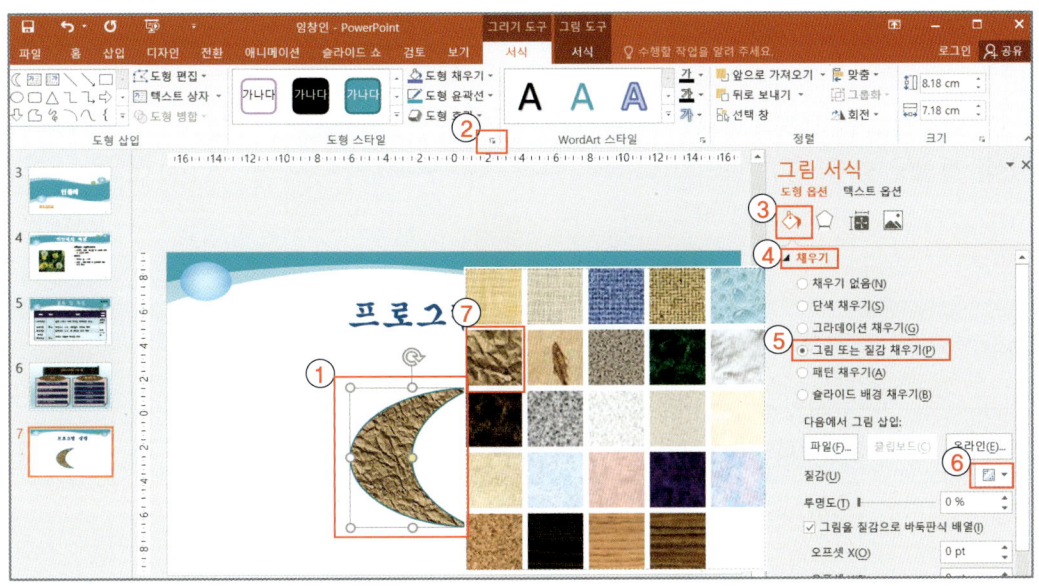

3. [그림 서식] 작업창의 크기 및 속성( ) – 크기 – 가로 세로 비율 고정 해제, 높이:6, 너비:5 입력

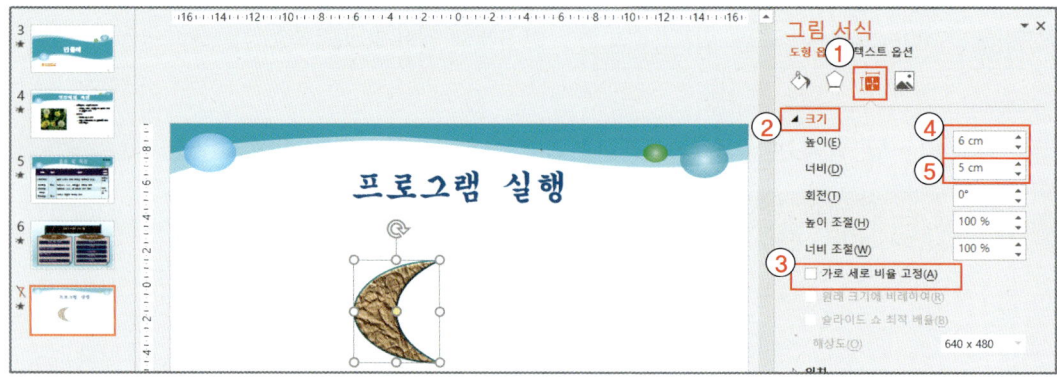

4. [그림 서식] 작업창의 효과( ) – 3차원 서식 – 위쪽 입체 – 둥글게 클릭 – 깊이:36 입력

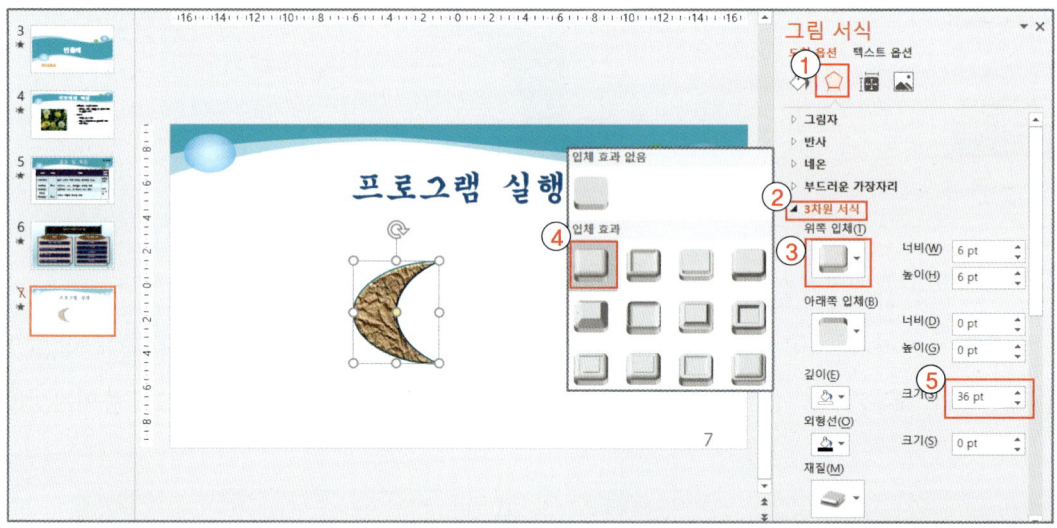

5. [그림 서식] 작업창 닫기

- 슬라이드 쇼 실행 시, 마우스를 '달' 도형 위에 놓았을 때 메모장 프로그램(NOTEPAD.EXE)이 실행되도록 실행 설정을 지정
- 실행 설정이 지정된 '달' 도형을 복사하여 좌우 대칭 지정
- 작성된 두 개의 '달' 도형을 그룹으로 지정

1. 달 도형 클릭 – [삽입]탭 – [실행] – [실행 설정] 대화상자의 [마우스를 위에 놓았을 때]탭 – 프로그램 실행 – [찾아보기] 클릭

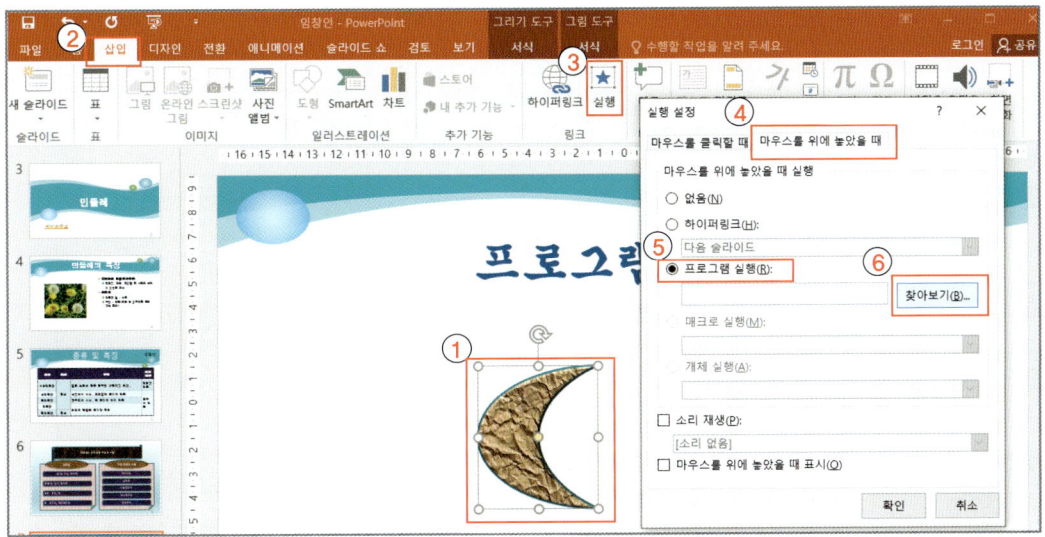

[실행할 프로그램 선택] 대화상자에서 로컬 디스크(C:) – Windows – notepad – [열기] 클릭
다시, [실행 설정] 대화상자에서 [확인] 클릭

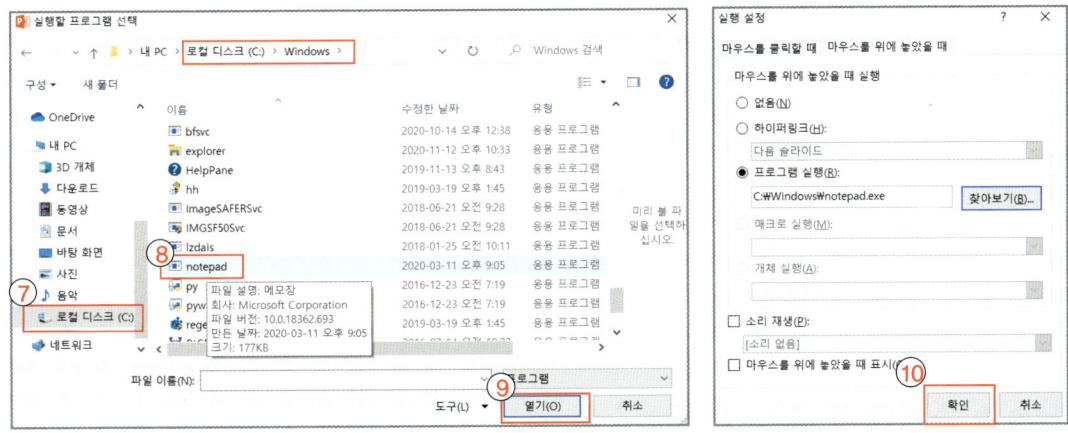

2. Ctrl + C, Ctrl + V 를 눌러 복사하거나, Ctrl + Shift 키를 동시에 누르고 도형을 드래그하여 복사

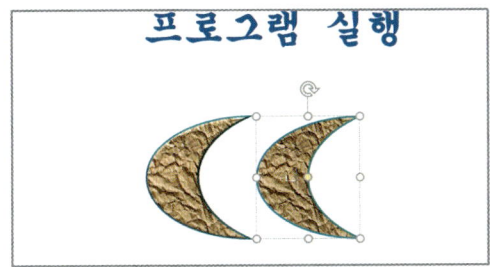

3. 오른쪽 달 도형 클릭 – [그리기 도구] [서식]탭 – [회전] – [좌우 대칭] 클릭
   도형을 드래그하여 문제와 같이 두개의 도형 위치 조절

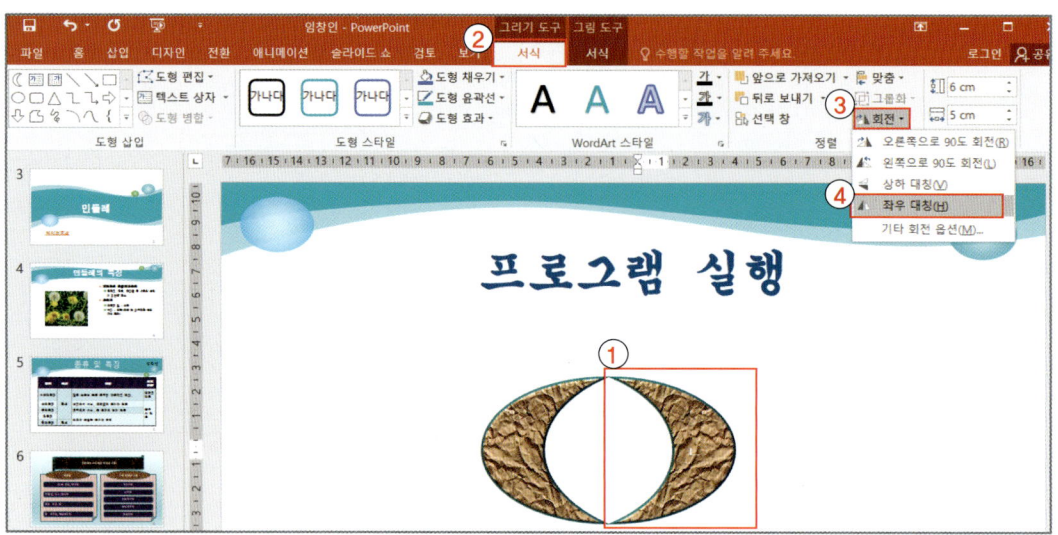

4. 두 개의 도형을 선택하도록 임의의 위치를 드래그

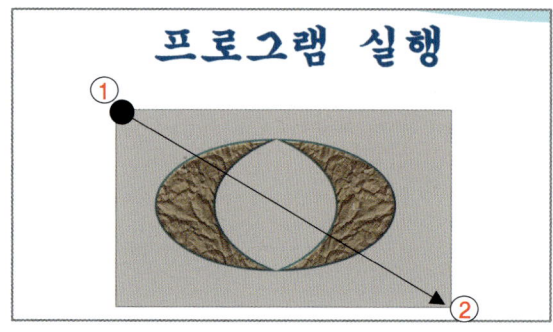

5. [그리기 도구] [서식] - [그룹화] - [그룹] 클릭

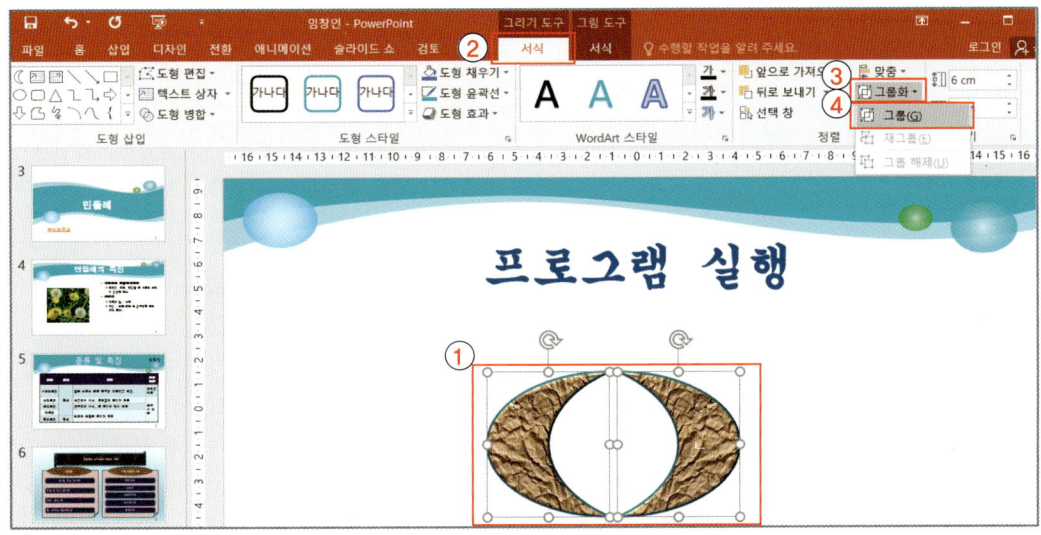

4) 슬라이드5를 숨기기로 지정하시오.

1. 슬라이드 축소판 그림의 5번째 슬라이드에서 마우스 오른쪽 버튼을 클릭 - 팝업메뉴의 [슬라이드 숨기기] 클릭

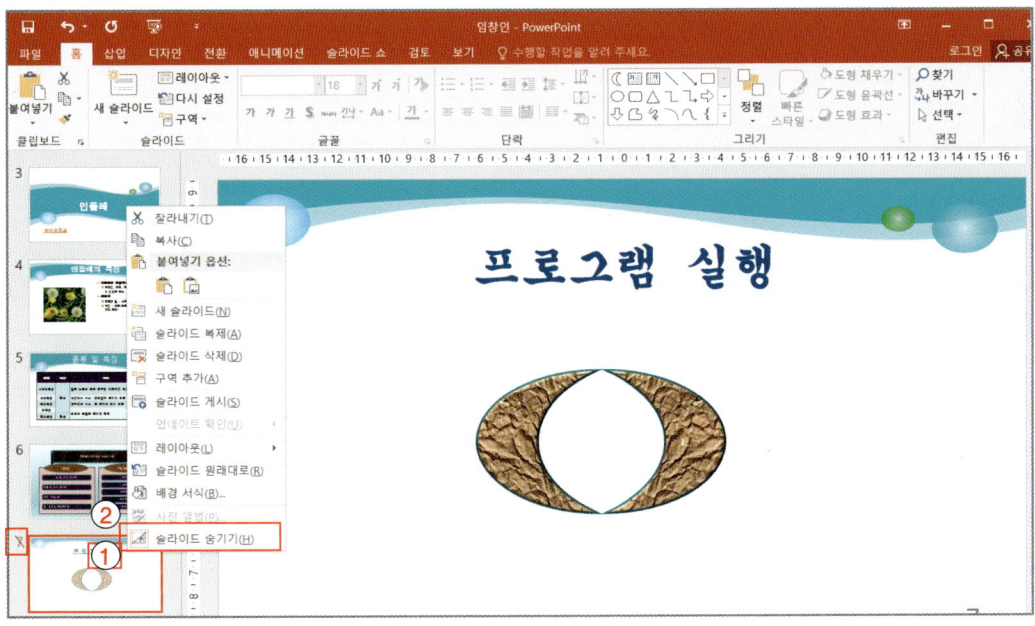

# 연습문제 1

시작파일 : 연습문제2016\연습-5장1번.pptx    결과파일 : 연습문제2016\연습-6장1번.pptx

**[보기 슬라이드]**

슬라이드 5.

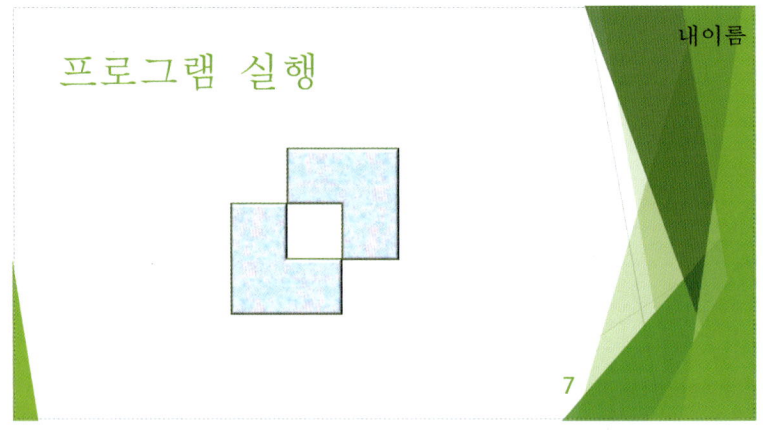

**[처리사항]**

5. 슬라이드5 : 배점 1)번(5), 2)번(3), 3)번(16), 4)번(3)
 1) 새 슬라이드를 '제목만' 슬라이드로 추가하시오.
 2) 제목은 '프로그램 실행'으로 입력하시오.
  - 글꼴은 바탕체, 글꼴 크기는 52pt로 지정
 3) 도형을 작성하여 실행 설정을 지정하시오.
  - 그리기 도구모음의 'L 도형' 도형을 그리고, 면의 질감은 꽃다발로 지정하고, 너비 5cm, 높이 5cm로 작성
  - 작성된 'L 도형' 도형은 3차원 서식으로 입체효과의 위쪽 '둥글게'와 깊이 42pt를 지정
  - 슬라이드 쇼 실행 시, 마우스를 'L 도형' 도형 위에 놓았을 때 메모장 프로그램(NOTEPAD.EXE)이 실행되도록 실행 설정을 지정
  - 실행 설정이 지정된 'L 도형' 도형을 복사하여 상하 대칭, 좌우대칭 지정
  - 작성된 두 개의 'L 도형' 도형을 그룹으로 지정
 4) 슬라이드5를 숨기기로 지정하시오.

## 연습문제 2

시작파일 : 연습문제2016\연습-5장2번.pptx    결과파일 : 연습문제2016\연습-6장2번.pptx

**[보기 슬라이드]**

슬라이드 5.

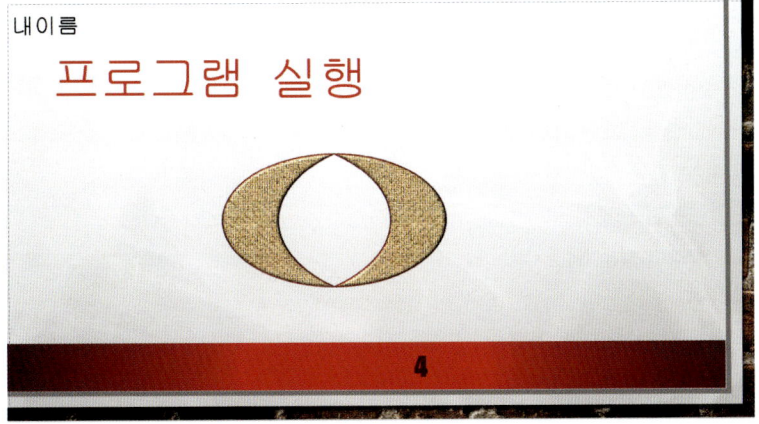

**[처리사항]**

5. 슬라이드5 : 배점 1)번(5), 2)번(3), 3)번(16), 4)번(3)
 1) 새 슬라이드를 '제목만' 슬라이드로 추가하시오.
 2) 제목은 '프로그램 실행'으로 입력하시오.
  - 글꼴은 굴림체, 글꼴 크기는 62pt로 지정
 3) 도형을 작성하여 실행 설정을 지정하시오.
  - 그리기 도구모음의 '달' 도형을 그리고, 면의 질감은 돗자리로 지정하고, 너비 5cm, 높이 6cm로 작성
  - 작성된 '달' 도형은 3차원 서식으로 입체효과의 위쪽 '둥글게'와 깊이 50pt를 지정
  - 슬라이드 쇼 실행 시, 마우스를 '달' 도형 위에 놓았을 때 메모장 프로그램(NOTEPAD.EXE)이 실행되도록 실행 설정을 지정
  - 실행 설정이 지정된 '달' 도형을 복사하여 좌우 대칭 지정
  - 작성된 두 개의 '달' 도형을 그룹으로 지정
 4) 슬라이드5를 숨기기로 지정하시오.

# CHAPTER 07 슬라이드 쇼 관련 기능 작성하기

PowerPoint 2016

| [ 처리사항 ] |
|---|
| 〈슬라이드 쇼 관련 기능 지정하기〉<br>**배점 1번(8), 2번(10), 3번(9)**<br>1. 아래 조건에 맞는 화면 전환을 지정하시오.<br>　- 화면 전환 효과는 '닦아내기'<br>　- 효과 옵션은 '왼쪽에서'로 지정<br>　- 1분 마다 자동으로만 전환되도록 지정<br>　- 모든 슬라이드에 지정<br>2. 아래 조건에 맞는 애니메이션을 지정하시오.<br>　1) 슬라이드2번<br>　　- 그림을 제외한 제목, 텍스트에 지정<br>　　- 반드시 지정한 영역은 애니메이션을 이용하여 '나타내기'에 있는 '내밀기'로 지정<br>　　- 효과옵션은 '위에서'로 지정<br>　　　(단, 효과 중복 지정 시 감점처리)<br>　　- 애니메이션 순서는 텍스트, 제목 순으로 지정<br>　2) 슬라이드4번<br>　　- 그룹으로 지정된 도형 전체에 지정<br>　　- 반드시 지정한 영역은 애니메이션을 이용하여 '나타내기'에 있는 '휘돌아 나타내기'로 지정<br>　　　(단, 효과 중복 지정 시 감점처리)<br>3. 쇼 재구성 기능을 이용하여 아래 조건에 맞게 슬라이드 쇼 재구성을 2개 작성하시오.<br>　- 첫 번째 재구성되는 슬라이드 쇼 이름은 '프로그램 실행1'로 지정하고, 재구성 목록에 슬라이드1번과 슬라이드3번을 지정<br>　- 두 번째 재구성되는 슬라이드 쇼 이름은 '프로그램 실행2'로 지정하고, 재구성 목록에 슬라이드1번과 슬라이드4번, 슬라이드5번을 지정 |

### 〈슬라이드 쇼 관련 기능〉의 중점사항

1. 화면 전환
2. 애니메이션
3. 쇼 재구성 및 슬라이드 쇼
4. 따라하기

# 1 화면 전환

화면 전환은 프레젠테이션 중에 한 슬라이드에서 다른 슬라이드로 이동할 때 프레젠테이션에 생동감을 더하기 위해 사용하는 시각적 효과입니다. 전환 효과의 속도, 소리 추가, 전환 모양 등을 사용자가 지정하여 사용합니다.

화면 전환은 전환을 추가하려는 슬라이드를 선택하고, [전환]탭을 클릭하고 [슬라이드 화면 전환] 그룹에서 전환 모양을 선택합니다. 설정한 전화를 제거하려면 [전환]탭 - [없음]을 선택합니다.

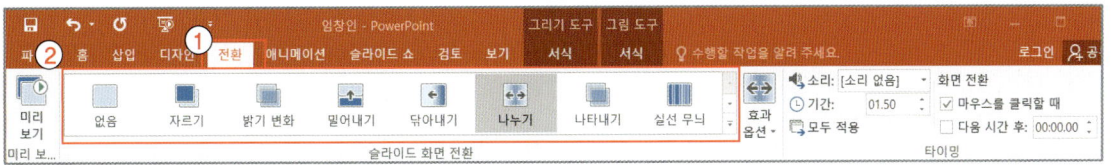

1) [미리 보기](▶)를 클릭하여 전환의 모양을 미리 확인할 수 있습니다.

2) 슬라이드 화면 전환의 종류입니다.

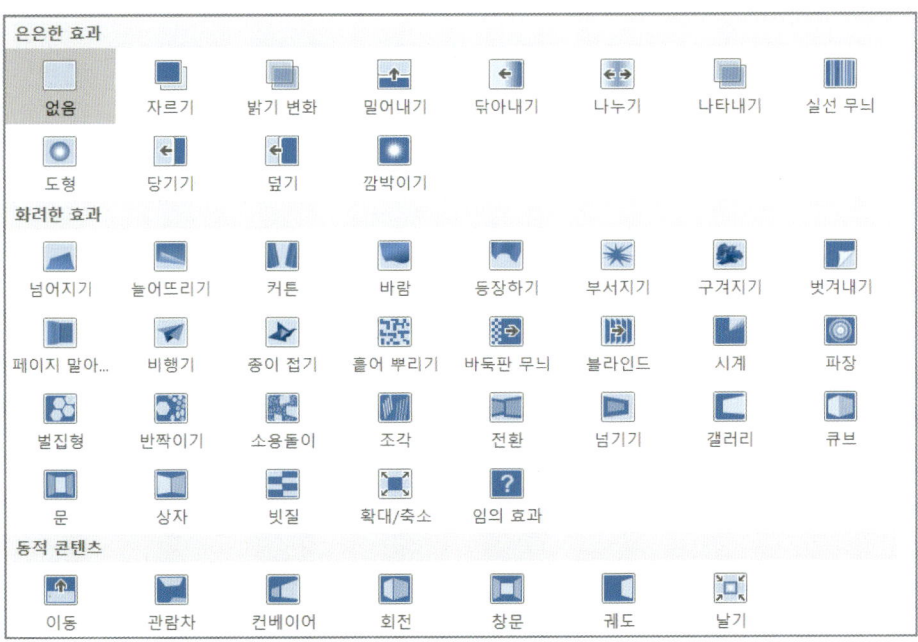

3) [효과 옵션]은 전환의 방향과 특성을 선택하는 옵션입니다. 전환 종류에 따라 [효과 옵션]의 종류는 달라집니다.

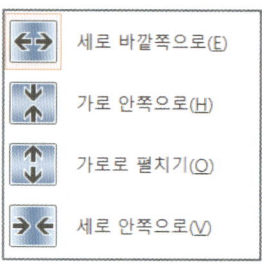

4) [타이밍]그룹의 [소리 ]는 화면 전환시 특정한 소리가 재생되도록 지정합니다. 소리 목록에서 원하는 소리를 선택하거나 사용자가 원하는 소리를 지정할 수 있습니다.

[모두 적용 ]은 지정된 화면 전환 효과를 전체 슬라이드에 모두 적용합니다. [모두 적용 ]을 선택하지 않으면 현재 슬라이드에만 화면 전환 효과가 적용됩니다.

5) [타이밍]그룹의 화면 전환 시기는 [마우스를 클릭할 때 ]와 [다음 시간후 ]에 사용자가 입력한 시간입니다. 시간은 분 또는 초 단위(예:1분 5초)이며 입력한 시간이 지나면 자동으로 화면이 전환됩니다. 마우스와 자동 전환기능을 모두 사용하려면 [마우스를 클릭할 때 ]와 [다음 시간후 ]를 모두 선택합니다.

## 2 애니메이션

애니메이션은 텍스트, 그림, 도형, 표, SmartArt 그래픽 및 기타 개체에 특수 시각 효과나 소리 효과를 추가하는 기능입니다.

애니메이션을 적용하고자 하는 개체를 선택하고, [애니메이션]탭을 클릭합니다.

1) [애니메이션]그룹에서 종류를 선택합니다. 효과는 개체를 나타나게 하거나, 사라지게 하거나, 강조 혹은 이동할 수 있습니다. 나타내기 종류에 원하는 효과가 없을 경우 [추가 나타내기 효과]를 클릭하면 더 많은 나타내기 종류를 사용할 수 있습니다.

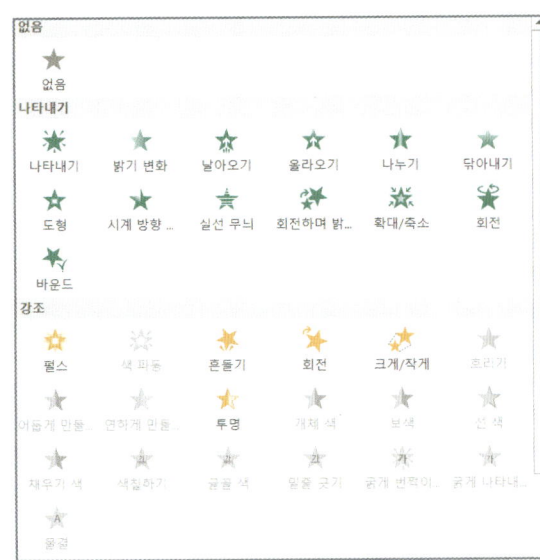
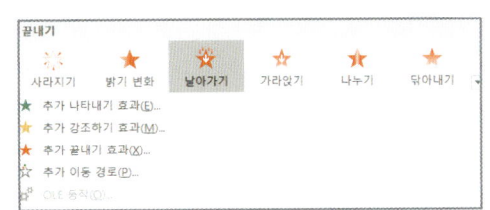

2) [효과 옵션]은 애니메이션의 방향과 특성에 대한 선택 옵션입니다. 종류에 따라 [효과 옵션]의 종류는 달라집니다.

3) [애니메이션 추가 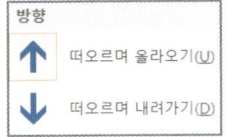]는 애니메이션이 설정된 개체에 다른 애니메이션을 추가합니다. 추가된 애니메이션은 기존 애니메이션 뒤에 실행됩니다.

4) 애니메이션은 슬라이드를 클릭할 때 혹은 이전 애니메이션과 동시에 애니메이션이 재생되거나 이전 효과가 발생한 직후에 시작됩니다.
[재생 시간]은 초단위로 지정되며 효과 시간을 늘리거나 줄여줍니다.
[지연]은 효과가 실행되기 전에 지정한 시간만큼 시간을 지연한 후에 효과를 보여줍니다.

5) 애니메이션은 기본적으로 애니메이션을 지정한 순서대로 실행됩니다. 그러나 [애니메이션 순서 바꾸기]에서 애니메이션의 순서를 앞쪽으로 혹은 뒤쪽으로 순서를 변경할 수 있습니다.

6) 슬라이드 축소판 그림의 슬라이드 번호 아래의 애니메이션 실행(★)을 클릭하면 슬라이드에 지정되어 있는 애니메이션을 미리 볼 수 있습니다.

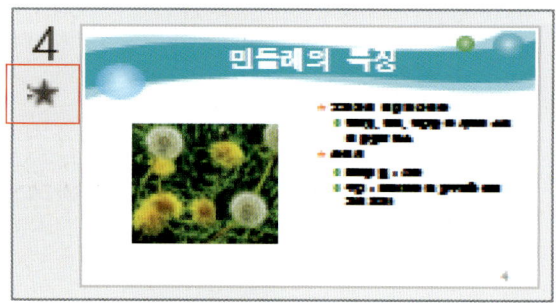

## 3 쇼 재구성 및 슬라이드 쇼

### 1) 쇼 재구성

쇼 재구성은 프레젠테이션에서 전체 슬라이드 대신 특정 슬라이드만 발표할 때 활용하는 기능입니다. 같은 내용을 가지고 다양한 순서로 발표할 수 있는 하위 그룹을 지정하는 기능으로, [슬라이드 쇼]탭 – [슬라이드 쇼 재구성]에서 재구성하고자하는 슬라이드를 선택하여 구성합니다.

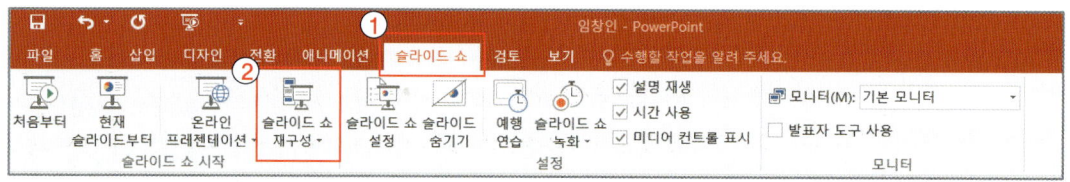

슬라이드 쇼 재구성은 [슬라이드 쇼]탭 – [슬라이드 쇼 재구성] – [쇼 재구성] – [쇼 재구성]대화상자의 [새로만들기]를 클릭합니다. [쇼 재구성 하기] 대화상자에서 재구성 하고자 하는 쇼의 이름(예: 재구성연습)을 입력하고 재구성에 필요한 슬라이드를 선택하고 [추가]를 클릭합니다.
'재구성한 쇼에 있는 슬라이드'에 추가된 슬라이드의 순서를 화살표(↑, ↓)를 이용하여 바꾸어 줄 수 있습니다. ✕를 클릭하면 선택된 슬라이드가 제거됩니다.

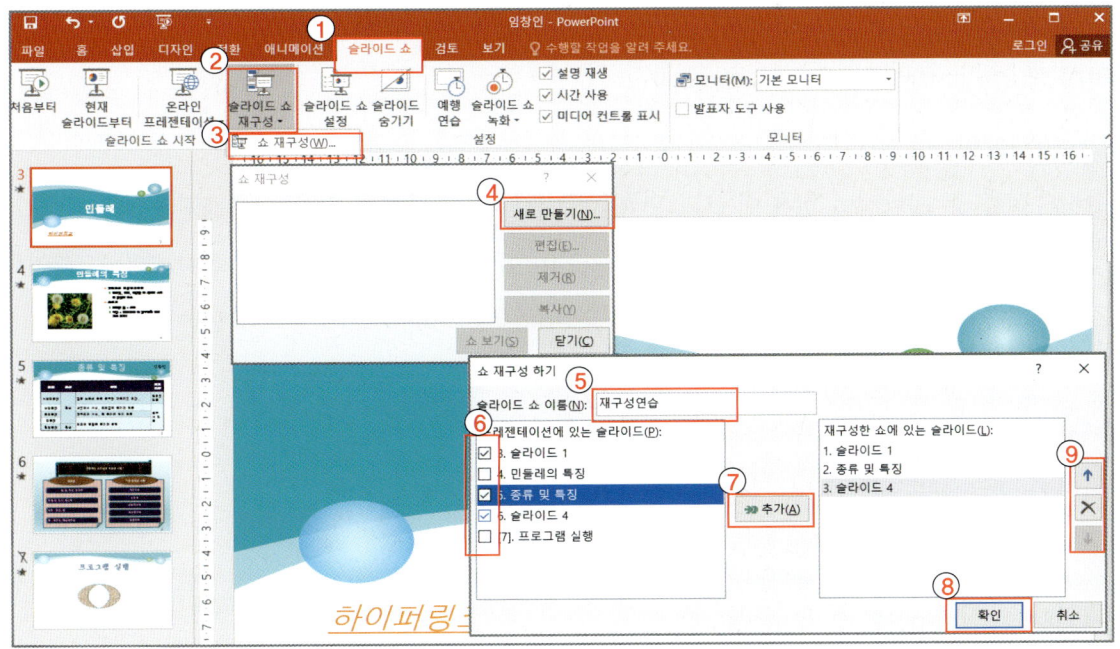

[슬라이드 쇼] - [슬라이드 쇼 재구성]을 클릭하면 재구성된 목록을 확인할 수 있고, 목록을 클릭하거나, [쇼 재구성]을 클릭하고 [쇼 보기]를 클릭하면 재구성된 프레젠테이션을 진행할 수 있습니다.

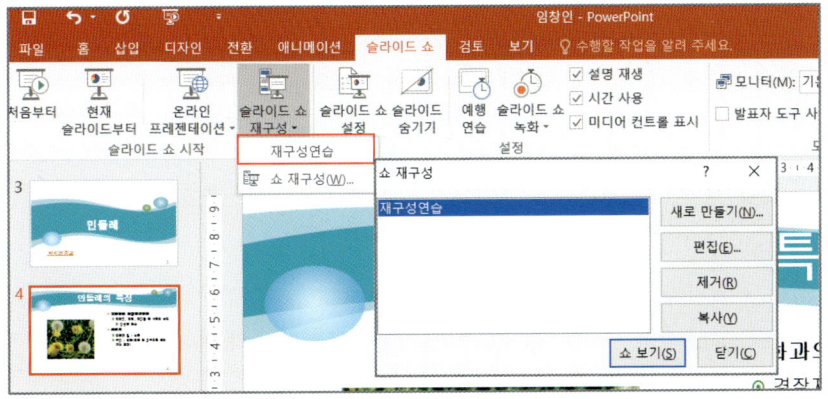

## 2) 슬라이드 쇼

슬라이드 쇼는 슬라이드를 청중에게 발표하는 것입니다. 슬라이드 쇼 시작 위치는 사용자가 지정할 수 있습니다.

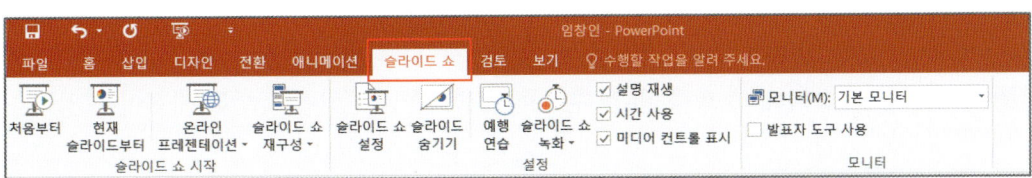

[처음부터( )]는 슬라이드 처음부터 발표를 시작하고, [현재 슬라이드부터( )]는 현재 선택되어 있는 슬라이드부터 발표를 시작합니다.

[예행 연습( )]은 실제 발표에 앞서 발표 연습을 위하여 사용합니다. 프레젠테이션에 걸린 시간을 기록 할 수 있고, 예행 연습이 종료되면 슬라이드 마다 프레젠테이션에 걸린 시간을 확인하고 저장할 수 있습니다.

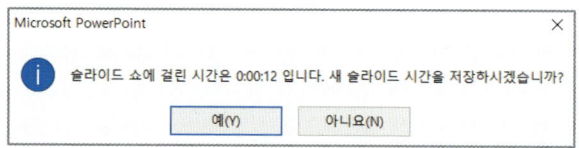

저장된 시간은 [보기]탭의 [여러 슬라이드]를 클릭하면 슬라이드와 함께 슬라이드 하단에 프레젠테이션에 소요된 시간이 표시됩니다.

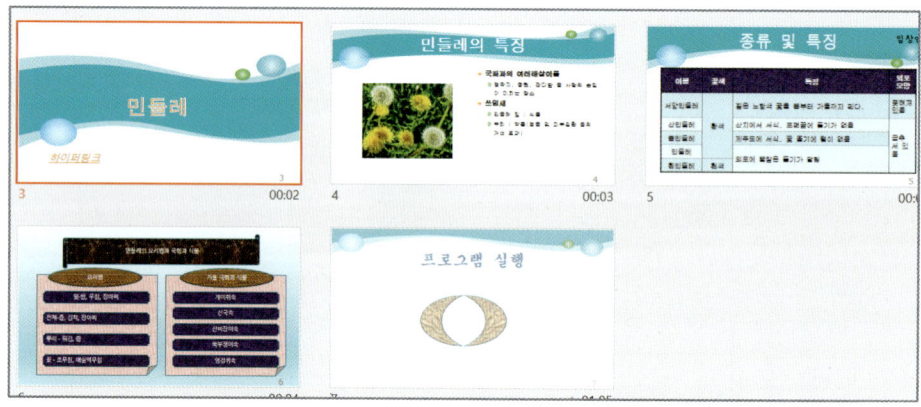

이시간은 [시간 사용]이 선택된 상태에서 슬라이드 쇼를 진행하게 되면 프레젠테이션 시간에 적용되어 해당하는 시간 이후 자동으로 화면이 다음 슬라이드로 전환 됩니다.

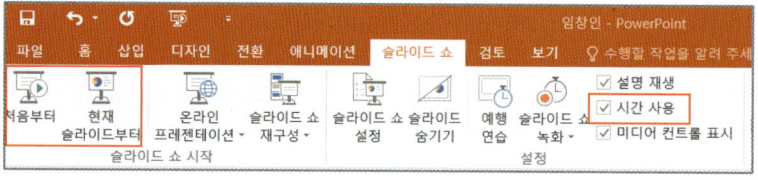

[슬라이드 녹화( )]는 사운드 카드, 마이크 및 스피커가 있고 필요에 따라 웹캠이 있으면 프레젠테이션을 녹화할 수 있습니다. 녹화를 만든 후 다른 프레젠테이션처럼 녹화를 자신이나 청중을 위해 슬라이드 쇼에서 재생하거나 비디오 파일로 저장할 수 있습니다.

## 4 따라하기

시작파일 : 따라하기2016\6장따라하기결과.pptx    결과파일 : 따라하기2016\7장따라하기결과.pptx

1. 아래 조건에 맞는 화면 전환을 지정하시오.
– 화면 전환 효과는 '닦아내기'
– 효과 옵션은 '왼쪽에서'로 지정
– 1분 마다 자동으로만 전환되도록 지정
– 모든 슬라이드에 지정

1. 임의의 슬라이드에서 [전환]탭 – 전환의 자세히(▼) – [닦아내기] 클릭

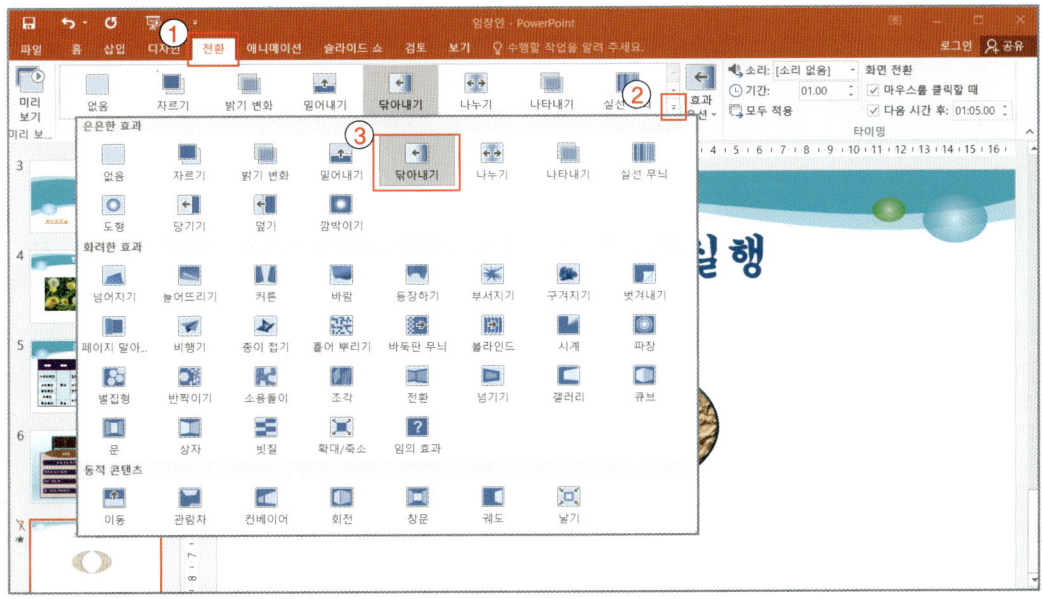

2. [전환]탭 – [효과 옵션] – [왼쪽에서] 클릭

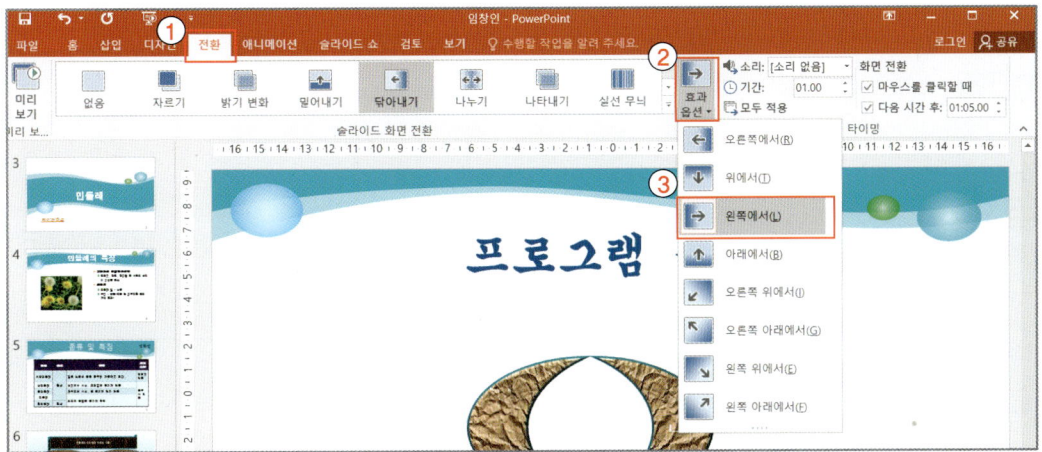

3. [전환]탭 – [마우스를 클릭할 때]는 선택 해제, [다음 시간 후]에 60 입력, [모두 적용] 클릭.
   [다음 시간 후]의 시간 표시가 '01:00:00'으로 바뀜.

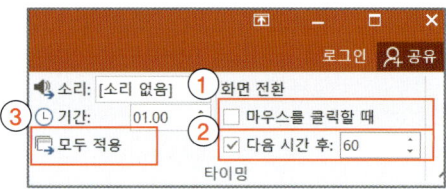

2. 아래 조건에 맞는 애니메이션을 지정하시오.
   1) 슬라이드2번
      – 그림을 제외한 제목, 텍스트에 지정
      – 반드시 지정한 영역은 애니메이션을 이용하여 '나타내기'에 있는 '내밀기'로 지정
      – 효과옵션은 '위에서'로 지정
        (단, 효과 중복 지정 시 감점처리)
      – 애니메이션 순서는 텍스트, 제목 순으로 지정

1. 슬라이드 2번 클릭 – 텍스트가 입력되어 있는 개체틀 클릭 – [애니메이션]탭 – 애니메이션 자세히
   (▼) 클릭 – [나타내기] 그룹에 [내밀기]가 없으므로 [추가 나타내기 효과] – [내밀기] – [확인] 클릭

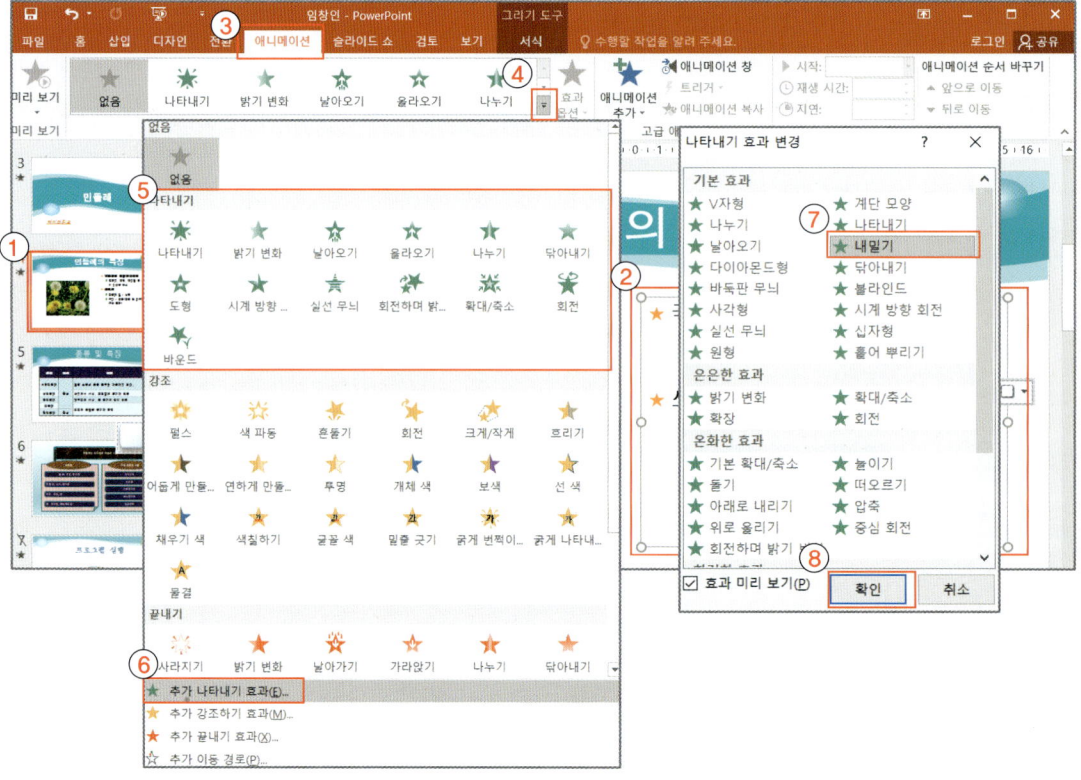

2. 텍스트가 입력되어 있는 개체가 선택되어 있는 상태에서 [애니메이션]탭 – [효과 옵션] – [위에서] 클릭

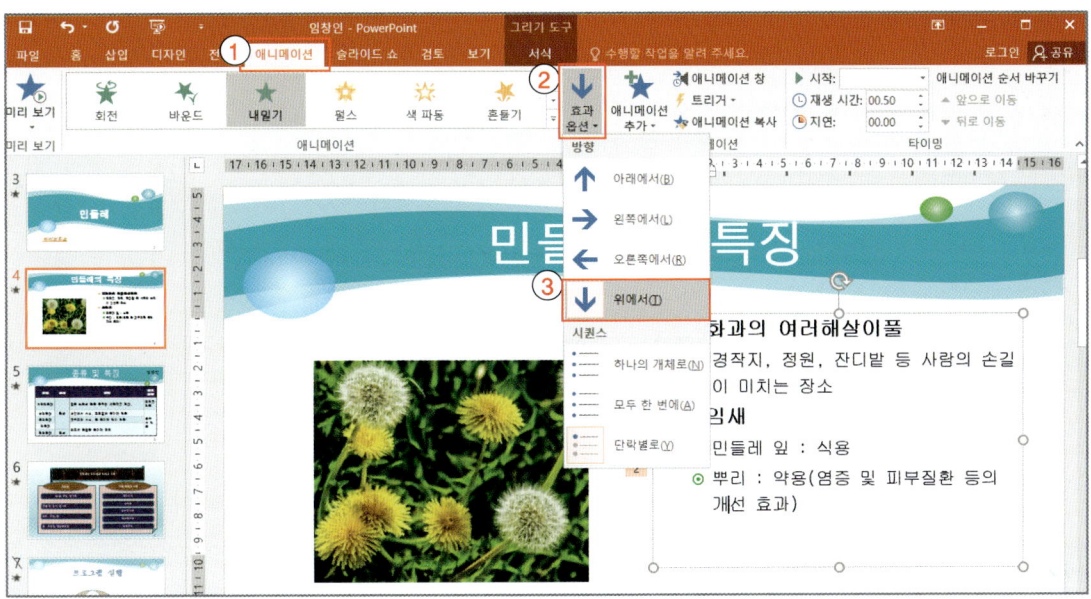

3. 제목이 입력되어 있는 개체를 클릭 – [애니메이션]탭 – 애니메이션 자세히(▼) – [나타내기] 그룹에 [내밀기]가 없으므로 [추가 나타내기 효과] – [내밀기] – [확인] 클릭

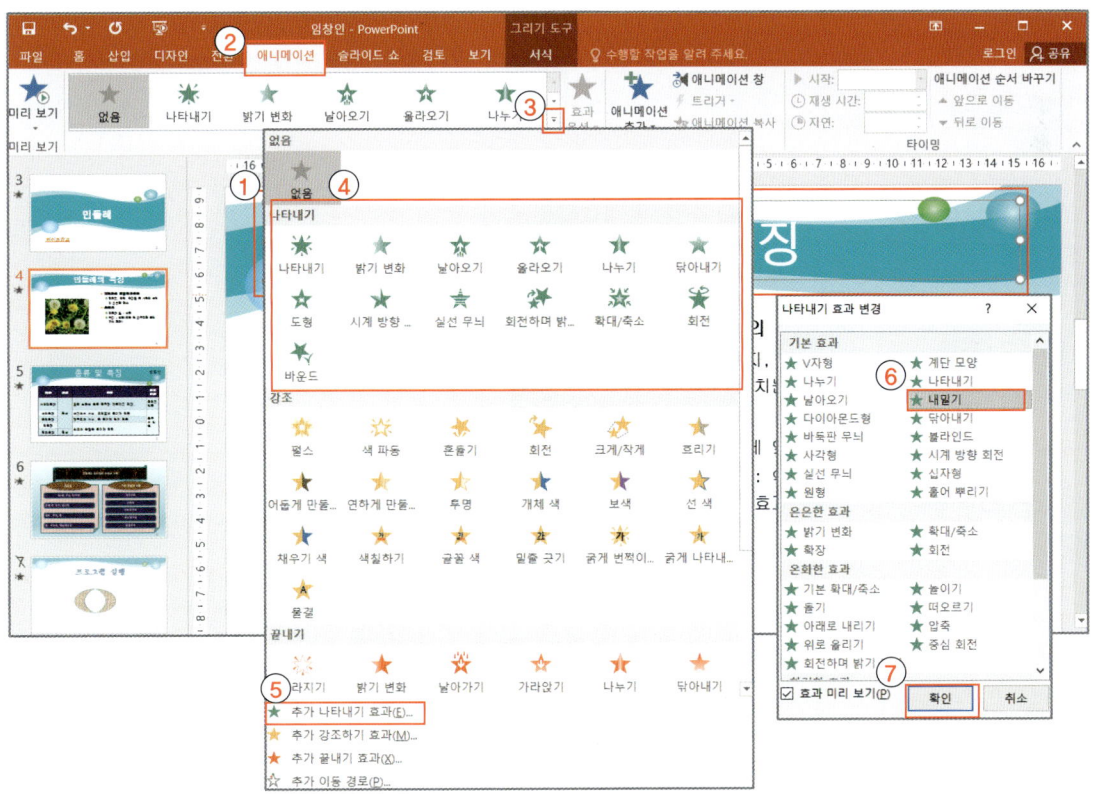

4. 제목이 입력되어 있는 개체가 선택 되어 있는 상태에서 [애니메이션]탭 – [효과 옵션] – [위에서] 클릭

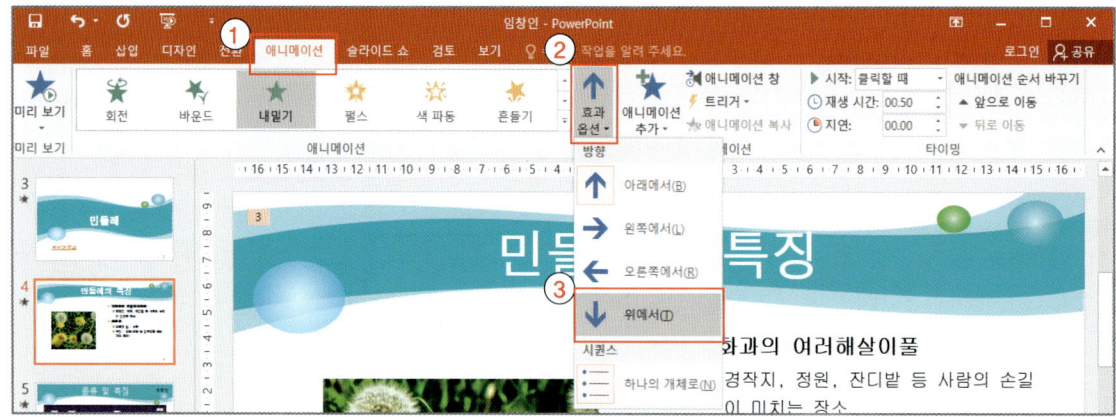

5. 애니메이션 순서를 확인합니다. 텍스트는 1수준이 2개 이므로 1번과 2번으로 표시되고, 제목은 3번으로 표시됩니다. 슬라이드 2의 섬네일 화면의 애니메이면 실행(★)을 클릭하여 애니메이션을 확인합니다.

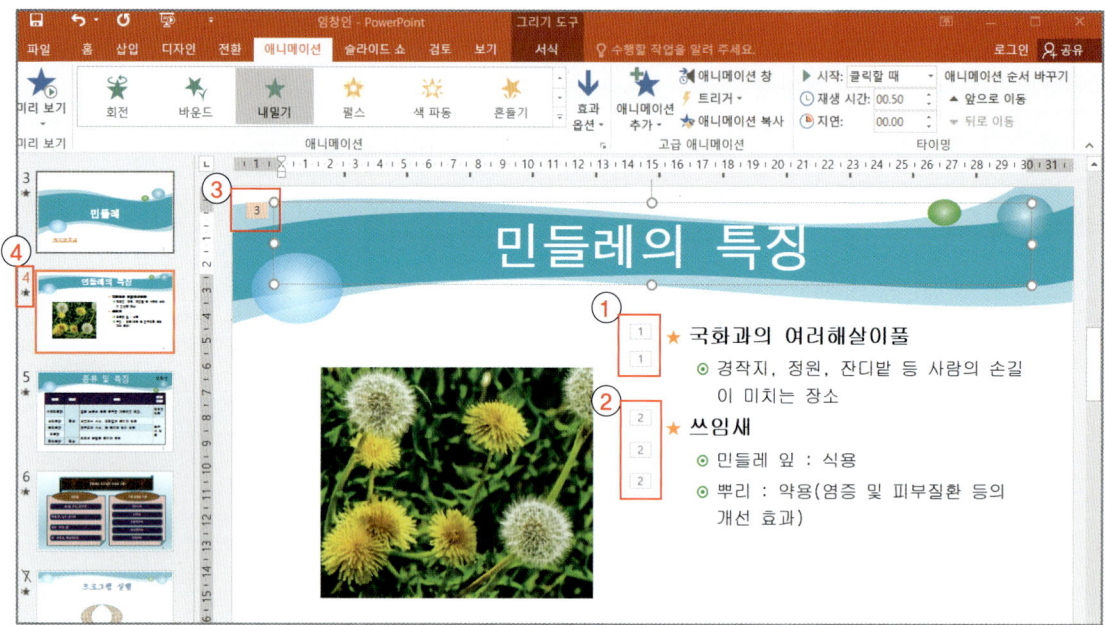

2) 슬라이드4번
- 그룹으로 지정된 도형 전체에 지정
- 반드시 지정한 영역은 애니메이션을 이용하여 '나타내기'에 있는 '휘돌아 나타내기'로 지정
  (단, 효과 중복 지정 시 감점처리)

1. 슬라이드 4번 클릭 – 그룹으로 지정된 도형 클릭 – [애니메이션]탭 – 애니메이션 자세히(▼) 클릭 – [나타내기] 그룹에 [휘돌아 나타내기]가 없으므로 [추가 나타내기 효과] – [휘돌아 나타내기 – [확인] 클릭

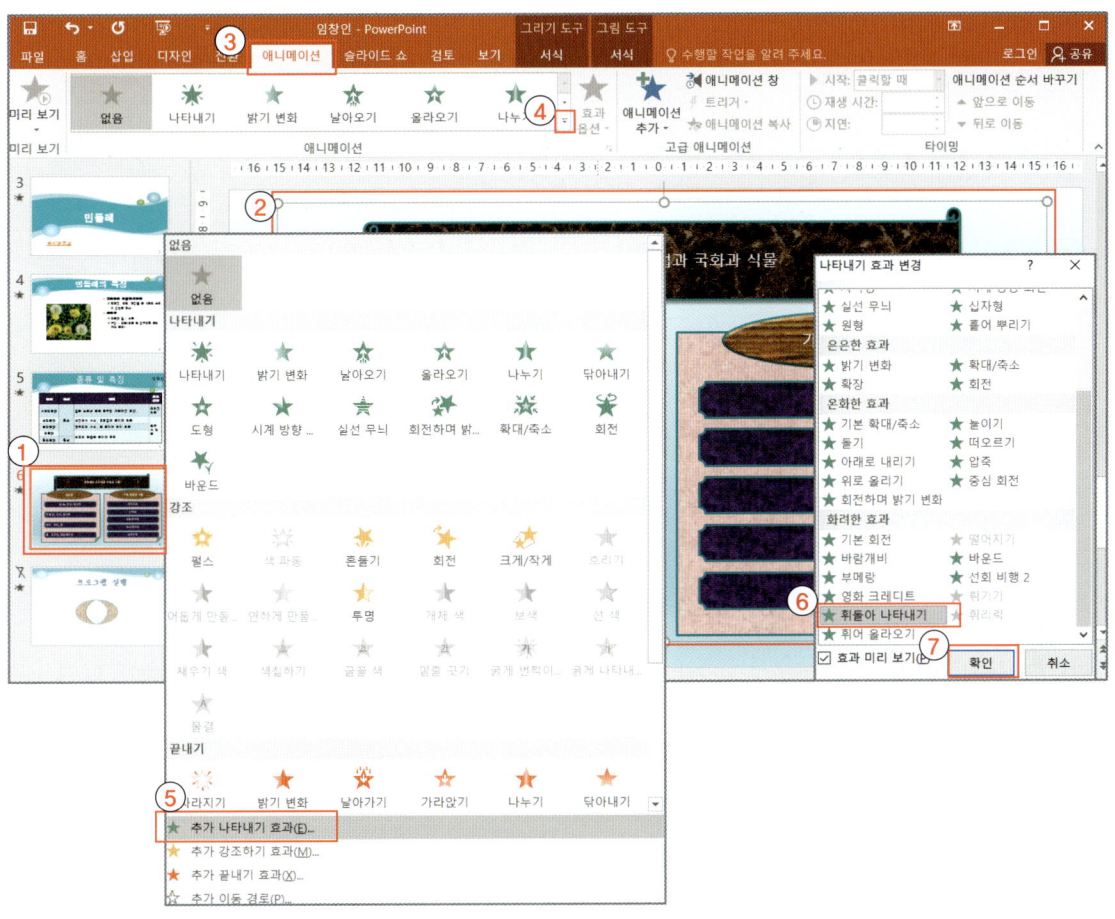

3. 쇼 재구성 기능을 이용하여 아래 조건에 맞게 슬라이드 쇼 재구성을 2개 작성하시오.
   - 첫 번째 재구성되는 슬라이드 쇼 이름은 '프로그램 실행1'로 지정하고, 재구성 목록에 슬라이드1번과 슬라이드3번을 지정
   - 두 번째 재구성되는 슬라이드 쇼 이름은 '프로그램 실행2'로 지정하고, 재구성 목록에 슬라이드1번과 슬라이드4번, 슬라이드5번을 지정

1. [슬라이드 쇼]탭 – [슬라이드 쇼 재구성] – [쇼 재구성] – [새로 만들기] 클릭, [쇼 재구성 하기] 대화상자의 슬라이드 쇼 이름: '프로그램 실행1' 입력 – 슬라이드1번과 슬라이드3번 선택 – [추가] – [확인]

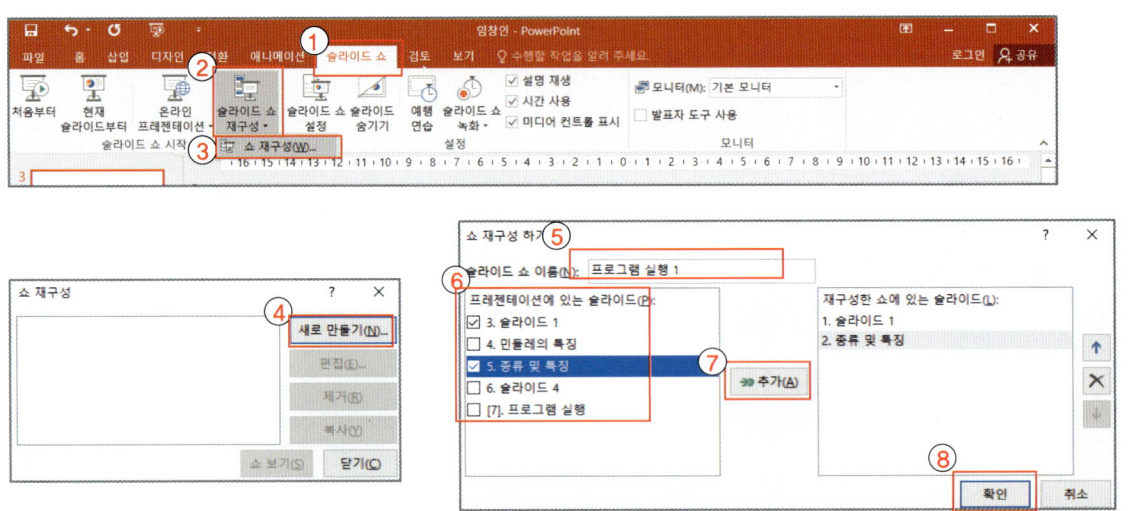

2. [새로 만들기] 클릭, [쇼 재구성 하기] 대화상자의 슬라이드 쇼 이름: '프로그램 실행2' 입력 – 슬라이드1번과 슬라이드4번, 슬라이드5번 선택 – [추가] – [확인]

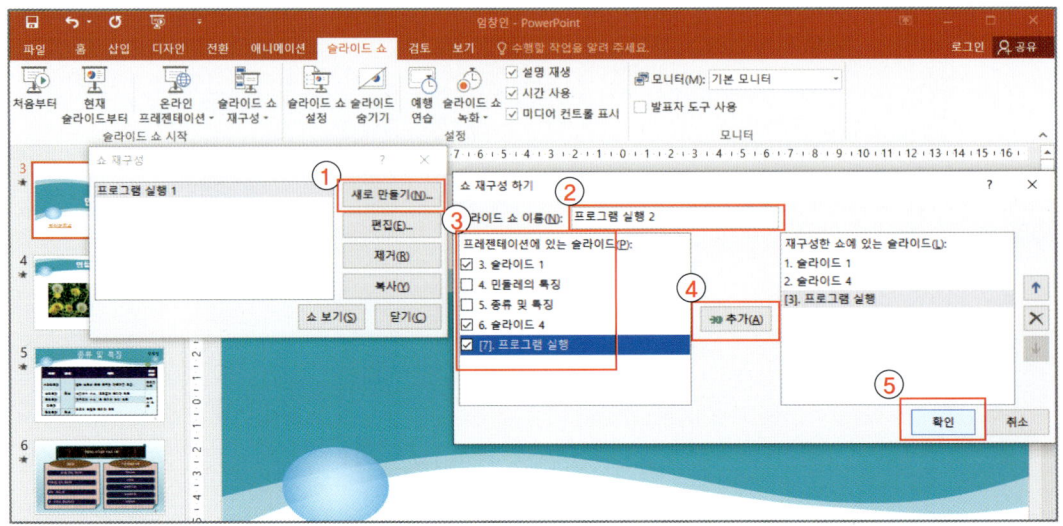

3. [쇼 재구성] 대화상자에서 '프로그램 실행1'과 '프로그램 실행2'를 확인하고 [닫기] 클릭.

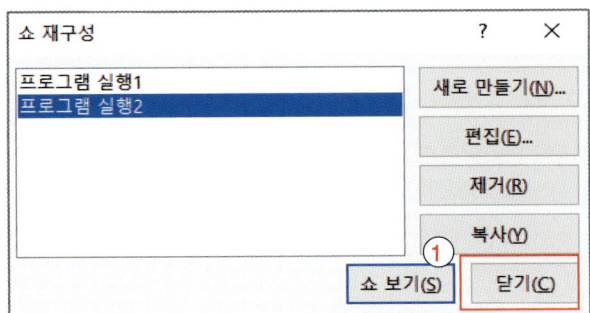

## 연습문제 1

시작파일 : 연습문제2016\연습-6장1번.pptx , 결과파일 : 연습문제2016\연습-7장1번.pptx

| | [처리사항] |
|---|---|
| | 〈슬라이드 쇼 관련 기능 지정하기〉<br>**배점 1번(8), 2번(10), 3번(9)**<br>1. 아래 조건에 맞는 화면 전환을 지정하시오.<br> - 화면 전환 효과는 '당기기'<br> - 효과 옵션은 '왼쪽에서'로 지정<br> - 45초 마다 자동으로만 전환되도록 지정<br> - 모든 슬라이드에 지정<br>2. 아래 조건에 맞는 애니메이션을 지정하시오.<br> 1) 슬라이드2번<br> - 그림을 제외한 제목, 텍스트에 지정<br> - 반드시 지정한 영역은 애니메이션을 이용하여 '나타내기'에 있는 '바둑판 무늬'로 지정<br> - 효과 옵션은 '아래쪽'으로 지정<br>   (단, 효과 중복 지정 시 감점처리)<br> - 애니메이션 순서는 텍스트, 제목 순으로 지정<br> 2) 슬라이드4번<br> - 그룹으로 지정된 도형 전체에 지정<br> - 반드시 지정한 영역은 애니메이션을 이용하여 '나타내기'에 있는 '돌기'<br>   (단, 효과 중복 지정 시 감점처리)<br>3. 쇼 재구성 기능을 이용하여 아래 조건에 맞게 슬라이드 쇼 재구성을 2개 작성하시오.<br> - 첫 번째 재구성되는 슬라이드 쇼 이름은 '프로그램 실행1'로 지정하고, 재구성 목록에 슬라이드2번과 슬라이드3번을 지정<br> - 두 번째 재구성되는 슬라이드 쇼 이름은 '프로그램 실행2'로 지정하고, 재구성 목록에 슬라이드1번과 슬라이드2번, 슬라이드4번을 지정 |

## 연습문제 2

시작파일 : 연습문제2016₩연습-6장2번.pptx , 결과파일 : 연습문제2016₩연습-7장2번.pptx

| [처리사항] |
|---|
| 〈슬라이드 쇼 관련 기능 지정하기〉<br>**배점 1번(8), 2번(10), 3번(9)**<br>1. 아래 조건에 맞는 화면 전환을 지정하시오.<br>　- 화면 전환 효과는 '덮기'<br>　- 효과 옵션은 '아래에서'로 지정<br>　- 55초 마다 자동으로만 전환되도록 지정<br>　- 모든 슬라이드에 지정<br>2. 아래 조건에 맞는 애니메이션을 지정하시오.<br>　1) 슬라이드2번<br>　　- 그림을 제외한 제목, 텍스트에 지정<br>　　- 반드시 지정한 영역은 애니메이션을 이용하여 '나타내기'에 있는 '블라인드'로 지정<br>　　- 효과 옵션은 '세로'로 지정<br>　　　(단, 효과 중복 지정 시 감점처리)<br>　　- 애니메이션 순서는 텍스트, 제목 순으로 지정<br>　2) 슬라이드4번<br>　　- 그룹으로 지정된 도형 전체에 지정<br>　　- 반드시 지정한 영역은 애니메이션을 이용하여 '나타내기'에 있는 '휘돌아 나타내기'<br>　　　(단, 효과 중복 지정 시 감점처리)<br>3. 쇼 재구성 기능을 이용하여 아래 조건에 맞게 슬라이드 쇼 재구성을 2개 작성하시오.<br>　- 첫 번째 재구성되는 슬라이드 쇼 이름은 '프로그램 실행1'로 지정하고, 재구성 목록에 슬라이드1번과 슬라이드2번을 지정<br>　- 두 번째 재구성되는 슬라이드 쇼 이름은 '프로그램 실행2'로 지정하고, 재구성 목록에 슬라이드1번과 슬라이드3번, 슬라이드4번을 지정 |

# 슬라이드 노트와 유인물 편집하기

PowerPoint 2016

[보기 슬라이드]

**슬라이드 노트**

**유인물 마스터**

[처리사항]

〈슬라이드 노트와 유인물 편집하기〉

**배점 1번(15), 2번(15)**

1. [보기] 메뉴의 [슬라이드 노트]를 이용하여 아래와 같은 조건으로 작성하시오.

 1) 슬라이드1 노트
  - 입력 내용 : 이 프리젠테이션은 민들레에 대한 자료입니다.
  - 글꼴은 바탕체, 글꼴 크기는 14pt로 지정
  - 슬라이드 노트 배경에서 그라데이션 채우기의 그라데이션 미리 설정은 '위쪽 스포트라이트 강조4'로 지정

2. [보기] 메뉴의 [유인물 마스터]를 이용하여 아래와 같은 조건으로 작성하시오.

 1) 유인물의 제목을 그리기 도구모음으로 작성하시오.
  - '빗면' 도형을 유인물의 상단에 그리고, 도형의 질감은 밤색 대리석으로 지정하고, '민들레'를 입력
  - '빗면' 도형 크기는 너비 10cm, 높이 2cm로 지정
  - 글꼴은 돋움체, 글꼴 크기는 20pt, 글꼴 효과는 텍스트 그림자

> ⟨슬라이드 노트와 유인물 작성하기⟩의 중점사항
> 1. 슬라이드 노트
> 2. 유인물 마스터
> 3. 인쇄
> 4. 따라하기

# 1 슬라이드 노트

슬라이드 노트는 발표자가 슬라이드에 추가 설명을 할 내용을 작성하는 곳으로, 프레젠테이션을 할 때 보조 모니터에서 노트를 확인하면서 발표하거나, 해당 슬라이드와 슬라이드 노트 내용을 한 페이지에 인쇄하여 검토할 수 있습니다.

슬라이드 노트는 [기본] 보기의 메모 창을 사용하거나 [슬라이드 노트] 보기에서 작성할 수 있습니다.

1) [보기]탭의 [기본]을 클릭한 기본 보기에서 노트를 입력하고 서식을 지정할 수는 있지만 메모창에는 서식이 지정되지 않은 기본 글꼴 및 크기로만 표시됩니다. 아래 그림의 슬라이드 노트 내용 중 '민들레'는 글자 크기:30, 글자색:빨간색으로 작성한 것입니다. 메모 창의 크기를 조절 할 수 있습니다.

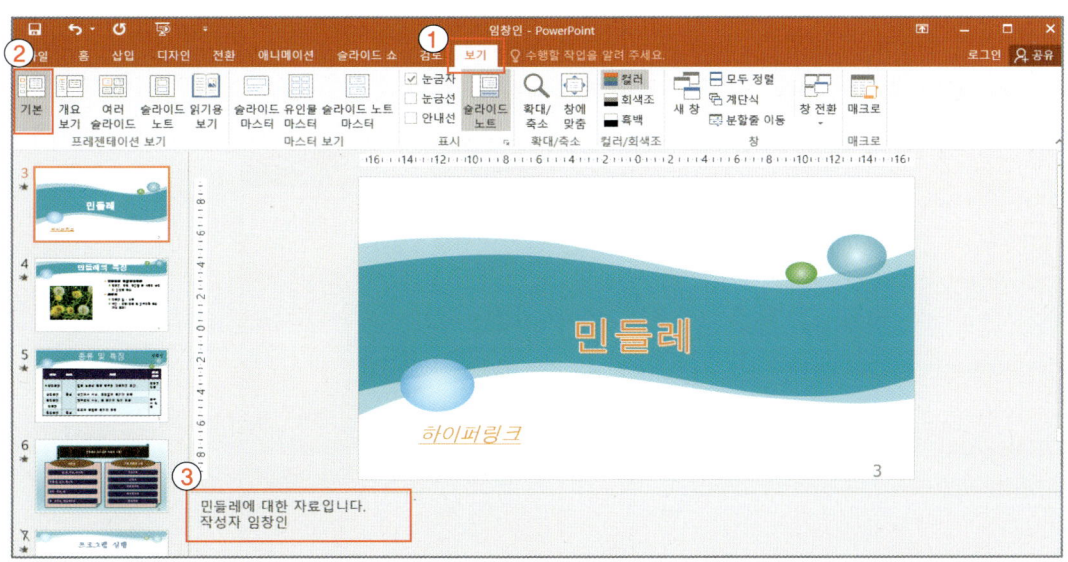

2) [보기]탭 - [슬라이드 노트] 보기에서는 슬라이드 노트가 인쇄되는 모양 및 서식을 확인할 수 있습니다.

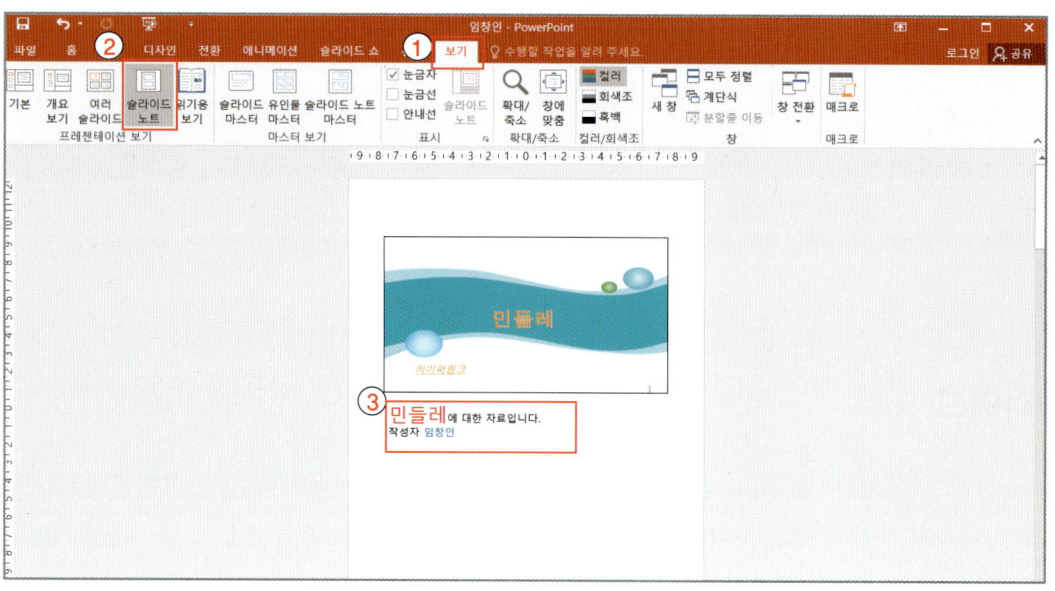

## 2 유인물 마스터

프레젠테이션이 인쇄되는 모양을 만들 수 있습니다.

[보기]탭의 [유인물 마스터]를 사용하여 인쇄물의 레이아웃, 머리글 및 바닥글, 배경을 포함한 인쇄 모양을 편집할 수 있습니다. 유인물 마스터에서 변경한 내용은 인쇄된 유인물의 모든 페이지에 적용됩니다. 기본 적인 유인물의 방향은 '세로'로 되어 있고, 한 페이지에 넣을 슬라이드의 수는 6으로 되어 있습니다. 유인물만을 위한 배경, 도형 등을 추가할 수 있습니다.

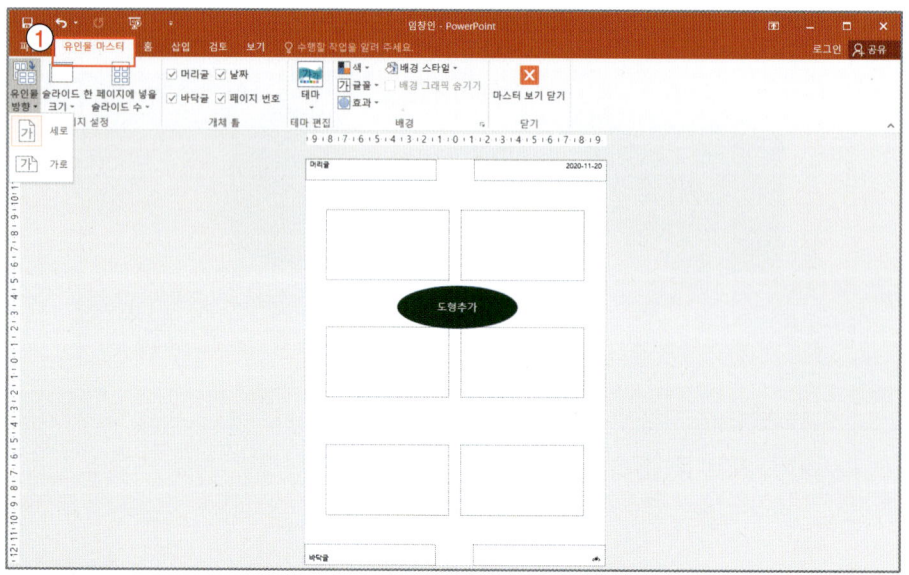

## 3 인쇄

슬라이드는 Ctrl+P를 누르거나 [파일]탭 - [인쇄]를 클릭하여 인쇄합니다.

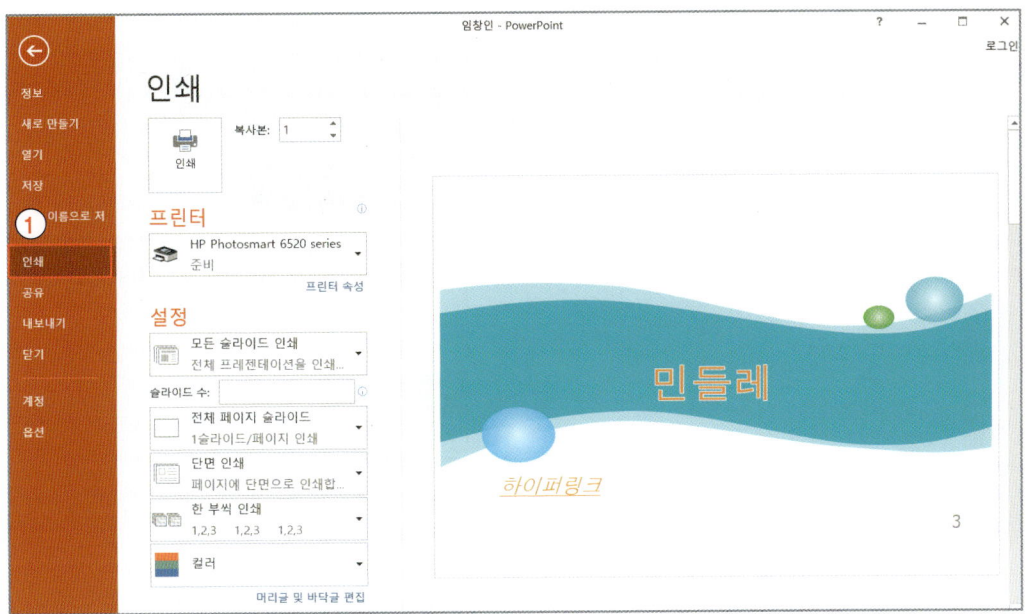

[설정]은 인쇄할 범위를 지정합니다. 모든 슬라이드, 현재 슬라이드, 인쇄 범위 지정 등 다양한 방법으로 필요한 내용의 범위를 지정합니다.

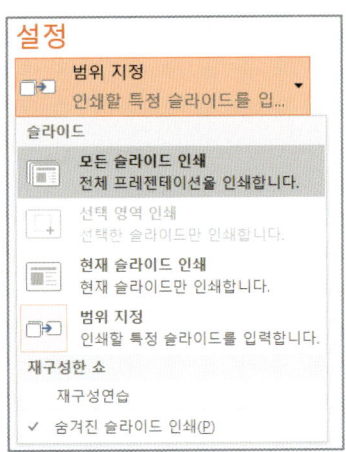

[전체 페이지 슬라이드]는 인쇄 모양을 지정합니다. 1 페이지에 하나의 슬라이드를 출력하는 것이 기본으로 되어 있고, '6 슬라이드 세로'를 선택하면 [유인물 마스터]에서 설정한 인쇄 모양으로 출력되는 것을 볼 수 있습니다.

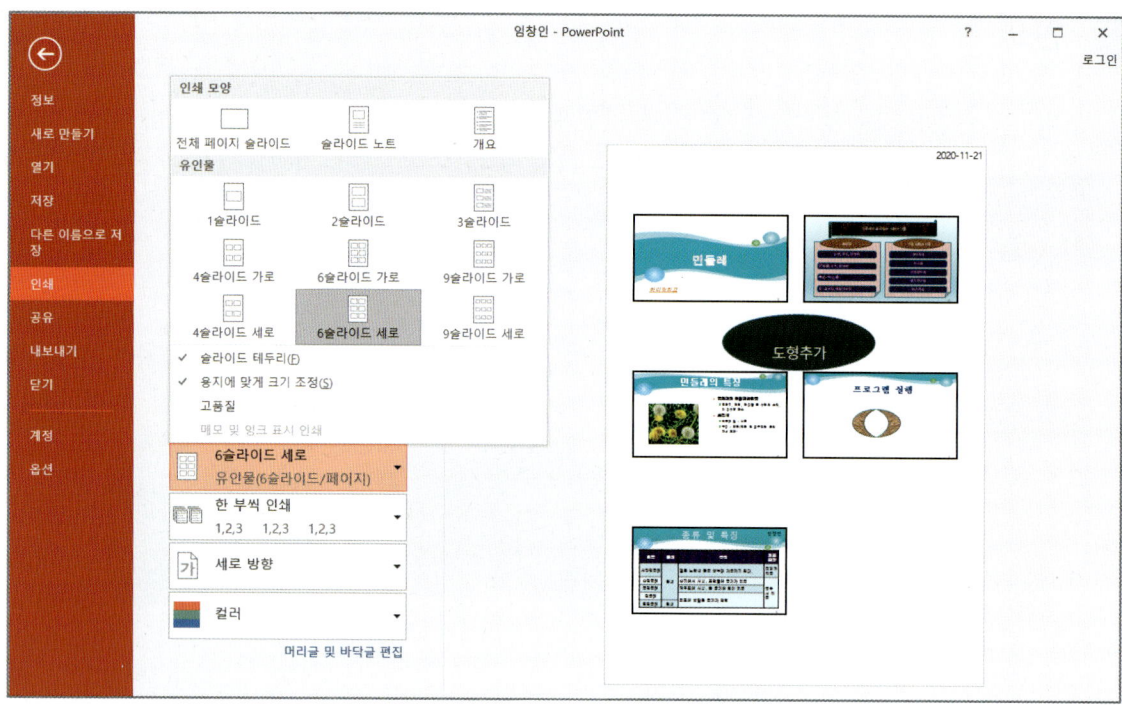

[복사본]에는 인쇄 매수를 입력합니다.

필요한 설정을 마친 뒤 [인쇄( )]를 클릭하면 준비된 프린터로 인쇄됩니다.

## 4 따라하기

시작파일 : 따라하기2016\7장따라하기결과.pptx    결과파일 : 따라하기2016\8장따라하기결과.pptx

1. [보기] 메뉴의 [슬라이드 노트]를 이용하여 아래와 같은 조건으로 작성하시오.
   1) 슬라이드1 노트
   – 입력 내용 : 이 프리젠테이션은 민들레에 대한 자료입니다.
   – 글꼴은 바탕체, 글꼴 크기는 14pt로 지정
   – 슬라이드 노트 배경에서 그라데이션 채우기의 그라데이션 미리 설정은 '위쪽 스포트라이트 강조4'로 지정

1. 슬라이드1을 클릭하고, [보기]탭 – [슬라이드 노트] – 슬라이트 노트의 메모창에 '이 프리젠테이션은 민들레에 대한 자료입니다.' 입력

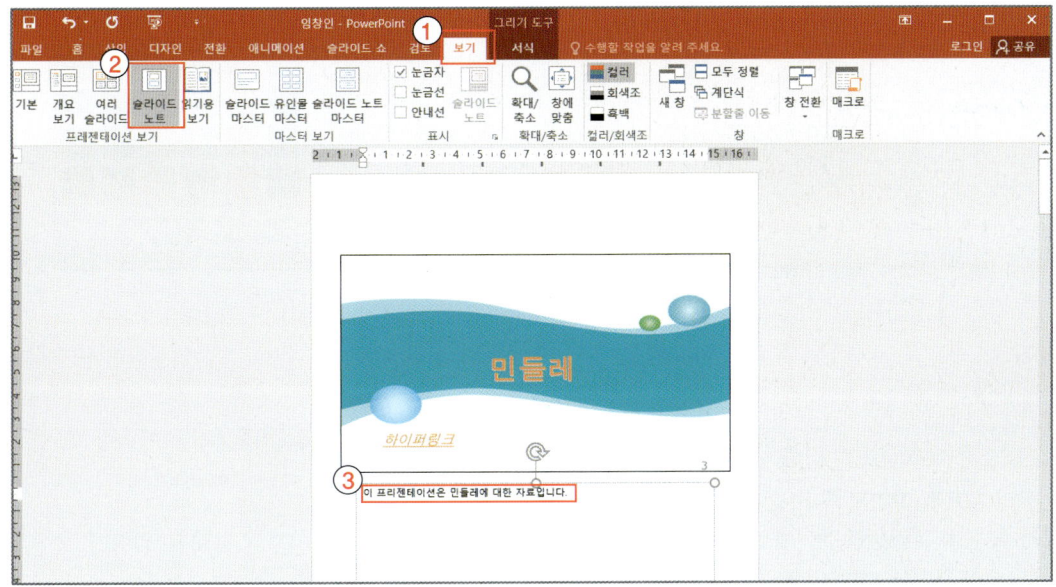

2. 입력한 내용 블록으로 지정하고, 미니도구모음에서 글꼴:바탕체, 글꼴 크기:14 입력(혹은 [홈]탭 – 글꼴:바탕체, 글꼴 크기:14 입력)

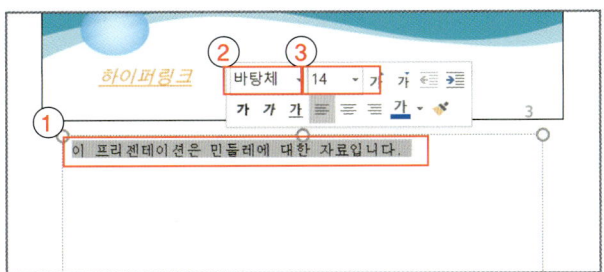

3. [디자인]탭 – [배경 서식] – [채우기] – [그라데이션 채우기] – 그라데이션 미리 설정 – 위쪽 스포트라이트 강조 4 클릭

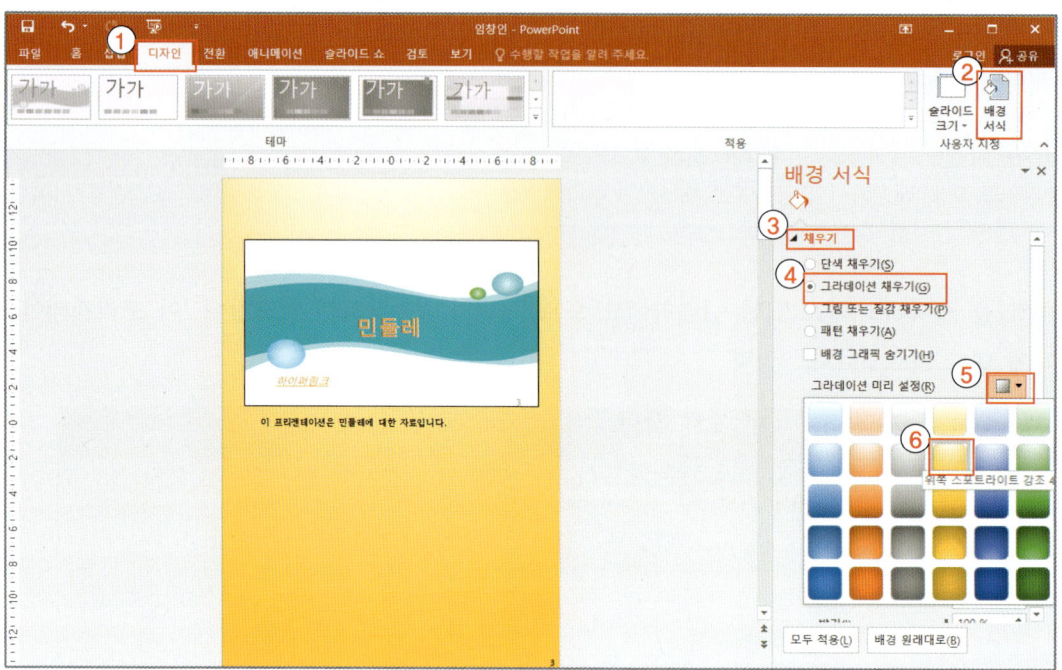

> 2. [보기] 메뉴의 [유인물 마스터]를 이용하여 아래와 같은 조건으로 작성하시오.
>  1) 유인물의 제목을 그리기 도구모음으로 작성하시오.
>   – '빗면' 도형을 유인물의 상단에 그리고, 도형의 질감은 밤색 대리석으로 지정하고, '민들레'를 입력
>   – '빗면' 도형 크기는 너비 10cm, 높이 2cm로 지정
>   – 글꼴은 돋움체, 글꼴 크기는 20pt, 글꼴 효과는 텍스트 그림자

1. [보기]탭 – [유인물 마스터] 클릭

2. [삽입]탭 - [도형] - 빗면 클릭

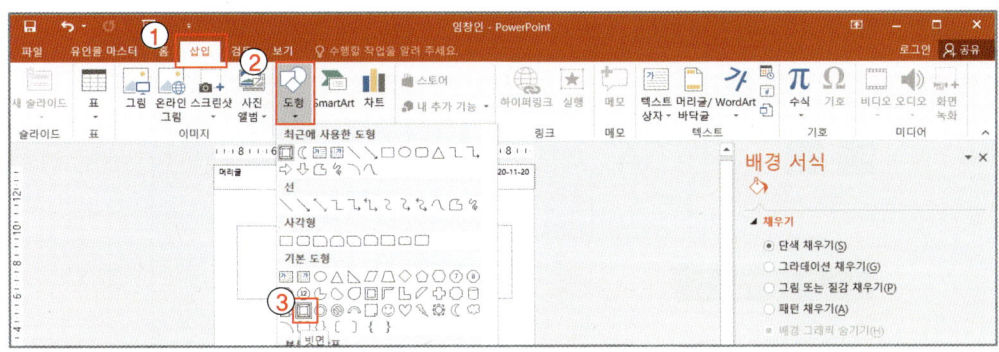

3. 문제를 참고하여 적당한 위치에 도형 작성

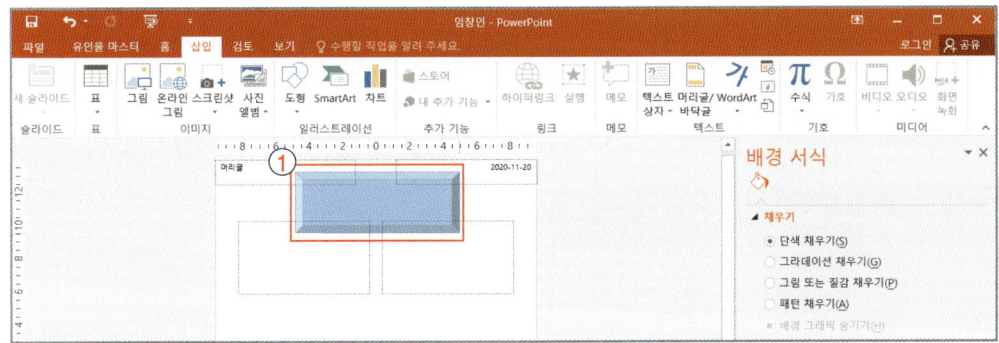

4. '민들레'를 입력하고, [그림 서식] 작업 창의 채우기및 선( ) - 채우기 - 그림 또는 질감 채우기 - 질감 - 밤색 대리석( ) 클릭

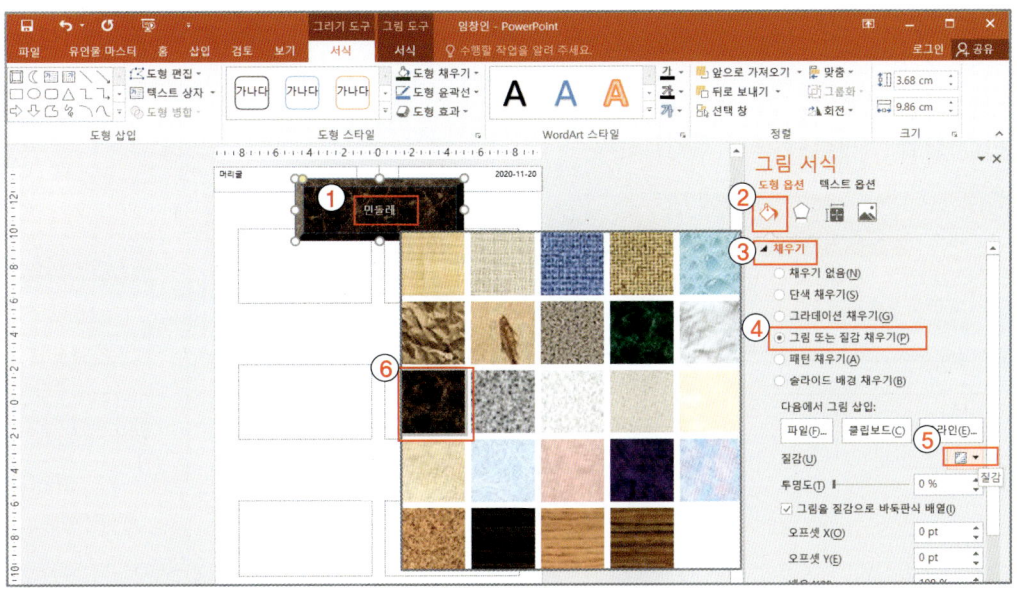

5. [그림 서식] 작업창의 크기 및 속성( ) – 크기 – 높이:2, 너비:10 입력

    빗면 도형이 유인물의 중앙에 위치하도록 이동

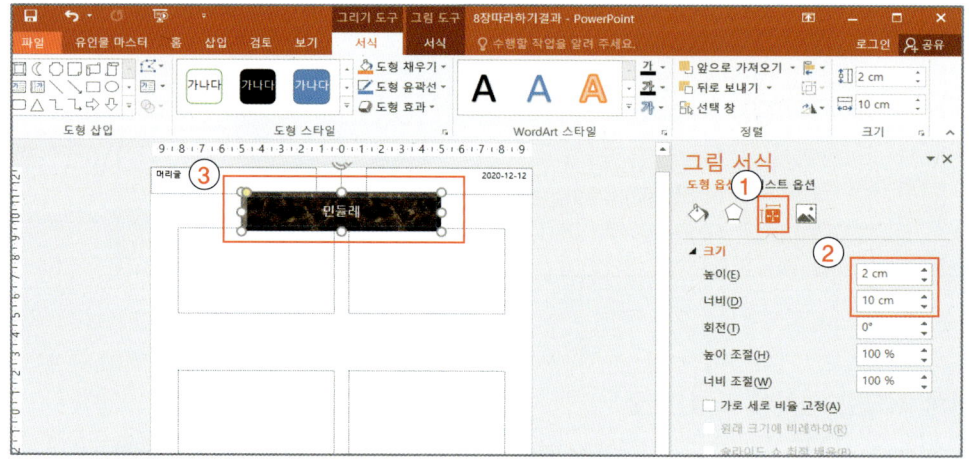

6. '민들레'를 블록으로 지정하고, [홈]탭 – 글꼴:돋움체, 글꼴 크기:20 – 텍스트 그림자 클릭

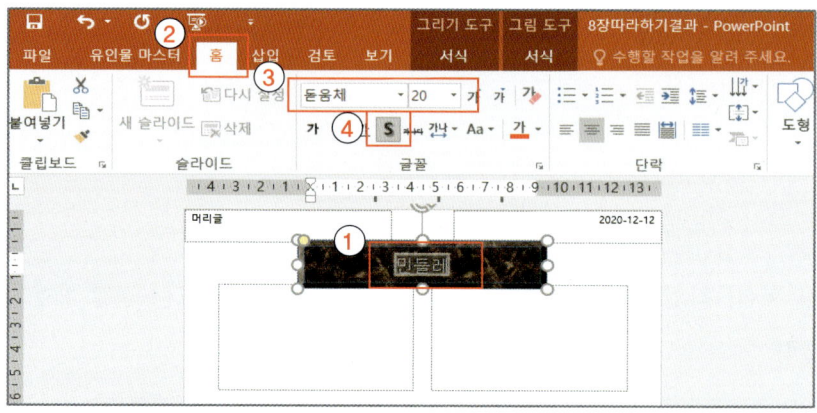

7. [유인물 마스터]탭 – [마스터 보기 닫기] 클릭

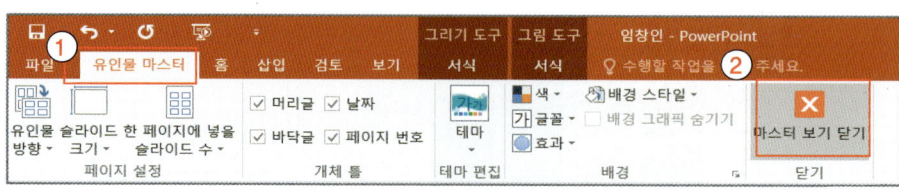

8. [그림 서식] 작업 창을 닫고, [보기]탭 – [기본]을 클릭하여 기본 보기를 합니다.

   화면 상단에 본인 이름으로 저장되어 있는지 확인하고, 빠른 실행 도구 모음의 [저장(🖫)]을 눌러 작성된 내용을 저장합니다.

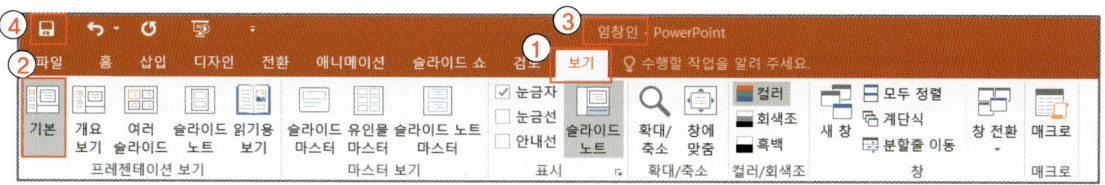

# 연습문제 1

시작파일 : 연습문제2016\연습-7장1번.pptx , 결과파일 : 연습문제2016\연습-8장1번.pptx

[보기 슬라이드]

슬라이드 노트 　　　　　　　　　　　　　　　　　유인물 마스터

[처리사항]

〈슬라이드 노트와 유인물 편집하기〉

**배점 1번(15), 2번(15)**

1. [보기] 메뉴의 [슬라이드 노트]를 이용하여 아래와 같은 조건으로 작성하시오.
 1) 슬라이드1 노트
  - 입력 내용 : 어린이 박물관 관련 자료입니다.
  - 글꼴은 궁서체, 글꼴 크기는 17pt로 지정
  - 슬라이드 노트 배경에서 그라데이션 채우기의 그라데이션 미리 설정은 '밝은 그라데이션 – 강조5'로 지정

2. [보기] 메뉴의 [유인물 마스터]를 이용하여 아래와 같은 조건으로 작성하시오.
 1) 유인물의 제목을 그리기 도구모음으로 작성하시오.
  - '모서리가 접힌 도형'을 유인물의 상단에 그리고, 도형의 질감은 녹색 대리석으로 지정하고, '어린이 박물관'을 입력
  - '모서리가 접힌 도형' 도형 크기는 너비 11cm, 높이 2cm로 지정
  - 글꼴은 궁서체, 글꼴 크기는 22pt, 글꼴효과는 기울임꼴

## 연습문제 2

시작파일 : 연습문제2016\연습-7장2번.pptx , 결과파일 : 연습문제2016\연습-8장2번.pptx

[보기 슬라이드]

슬라이드 노트

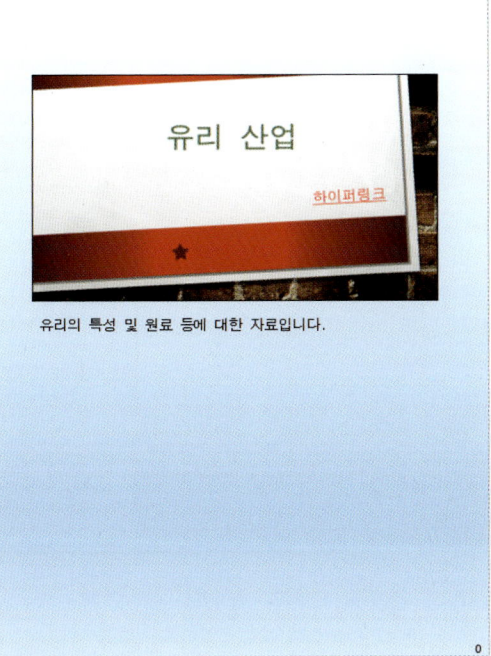

유인물 마스터

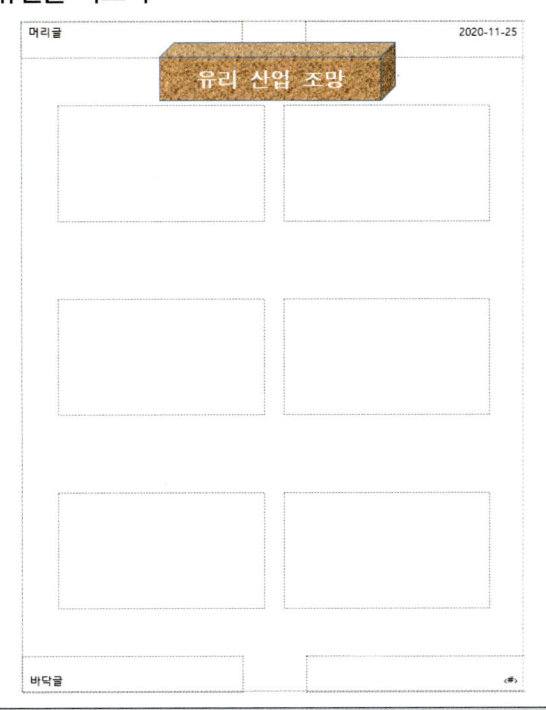

[ 처리사항 ]

〈슬라이드 노트와 유인물 편집하기〉

배점 1번(15), 2번(15)

1. [보기] 메뉴의 [슬라이드 노트]를 이용하여 아래와 같은 조건으로 작성하시오.
  1) 슬라이드1 노트
   - 입력 내용 : 유리의 특성 및 원료 등에 대한 자료입니다.
   - 글꼴은 돋움체, 글꼴 크기는 15pt로 지정
   - 슬라이드 노트 배경에서 그라데이션 채우기의 그라데이션 미리 설정은 '밝은 그라데이션 – 강조1'로 지정

2. [보기] 메뉴의 [유인물 마스터]를 이용하여 아래와 같은 조건으로 작성하시오.
  1) 유인물의 제목을 그리기 도구모음으로 작성하시오.
   - '정육면체' 도형을 유인물의 상단에 그리고, 도형의 질감은 코르크로 지정하고, '유리 산업 조망'을 입력
   - '정육면체' 도형 크기는 너비 9cm, 높이 2.2cm로 지정
   - 글꼴은 돋움체, 글꼴 크기는 23pt, 글꼴효과는 굵게

# Part III 실전 모의고사

1. 01회 실전 모의고사 – 영화산업
2. 02회 실전 모의고사 – 저탄소 녹색성장
3. 03회 실전 모의고사 – 환경에 대하여
4. 04회 실전 모의고사 – 스태그플레이션
5. 05회 실전 모의고사 – 다양한 학교
6. 06회 실전 모의고사 – 정보문화지수
7. 07회 실전 모의고사 – 여가활동
8. 08회 실전 모의고사 – 여행가기
9. 09회 실전 모의고사 – 4차 산업혁명
10. 10회 실전 모의고사 – 스마트시티

# 실전 모의고사 – 영화산업

PowerPoint 2016

### ※ 답안 작성 시 주의사항
- 답안문서 파일명은 응시자의 이름으로 저장하십시오.
- 파워포인트의 기능들을 이용하여 [처리사항]대로 답안문서를 작성하십시오.
  ([보기 슬라이드]를 참고하시오.)
- 반드시 주어진 이미지 자료를 이용하여 답안문서를 작성하십시오.
  (주어진 이미지 자료 외 다른 자료 이용시 감점 처리됩니다.)
- 문제에서 지시한 슬라이드의 순서가 바뀌는 경우 감점요인이 됩니다.
- 슬라이드를 중복하여 작성한 경우, 불필요한 슬라이드를 추가로 작성한 경우 감점요인이 됩니다.
- 서로 다른 처리사항을 같은 위치에 작성한 경우 감점요인이 됩니다.
  (예) 슬라이드2의 텍스트 부분에 제목과 텍스트 내용까지 입력한 경우 등)
- 워드아트 또는 텍스트 상자 등을 처리사항에서 지시한 갯수 이상 여러 개 작성한 경우 감점요인이 됩니다.
- 문제에서 지시하지 않은 사항은 프로그램의 기본 설정 값으로 지정하십시오.
- 문제에서 별도의 지시사항이 없는 경우, 글자 입력은 텍스트 상자를 원칙으로 합니다.

## [제공 데이터]
주어진 이미지를 이용하여 답안문서를 작성하시오.
(**첨부파일보기** 클릭 시 이미지 자료 페이지 열림)

〈디자인 서식 지정과 마스터 편집하기〉
**배점 1번(5), 2번(11), 3번(14)**
1. 전체 슬라이드의 디자인 테마는 모든 슬라이드에 '자연주의'을 적용하시오.
2. 마스터 기능을 이용하여 슬라이드 상단 오른쪽에 'ㅇㅇㅇ'을 입력하시오.
    1) 자연주의 슬라이드 마스터에 작성
    2) 텍스트 상자를 이용하여 'ㅇㅇㅇ'에는 응시자 본인의 이름을 입력
    3) 글꼴은 바탕체, 글꼴 크기는 25pt로 지정
3. 슬라이드 번호를 삽입하시오.
    1) 머리글/바닥글 기능을 이용하여 슬라이드 삽입시 자동으로 추가되게 지정
    2) 제목 슬라이드를 제외한 모든 슬라이드의 하단 오른쪽에 작성
    3) 글꼴 크기는 30pt로 지정
    4) 슬라이드 시작 번호는 2로 지정

| [보기 슬라이드] | [처리사항] |
|---|---|
| 슬라이드1.<br><br><br>슬라이드2.<br>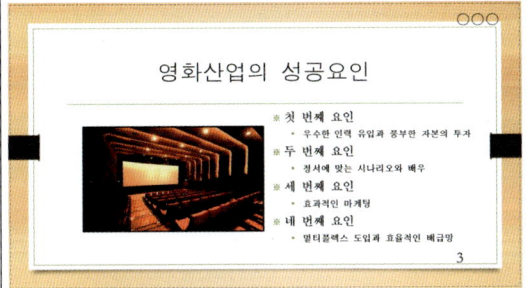 | 〈슬라이드 작성하기〉<br>1. 슬라이드1 : 배점 1)번(5), 2)번(15), 3)번(7)<br>  1) 슬라이드는 '제목' 슬라이드로 지정하시오.<br>  2) 워드아트를 이용하여 제목은 '영화산업'으로 [보기 슬라이드]와 같이 작성하시오.<br>   - WordArt는 '채우기 - 검정, 텍스트 1, 윤곽선 - 배경1, 진한 그림자 - 배경1'로 지정<br>   - 글꼴은 굴림체, 글꼴 크기는 66pt로 지정<br>   - 워드아트의 크기는 너비 16cm, 높이 3.5cm로 지정<br>  3) [보기 슬라이드]와 같이 부제목에 '하이퍼링크'를 입력하고, e-Test 홈페이지를 하이퍼링크로 지정하시오.<br>   (e-Test 홈페이지 : http://www.e-test.co.kr)<br>   - 글꼴은 돋움체, 글꼴 크기는 37pt로 지정<br>2. 슬라이드2 : 배점 1)번(5), 2)번(3), 3)번(10), 4)번(1), 5)번(3), 6)번(30)<br>  1) 새 슬라이드를 '콘텐츠 2개' 슬라이드로 추가하시오.<br>  2) 제목은 '영화산업의 성공요인'으로 입력하시오.<br>   - 글꼴은 돋움체, 글꼴 크기는 42pt로 지정<br>  3) [보기 슬라이드]와 같이 내용을 첫째 수준과 둘째 수준으로 입력하시오.<br>   〈입력 내용〉<br>   첫 번째 요인<br>    우수한 인력 유입과 풍부한 자본의 투자<br>   두 번째 요인<br>    정서에 맞는 시나리오와 배우<br>   세 번째 요인<br>    효과적인 마케팅<br>   네 번째 요인<br>    멀티플렉스 극장의 도입과 효율적인 배급망<br>   - 글꼴은 바탕체, 글꼴효과는 굵게, 글꼴 크기는 첫째 수준은 22pt, 둘째 수준은 17pt<br>  4) 입력한 내용의 줄 간격은 고정 22pt로 지정하시오.<br>  5) 글머리 기호 및 번호 매기기를 이용하여 입력한 내용의 첫째 수준 글머리 기호를 [보기 슬라이드]와 같이 작성하시오.<br>   - 글머리 기호의 모양은 ※, 크기는 85%로 지정<br>  6) [삽입] 메뉴의 [그림 파일]을 이용하여 주어진 '극장' 이미지를 [보기 슬라이드]와 같이 문자열의 왼쪽에 삽입하시오.<br>   - 그림의 크기는 너비 12cm, 높이 7cm로 지정 |

| [보기 슬라이드] | [처리사항] |
|---|---|
| 슬라이드3.<br>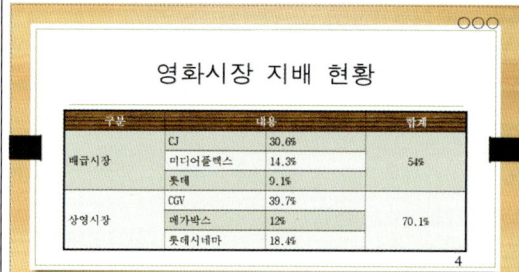<br><br>〈참고〉<br><br>| 구분 | 내용 | | 합계 |<br>|---|---|---|---|<br>| 배급시장 | CJ | 30.6% | 54% |<br>| | 미디어플렉스 | 14.3% | |<br>| | 롯데 | 9.1% | |<br>| 상영시장 | CGV | 39.7% | 70.1% |<br>| | 메가박스 | 12% | |<br>| | 롯데시네마 | 18.4% | |<br><br>슬라이드4.<br>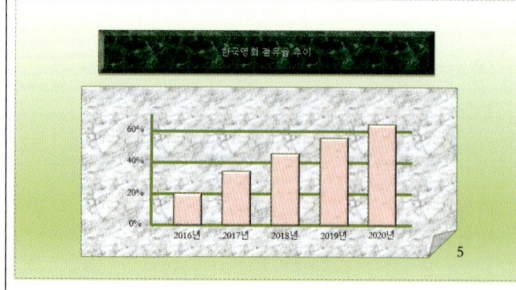 | 3. 슬라이드3 : 배점 1)번(5), 2)번(3), 3)번(30)<br>  1) 새 슬라이드를 '제목 및 내용' 슬라이드로 추가하시오.<br>  2) 제목은 '영화시장 지배 현황'으로 입력하시오.<br>   - 글꼴은 돋움체, 글꼴 크기는 46pt로 지정<br>  3) 7행 4열의 표를 작성하고, 아래의 조건대로 작성하시오. (반드시 표 형식이 유지되어야 함)<br>   - 아래 지정된 셀을 각각 셀 병합 지정<br>     1행 2열 ~ 1행 3열 셀 병합<br>     2행 1열 ~ 4행 1열 셀 병합<br>     2행 4열 ~ 4행 4열 셀 병합<br>     5행 1열 ~ 7행 1열 셀 병합<br>     5행 4열 ~ 7행 4열 셀 병합<br>   - 표 전체에 [보기 슬라이드]와 같이 내용을 입력하고, 글꼴은 바탕체, 글꼴 크기는 20pt로 지정<br>   - 아래의 조건대로 셀 맞춤 지정<br>     표 전체 : [표 도구] - [레이아웃]메뉴 [맞춤] 그룹의 세로 가운데 맞춤<br>     1행 : [표 도구] - [레이아웃]메뉴 [맞춤] 그룹의 가운데 맞춤<br>     4열 : [표 도구] - [레이아웃]메뉴 [맞춤] 그룹의 가운데 맞춤<br>   - 1행의 채우기는 질감의 '일반 목재'로 지정<br>   - 표 전체의 안쪽 세로 테두리는 점선, 안쪽 가로 테두리와 바깥쪽 테두리는 실선으로 지정<br>   - 표 전체 바깥쪽 테두리는 3pt 실선으로 지정<br><br>4. 슬라이드4 : 배점 1)번(5), 2)번(54), 3)번(10)<br>  1) 새 슬라이드를 '빈 화면' 슬라이드로 추가하시오.<br>  2) 그리기 도구모음을 이용하여 아래 조건에 맞게 [보기 슬라이드]와 같이 작성하시오.<br>   - 빗면 도형을 1개 그리고, 면의 질감은 녹색 대리석으로 지정하고, 그림자는 '바깥쪽, 오프셋 아래쪽'을 적용, '한국영화 점유율 추이'를 입력<br>   - 모서리가 접힌 도형을 1개 그리고, 면의 질감은 흰색대리석으로 지정<br>   - 선의 종류가 실선이고, 너비가 5pt인 선 5개 그리기<br>   - 직사각형 도형을 5개 그리고, 면의 질감은 분홍 박엽지로 지정하고, 3차원 서식으로 입체효과의 위쪽 '둥글게'를 적용<br>   - 가로 텍스트 상자를 9개 그리고, '60%', '40%', '20%', '0%', '2016년', '2017년', '2018년', '2019년', '2020년'을 각각 입력 |

| [보기 슬라이드] | [처리사항] |
|---|---|
| 슬라이드5.<br><br>프로그램 실행 | - 작성된 모든 도형은 [보기 슬라이드]와 같이 배열하고, 그룹으로 지정하고, 크기는 너비 25cm, 높이 15cm로 지정<br>3) 슬라이드의 배경 서식에서 배경 그래픽 숨기기를 지정하고, 그라데이션 채우기의 기본 설정 색은 '밝은 그라데이션 – 강조 1'로 지정하시오.<br><br>5. 슬라이드5 : 배점 1)번(5), 2)번(3), 3)번(16), 4)번(3)<br>1) 새 슬라이드를 '제목만' 슬라이드로 추가하시오.<br>2) 제목은 '프로그램 실행'으로 입력하시오.<br>  - 글꼴은 굴림체, 글꼴 크기는 46pt로 지정<br>3) 도형을 작성하여 실행설정을 지정하시오.<br>  - 그리기 도구모음의 '막힌 원호' 도형을 그리고, 면의 질감은 꽃다발로 지정하고, 너비 7cm, 높이 7cm로 작성<br>  - 작성된 '막힌 원호' 도형은 3차원 서식으로 입체효과의 위쪽 '둥글게'와 깊이 36pt를 지정<br>  - 슬라이드 쇼 실행 시, 마우스를 '막힌 원호' 도형 위에 놓았을 때 메모장 프로그램(NOTEPAD.EXE)이 실행되도록 실행설정을 지정<br>  - 실행설정이 지정된 '막힌 원호' 도형을 복사하여 상하 대칭 지정<br>  - 작성된 두 개의 '막힌 원호' 도형을 그룹으로 지정<br>4) 슬라이드5를 숨기기로 지정하시오.<br><br>〈슬라이드 쇼 관련 기능 지정하기〉<br>**배점 1번(8), 2번(10), 3번(9)**<br>1. 아래 조건에 맞는 화면 전환을 지정하시오.<br> - 화면 전환 효과는 '덮기'<br> - 효과 옵션은 '왼쪽에서'로 지정<br> - 50초 마다 자동으로만 전환되도록 지정<br> - 모든 슬라이드에 지정<br>2. 아래 조건에 맞는 애니메이션을 지정하시오.<br> 1) 슬라이드2번<br>  - 그림을 제외한 제목, 텍스트에 지정<br>  - 반드시 지정한 영역은 애니메이션을 이용하여 '나타내기'에 있는 '닦아내기'로 지정<br>  - 효과옵션은 '아래에서'로 지정<br>   (단, 효과 중복 지정 시 감점처리)<br>  - 애니메이션 순서는 텍스트, 제목 순으로 지정 |

| [보기 슬라이드] | [처리사항] |
|---|---|
| **슬라이드 노트**<br><br>**유인물 마스터**<br> | 2) 슬라이드4번<br> - 그룹으로 지정된 도형 전체에 지정<br> - 반드시 지정한 영역은 애니메이션을 이용하여 '나타내기'에 있는 '휘돌아 나타내기'로 지정(단, 효과 중복 지정 시 감점처리)<br>3. 쇼 재구성 기능을 이용하여 아래 조건에 맞게 슬라이드 쇼 재구성을 2개 작성하시오.<br> - 첫 번째 재구성되는 슬라이드 쇼 이름은 '프로그램실행1'로 지정하고, 재구성 목록에 슬라이드2번과 슬라이드3번을 지정<br> - 두 번째 재구성되는 슬라이드 쇼 이름은 '프로그램실행2'로 지정하고, 재구성 목록에 슬라이드1번과 슬라이드2번, 슬라이드3번을 지정<br><br>〈슬라이드 노트와 유인물 편집하기〉<br>**배점 1번(15), 2번(15)**<br>1. [보기] 메뉴의 [슬라이드 노트]를 이용하여 아래와 같은 조건으로 작성하시오.<br> 1) 슬라이드1 노트<br> - 입력 내용 : 영화산업의 지배 및 점유율과 관련된 자료입니다.<br> - 글꼴은 돋움체, 글꼴 크기는 15pt로 지정<br> - 슬라이드 노트 배경에서 그라데이션 채우기의 그라데이션 미리 설정은 '밝은 그라데이션 – 강조 5'로 지정<br>2. [보기] 메뉴의 [유인물 마스터]를 이용하여 아래와 같은 조건으로 작성하시오.<br> 1) 유인물의 제목을 그리기 도구모음으로 작성하시오.<br> - '모서리가 둥근 직사각형' 도형을 유인물의 상단에 그리고, 도형의 질감은 자주 편물로 지정하고, '영화산업 자료'를 입력<br> - '모서리가 둥근 직사각형' 도형 크기는 너비 10cm, 높이 1.5cm로 지정<br> - 글꼴은 궁서체, 글꼴 크기는 22pt, 글꼴효과는 텍스트 그림자 |

# 실전 모의고사 – 저탄소 녹색성장

PowerPoint 2016

### ※ 답안 작성 시 주의사항
- 답안문서 파일명은 응시자의 이름으로 저장하십시오.
- 파워포인트의 기능들을 이용하여 [처리사항]대로 답안문서를 작성하십시오.
  ([보기 슬라이드]를 참고하시오.)
- 반드시 주어진 이미지 자료를 이용하여 답안문서를 작성하십시오.
  (주어진 이미지 자료 외 다른 자료 이용시 감점 처리됩니다.)
- 문제에서 지시한 슬라이드의 순서가 바뀌는 경우 감점요인이 됩니다.
- 슬라이드를 중복하여 작성한 경우, 불필요한 슬라이드를 추가로 작성한 경우 감점요인이 됩니다.
- 서로 다른 처리사항을 같은 위치에 작성한 경우 감점요인이 됩니다.
  (예) 슬라이드2의 텍스트 부분에 제목과 텍스트 내용까지 입력한 경우 등)
- 워드아트 또는 텍스트 상자 등을 처리사항에서 지시한 갯수 이상 여러 개 작성한 경우 감점요인이 됩니다.
- 문제에서 지시하지 않은 사항은 프로그램의 기본 설정 값으로 지정하십시오.
- 문제에서 별도의 지시사항이 없는 경우, 글자 입력은 텍스트 상자를 원칙으로 합니다.

### [제공 데이터]
주어진 이미지를 이용하여 답안문서를 작성하시오.
(첨부파일보기 클릭시 이미지 자료 페이지 열림)

〈디자인 서식 지정과 마스터 편집하기〉
**배점 1번(5), 2번(11), 3번(14)**
1. 전체 슬라이드의 디자인 테마는 모든 슬라이드에 '자르기(Crop)'를 적용하시오.
2. 마스터 기능을 이용하여 슬라이드 상단 오른쪽에 '○○○'을 입력하시오.
    1) Crop 슬라이드 마스터에 작성
    2) 텍스트 상자를 이용하여 '○○○'에는 응시자 본인의 이름을 입력
    3) 글꼴은 돋움체, 글꼴 크기는 32pt로 지정
3. 슬라이드 번호를 삽입하시오.
    1) 머리글/바닥글 기능을 이용하여 슬라이드 삽입시 자동으로 추가되게 지정
    2) 제목 슬라이드를 제외한 모든 슬라이드의 하단 오른쪽에 작성
    3) 글꼴 크기는 30pt로 지정
    4) 슬라이드 시작 번호는 2로 지정

| [보기 슬라이드] | [처리사항] |
|---|---|
| 슬라이드1.<br>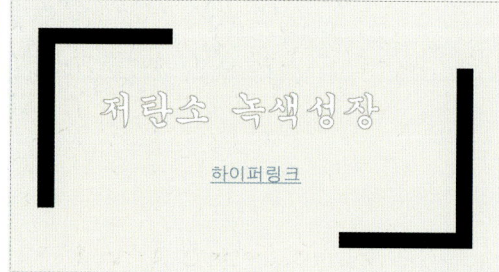<br><br>슬라이드2.<br> | 〈슬라이드 작성하기〉<br>1. 슬라이드1 : 배점 1)번(5), 2)번(15), 3)번(7)<br>  1) 슬라이드는 '제목' 슬라이드로 지정하시오.<br>  2) 워드아트를 이용하여 제목은 '저탄소 녹색성장'으로 [보기 슬라이드]와 같이 작성하시오.<br>   - WordArt는 '채우기 - 흰색, 윤곽선 - 강조1, 네온 - 강조1'로 지정<br>   - 글꼴은 궁서체, 글꼴 크기는 72pt로 지정<br>   - 워드아트의 크기는 너비 20cm, 높이 3.5cm로 지정<br>  3) [보기 슬라이드]와 같이 부제목에 '하이퍼링크'를 입력하고, e-Test 홈페이지를 하이퍼링크로 지정하시오.<br>   (e-Test 홈페이지 : http://www.e-test.co.kr)<br>   - 글꼴은 돋움체, 글꼴 크기는 35pt로 지정<br><br>2. 슬라이드2 : 배점 1)번(5), 2)번(3), 3)번(10), 4)번(1), 5)번(3), 6)번(30)<br>  1) 새 슬라이드를 '콘텐츠 2개' 슬라이드로 추가하시오.<br>  2) 제목은 '세계자연보존연맹'으로 입력하시오.<br>   - 글꼴은 궁서체, 글꼴 크기는 56pt로 지정<br>  3) [보기 슬라이드]와 같이 내용을 첫째 수준과 둘째 수준으로 입력하시오.<br>  〈입력 내용〉<br>  명칭<br>    IUCN : The World Conservation Union<br>  국제적 NGO<br>  기능<br>    세계 각 지역의 자연자원과 생물다양성 보전을 위한 독려, 협조<br>    자연자원의 균형적 이용(생태계의 지속가능한 이용) 도모<br>   - 글꼴은 바탕체, 글꼴효과는 밑줄, 글꼴 크기는 첫째 수준은 21pt, 둘째 수준은 19pt<br>  4) 입력한 내용의 줄 간격은 고정 26pt로 지정하시오.<br>  5) 글머리 기호 및 번호 매기기를 이용하여 입력한 내용의 첫째 수준 글머리 기호를 [보기 슬라이드]와 같이 작성하시오.<br>   - 글머리 기호의 모양은 →, 크기는 110%로 지정<br>  6) [삽입] 메뉴의 [그림 파일]을 이용하여 주어진 '자연' 이미지를 [보기 슬라이드]와 같이 문자열의 오른쪽에 삽입하시오.<br>   - 그림의 크기는 너비 10cm, 높이 7cm로 지정 |

| [보기 슬라이드] | [처리사항] |
|---|---|
| 슬라이드3.<br>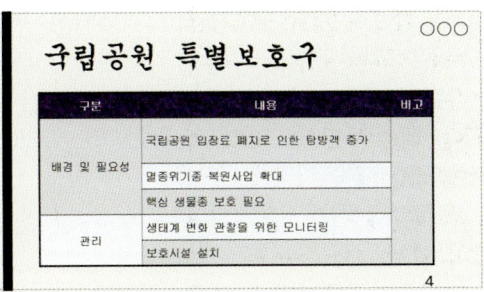<br><참고><br>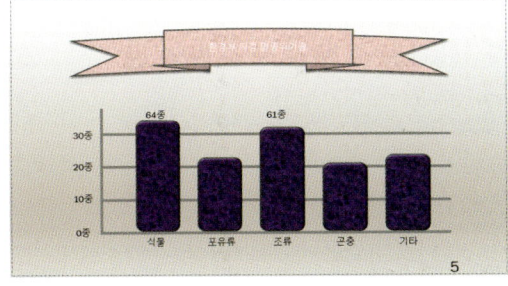<br>슬라이드4. | 3. 슬라이드3 : 배점 1)번(5), 2)번(3), 3)번(30)<br>1) 새 슬라이드를 '제목 및 내용' 슬라이드로 추가하시오.<br>2) 제목은 '국립공원 특별보호구'로 입력하시오.<br>  – 글꼴은 궁서체, 글꼴 크기는 56pt로 지정<br>3) 6행 3열의 표를 작성하고, 아래의 조건대로 작성하시오. (반드시 표 형식이 유지되어야 함)<br>  – 아래 지정된 셀을 각각 셀 병합 지정<br>    2행 1열 ~ 4행 1열 셀 병합<br>    5행 1열 ~ 6행 1열 셀 병합<br>    2행 3열 ~ 6행 3열 셀 병합<br>  – 표 전체에 [보기 슬라이드]와 같이 내용을 입력하고, 글꼴은 굴림체, 글꼴 크기는 22pt로 지정<br>  – 아래의 조건대로 셀 맞춤 지정<br>    표 전체 : [표 도구] – [레이아웃]메뉴 [맞춤] 그룹의 세로 가운데 맞춤<br>    1열 : [표 도구] – [레이아웃]메뉴 [맞춤] 그룹의 가운데 맞춤<br>    1행 : [표 도구] – [레이아웃]메뉴 [맞춤] 그룹의 가운데 맞춤<br>  – 표 1행 채우기는 질감의 '자주 편물'로 지정<br>  – 표 전체의 안쪽 세로 테두리는 점선, 안쪽 가로 테두리와 바깥쪽 테두리는 실선으로 지정<br>  – 표 전체 바깥쪽 테두리는 3pt 실선으로 지정<br>4. 슬라이드4 : 배점 1)번(5), 2)번(54), 3)번(10)<br>1) 새 슬라이드를 '빈 화면' 슬라이드로 추가하시오.<br>2) 그리기 도구모음을 이용하여 아래 조건에 맞게 [보기 슬라이드]와 같이 작성하시오.<br>  – 위로 구부러진 리본을 1개 그리고, 면의 질감은 분홍 박엽지로 지정하고, 그림자는 '바깥쪽, 오프셋 아래쪽'을 적용, '환경부 지정 멸종위기종'을 입력<br>  – 선의 종류가 실선이고, 너비가 5pt인 선 5개 그리기<br>  – 모서리가 둥근 직사각형 도형을 5개 그리고, 면의 질감은 자주 편물로 지정하고, 3차원 서식으로 입체효과의 위쪽 '둥글게'를 적용<br>  – 가로 텍스트 상자를 11개 그리고, '30종', '20종', '10종', '0', '식물', '포유류', '조류', '곤충', '기타', '61종', '64종'을 각각 입력<br>  – 작성된 모든 도형은 [보기 슬라이드]와 같이 배열하고, 그룹으로 지정하고, 크기는 너비 26cm, 높이 15cm로 지정 |

| [보기 슬라이드] | [처리사항] |
|---|---|
| 슬라이드5.<br>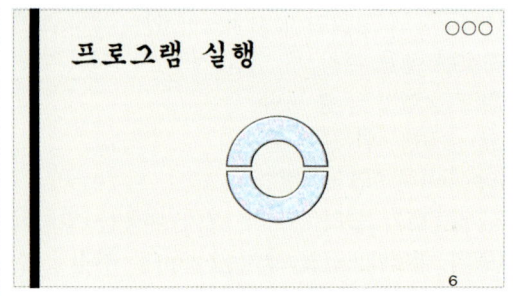 | 3) 슬라이드의 배경 서식에서 배경 그래픽 숨기기를 지정하고, 그라데이션 채우기의 그라데이션 미리 설정은 '밝은 그라데이션 – 강조3'으로 지정하시오.<br><br>5. 슬라이드5 : 배점 1)번(5), 2)번(3), 3)번(16), 4)번(3)<br>1) 새 슬라이드를 '제목만' 슬라이드로 추가하시오.<br>2) 제목은 '프로그램 실행'으로 입력하시오.<br>  – 글꼴은 궁서체, 글꼴 크기는 56pt로 지정<br>3) 도형을 작성하여 실행설정을 지정하시오.<br>  – 그리기 도구모음의 '막힌 원호' 도형을 그리고, 면의 질감은 꽃다발로 지정하고, 너비 7cm, 높이 7cm로 작성<br>  – 작성된 '막힌 원호' 도형은 3차원 서식으로 입체효과의 위쪽 '둥글게'와 깊이 36pt를 지정<br>  – 슬라이드 쇼 실행 시, 마우스를 '막힌 원호' 도형 위에 놓았을 때 메모장 프로그램(NOTEPAD.EXE)이 실행되도록 실행설정을 지정<br>  – 실행설정이 지정된 '막힌 원호' 도형을 복사하여 상하 대칭 지정<br>  – 작성된 두 개의 '막힌 원호' 도형을 그룹으로 지정<br>4) 슬라이드5를 숨기기로 지정하시오.<br><br>〈슬라이드 쇼 관련 기능 지정하기〉<br>배점 1번(8), 2번(10), 3번(9)<br>1. 아래 조건에 맞는 화면 전환을 지정하시오.<br>  – 화면 전환 효과는 '나누기'<br>  – 효과 옵션은 '가로 안쪽으로'로 지정<br>  – 1분 마다 자동으로만 전환되도록 지정<br>  – 모든 슬라이드에 지정<br>2. 아래 조건에 맞는 애니메이션을 지정하시오.<br> 1) 슬라이드2번<br>  – 그림을 제외한 제목, 텍스트에 지정<br>  – 반드시 지정한 영역은 애니메이션을 이용하여 '나타내기'에 있는 '회전'으로 지정<br>    (단, 효과 중복 지정 시 감점처리)<br>  – 애니메이션 순서는 텍스트, 제목 순으로 지정<br> 2) 슬라이드4번<br>  – 그룹으로 지정된 도형 전체에 지정<br>  – 반드시 지정한 영역은 애니메이션을 이용하여 '나타내기'에 있는 '닦아내기'<br>  – 효과옵션은 '위에서'로 지정<br>    (단, 효과 중복 지정 시 감점처리) |

| [보기 슬라이드] | [처리사항] |
|---|---|
| **슬라이드 노트**<br>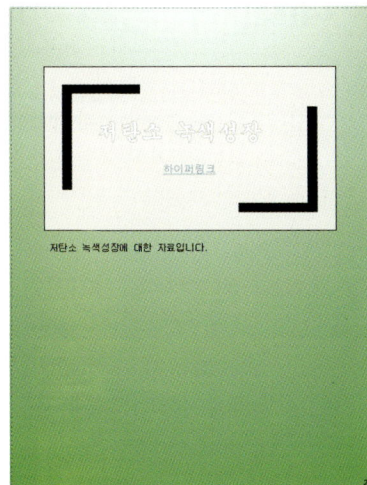<br>**유인물 마스터**<br> | 3. 쇼 재구성 기능을 이용하여 아래 조건에 맞게 슬라이드 쇼 재구성을 2개 작성하시오.<br>– 첫 번째 재구성되는 슬라이드 쇼 이름은 '프로그램 실행1'로 지정하고, 재구성 목록에 슬라이드1번과 슬라이드4번을 지정<br>– 두 번째 재구성되는 슬라이드 쇼 이름은 '프로그램 실행2'로 지정하고, 재구성 목록에 슬라이드1번과 슬라이드2번, 슬라이드3번을 지정<br><br>〈슬라이드 노트와 유인물 편집하기〉<br>**배점 1번(15), 2번(15)**<br>1. [보기] 메뉴의 [슬라이드 노트]를 이용하여 아래와 같은 조건으로 작성하시오.<br>1) 슬라이드1 노트<br>– 입력 내용 : 저탄소 녹색성장에 대한 자료입니다.<br>– 글꼴은 굴림체, 글꼴 크기는 14pt로 지정<br>– 슬라이드 노트 배경에서 그라데이션 채우기의 그라데이션 미리 설정은 '위쪽 스포트라이트 – 강조6'으로 지정<br>2. [보기] 메뉴의 [유인물 마스터]를 이용하여 아래와 같은 조건으로 작성하시오.<br>1) 유인물의 제목을 그리기 도구모음으로 작성하시오.<br>– '빗면' 도형을 유인물의 상단에 그리고, 도형의 질감은 녹색 대리석으로 지정하고, '저탄소 녹색성장'을 입력<br>– '빗면' 도형 크기는 너비 10cm, 높이 1.5cm로 지정<br>– 글꼴은 바탕체, 글꼴 크기는 21pt, 글꼴효과는 텍스트 그림자 |

# 실전 모의고사 – 환경에 대하여

PowerPoint 2016

### ※ 답안 작성 시 주의사항

- 답안문서 파일명은 응시자의 이름으로 저장하십시오.
- 파워포인트의 기능들을 이용하여 [처리사항]대로 답안문서를 작성하십시오.
    ([보기 슬라이드]를 참고하시오.)
- 반드시 주어진 이미지 자료를 이용하여 답안문서를 작성하십시오.
      (주어진 이미지 자료 외 다른 자료 이용시 감점 처리됩니다.)
- 문제에서 지시한 슬라이드의 순서가 바뀌는 경우 감점요인이 됩니다.
- 슬라이드를 중복하여 작성한 경우, 불필요한 슬라이드를 추가로 작성한 경우 감점요인이 됩니다.
- 서로 다른 처리사항을 같은 위치에 작성한 경우 감점요인이 됩니다.
    (예) 슬라이드2의 텍스트 부분에 제목과 텍스트 내용까지 입력한 경우 등)
- 워드아트 또는 텍스트 상자 등을 처리사항에서 지시한 갯수 이상 여러 개 작성한 경우 감점요인이 됩니다.
- 문제에서 지시하지 않은 사항은 프로그램의 기본 설정 값으로 지정하십시오.
- 문제에서 별도의 지시사항이 없는 경우, 글자 입력은 텍스트 상자를 원칙으로 합니다.

**[제공 데이터]**

주어진 이미지를 이용하여 답안문서를 작성하시오.

(**첨부파일보기** 클릭시 이미지 자료 페이지 열림)

〈디자인 서식 지정과 마스터 편집하기〉

**배점 1번(5), 2번(11), 3번(14)**

1. 전체 슬라이드의 디자인 테마는 모든 슬라이드에 '추억'을 적용하시오.
2. 마스터 기능을 이용하여 슬라이드 상단 오른쪽에 'ㅇㅇㅇ'을 입력하시오.
    1) 추억슬라이드 마스터에 작성
    2) 텍스트 상자를 이용하여 'ㅇㅇㅇ'에는 응시자 본인의 이름을 입력
    3) 글꼴은 궁서체, 글꼴 크기는 30pt로 지정
3. 슬라이드 번호를 삽입하시오.
    1) 머리글/바닥글 기능을 이용하여 슬라이드 삽입시 자동으로 추가되게 지정
    2) 제목 슬라이드를 제외한 모든 슬라이드의 하단 오른쪽에 작성
    3) 글꼴 크기는 28pt로 지정
    4) 슬라이드 시작 번호는 3으로 지정

| [보기 슬라이드] | [처리사항] |
|---|---|
| 슬라이드1.<br><br>환경에 대하여<br>하이퍼링크<br><br>슬라이드2.<br>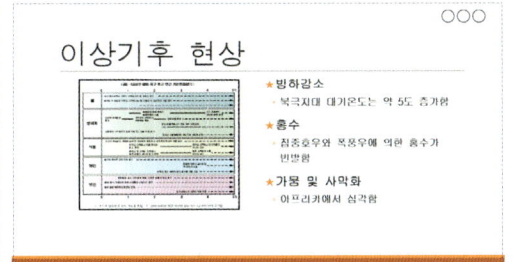 | 〈슬라이드 작성하기〉<br>1. 슬라이드1 : 배점 1)번(5), 2)번(15), 3)번(7)<br>  1) 슬라이드는 '제목' 슬라이드로 지정하시오.<br>  2) 워드아트를 이용하여 제목은 '환경에 대하여'로 [보기 슬라이드]와 같이 작성하시오.<br>    - WordArt는 '채우기 - 흰색, 윤곽선 - 강조2, 진한 그림자 - 강조2'로 지정<br>    - 글꼴은 돋움체, 글꼴 크기는 72pt로 지정<br>    - 워드아트의 크기는 너비 18cm, 높이 3.5cm로 지정<br>  3) [보기 슬라이드]와 같이 부제목에 '하이퍼링크'를 입력하고, e-Test 홈페이지를 하이퍼링크로 지정하시오.<br>    (e-Test 홈페이지 : http://www.e-test.co.kr)<br>    - 글꼴은 돋움체, 글꼴 크기는 34pt로 지정<br><br>2. 슬라이드2 : 배점 1)번(5), 2)번(3), 3)번(10), 4)번(1), 5)번(3), 6)번(30)<br>  1) 새 슬라이드를 '콘텐츠 2개' 슬라이드로 추가하시오.<br>  2) 제목은 '이상기후 현상'으로 입력하시오.<br>    - 글꼴은 돋움체, 글꼴 크기는 56pt로 지정<br>  3) [보기 슬라이드]와 같이 내용을 첫째 수준과 둘째 수준으로 입력하시오.<br>〈입력 내용〉<br>빙하감소<br>  북극지대 대기온도는 약 5도 증가함<br>홍수<br>  집중호우와 폭풍우에 의한 홍수가 빈발함<br>가뭄 및 사막화<br>  아프리카에서 심각함<br>  - 글꼴은 굴림체, 글꼴효과는 굵게, 글꼴크기는 첫째 수준은 24pt, 둘째 수준은 20pt<br>  4) 입력한 내용의 줄 간격은 고정 30pt로 지정하시오.<br>  5) 글머리 기호 및 번호 매기기를 이용하여 입력한 내용의 첫째 수준 글머리 기호를 [보기 슬라이드]와 같이 작성하시오.<br>    - 글머리 기호의 모양은 ★, 크기는 90%로 지정<br>  6) [삽입] 메뉴의 [그림 파일]을 이용하여 주어진 '환경' 이미지를 [보기 슬라이드]와 같이 문자열의 오른쪽에 삽입하시오.<br>    - 그림의 크기는 너비 11cm, 높이 9cm로 지정 |

| [보기 슬라이드] | [처리사항] |
|---|---|
| 슬라이드3.<br><br><br>〈참고〉<br>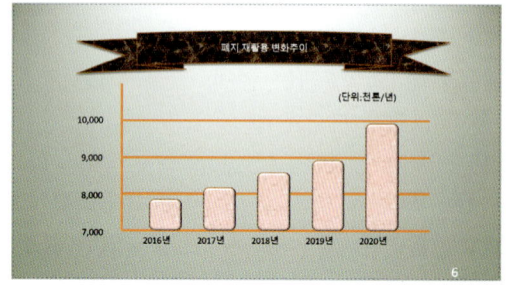 | 3. 슬라이드3 : 배점 1)번(5), 2)번(3), 3)번(30)<br>1) 새 슬라이드를 '제목 및 내용' 슬라이드로 추가하시오.<br>2) 제목은 '폐기물 총 발생량'으로 입력하시오.<br> – 글꼴은 돋움체, 글꼴 크기는 56pt로 지정<br>3) 7행 3열의 표를 작성하고, 아래의 조건대로 작성하시오. (반드시 표 형식이 유지되어야 함)<br> – 아래 지정된 셀을 각각 셀 병합 지정<br>  2행 1열 ~ 3행 1열 셀 병합<br>  4행 1열 ~ 5행 1열 셀 병합<br>  6행 1열 ~ 7행 1열 셀 병합<br>  2행 2열 ~ 3행 2열 셀 병합<br>  4행 2열 ~ 5행 2열 셀 병합<br>  6행 2열 ~ 7행 2열 셀 병합<br> – 표 전체에 [보기 슬라이드]와 같이 내용을 입력하고, 글꼴은 굴림체, 글꼴 크기는 23pt로 지정<br> – 아래의 조건대로 셀 맞춤 지정<br>  표 전체 : [표 도구] – [레이아웃]메뉴 [맞춤] 그룹의 세로 가운데 맞춤<br>  1행 : [표 도구] – [레이아웃]메뉴 [맞춤] 그룹의 가운데 맞춤<br>  1열과 2열 : [표 도구] – [레이아웃]메뉴 [맞춤] 그룹의 가운데 맞춤<br> – 표 1행의 채우기는 질감의 '자주 편물'로 지정<br> – 표 전체의 안쪽 가로 테두리는 점선, 안쪽 세로 테두리와 바깥쪽 테두리는 실선으로 지정<br> – 표 전체 바깥쪽 테두리는 3pt 실선으로 지정 |
| 슬라이드4. | 4. 슬라이드4 : 배점 1)번(5), 2)번(54), 3)번(10)<br>1) 새 슬라이드를 '빈 화면' 슬라이드로 추가하시오.<br>2) 그리기 도구모음을 이용하여 아래 조건에 맞게 [보기 슬라이드]와 같이 작성하시오.<br> – 위로 구부러진 리본 도형을 1개 그리고, 면의 질감은 밤색 대리석으로 지정하고, 그림자는 '바깥쪽, 오프셋 아래쪽'을 적용, '폐지 재활용 변화추이'를 입력<br> – 선의 종류가 실선이고, 너비가 5pt인 선 5개 그리기<br> – 모서리가 둥근 직사각형 도형을 5개 그리고, 면의 질감은 분홍 박엽지로 지정하고, 3차원 서식으로 입체효과의 위쪽 '둥글게'를 적용<br> – 가로 텍스트 상자를 10개 그리고, '10,000', '9,000', '8,000', '7,000', '2016년', '2017년', '2018년', '2019년', '2020년', '(단위:천톤/년)'을 각각 입력 |

| [보기 슬라이드] | [처리사항] |
|---|---|
| 슬라이드5.<br><br>프로그램 실행 | – 작성된 모든 도형은 [보기 슬라이드]와 같이 배열하고, 그룹으로 지정하고, 크기는 너비 26cm, 높이 15cm로 지정<br>3) 슬라이드의 배경 서식에서 배경 그래픽 숨기기를 지정하고, 그라데이션 채우기의 그라데이션 미리 설정은 '위쪽 스포트라이트 – 강조6'으로 지정하시오.<br><br>5. 슬라이드5 : 배점 1)번(5), 2)번(3), 3)번(16), 4)번(3)<br>1) 새 슬라이드를 '제목만' 슬라이드로 추가하시오.<br>2) 제목은 '프로그램 실행'으로 입력하시오.<br>  – 글꼴은 궁서체, 글꼴 크기는 56pt로 지정<br>3) 도형을 작성하여 실행설정을 지정하시오.<br>  – 그리기 도구모음의 '달' 도형을 그리고, 면의 질감은 꽃다발로 지정하고, 너비 5cm, 높이 6cm로 작성<br>  – 작성된 '달' 도형은 3차원 서식으로 입체효과의 위쪽 '둥글게'와 깊이 36pt를 지정<br>  – 슬라이드 쇼 실행 시, 마우스를 '달' 도형 위에 놓았을 때 메모장 프로그램(NOTEPAD.EXE)이 실행되도록 실행설정을 지정<br>  – 실행설정이 지정된 '달' 도형을 복사하여 좌우 대칭 지정<br>  – 작성된 두 개의 '달' 도형을 그룹으로 지정<br>4) 슬라이드5를 숨기기로 지정하시오.<br><br>〈슬라이드 쇼 관련 기능 지정하기〉<br>배점 1번(8), 2번(10), 3번(9)<br>1. 아래 조건에 맞는 화면 전환을 지정하시오.<br>  – 화면 전환 효과는 '닦아내기'<br>  – 효과 옵션은 '왼쪽에서'로 지정<br>  – 1분 마다 자동으로만 전환되도록 지정<br>  – 모든 슬라이드에 지정<br>2. 아래 조건에 맞는 애니메이션을 지정하시오.<br> 1) 슬라이드2번<br>  – 그림을 제외한 제목, 텍스트에 지정<br>  – 반드시 지정한 영역은 애니메이션을 이용하여 '나타내기'에 있는 '내밀기'로 지정<br>  – 효과옵션은 '위에서'로 지정<br>   (단, 효과 중복 지정 시 감점처리)<br>  – 애니메이션 순서는 텍스트, 제목 순으로 지정 |

| [보기 슬라이드] | [처리사항] |
|---|---|
| 슬라이드 노트<br /><br />유인물 마스터<br /> | 2) 슬라이드4번<br>　- 그룹으로 지정된 도형 전체에 지정<br>　- 반드시 지정한 영역은 애니메이션을 이용하여 '나타내기'에 있는 '닦아내기'로 지정<br>　- 효과옵션은 '위에서'로 지정<br>　　(단, 효과 중복 지정 시 감점처리)<br>3. 쇼 재구성 기능을 이용하여 아래 조건에 맞게 슬라이드 쇼 재구성을 2개 작성하시오.<br>　- 첫 번째 재구성되는 슬라이드 쇼 이름은 '프로그램실행1'로 지정하고, 재구성 목록에 슬라이드2번과 슬라이드3번을 지정<br>　- 두 번째 재구성되는 슬라이드 쇼 이름은 '프로그램실행2'로 지정하고, 재구성 목록에 슬라이드1번과 슬라이드4번, 슬라이드5번을 지정<br><br>〈슬라이드 노트와 유인물 편집하기〉<br>**배점 1번(15), 2번(15)**<br>1. [보기] 메뉴의 [슬라이드 노트]를 이용하여 아래와 같은 조건으로 작성하시오.<br>　1) 슬라이드1 노트<br>　　- 입력 내용 : 이 프리젠테이션은 환경에 대한 자료입니다.<br>　　- 글꼴은 바탕체, 글꼴크기는 14pt로 지정<br>　　- 슬라이드 노트 배경에서 그라데이션 채우기의 그라데이션 미리 설정은 '밝은 그라데이션 – 강조4'로 지정<br>2. [보기] 메뉴의 [유인물 마스터]를 이용하여 아래와 같은 조건으로 작성하시오.<br>　1) 유인물의 제목을 그리기 도구모음으로 작성하시오.<br>　　- '빗면' 도형을 유인물의 상단에 그리고, 도형의 질감은 밤색 대리석으로 지정하고, '환경에 대하여'를 입력<br>　　- '빗면' 도형 크기는 너비 10cm, 높이 2cm로 지정<br>　　- 글꼴은 돋움체, 글꼴크기는 20pt, 글꼴효과는 텍스트 그림자 |

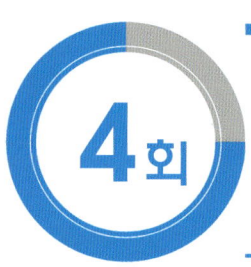

# 4회 실전 모의고사 – 스태그플레이션

PowerPoint 2016

> ※ 답안 작성 시 주의사항
> - 답안문서 파일명은 응시자의 이름으로 저장하십시오.
> - 파워포인트의 기능들을 이용하여 [처리사항]대로 답안문서를 작성하십시오.
>   ([보기 슬라이드]를 참고하시오.)
> - 반드시 주어진 이미지 자료를 이용하여 답안문서를 작성하십시오.
>   (주어진 이미지 자료 외 다른 자료 이용시 감점 처리됩니다.)
> - 문제에서 지시한 슬라이드의 순서가 바뀌는 경우 감점요인이 됩니다.
> - 슬라이드를 중복하여 작성한 경우, 불필요한 슬라이드를 추가로 작성한 경우 감점요인이 됩니다.
> - 서로 다른 처리사항을 같은 위치에 작성한 경우 감점요인이 됩니다.
>   (예) 슬라이드2의 텍스트 부분에 제목과 텍스트 내용까지 입력한 경우 등)
> - 워드아트 또는 텍스트 상자 등을 처리사항에서 지시한 갯수 이상 여러 개 작성한 경우 감점요인이 됩니다.
> - 문제에서 지시하지 않은 사항은 프로그램의 기본 설정 값으로 지정하십시오.
> - 문제에서 별도의 지시사항이 없는 경우, 글자 입력은 텍스트 상자를 원칙으로 합니다.

## [제공 데이터]

주어진 이미지를 이용하여 답안문서를 작성하시오.
(첨부파일보기 클릭시 이미지 자료 페이지 열림)

〈디자인 서식 지정과 마스터 편집하기〉

**배점 1번(5), 2번(11), 3번(14)**

1. 전체 슬라이드의 디자인 테마는 모든 슬라이드에 '교육 테마'를 적용하시오.
2. 마스터 기능을 이용하여 슬라이드 상단 오른쪽에 '○○○'을 입력하시오.
   1) 교육 테마(New_Education02) 슬라이드 마스터에 작성
   2) 텍스트 상자를 이용하여 '○○○'에는 응시자 본인의 이름을 입력
   3) 글꼴은 바탕체, 글꼴 크기는 27pt로 지정
3. 슬라이드 번호를 삽입하시오.
   1) 머리글/바닥글 기능을 이용하여 슬라이드 삽입시 자동으로 추가되게 지정
   2) 제목 슬라이드를 제외한 모든 슬라이드의 하단 오른쪽에 작성
   3) 글꼴 크기는 25pt로 지정
   4) 슬라이드 시작 번호는 11로 지정

| [보기 슬라이드] | [처리사항] |
|---|---|
| 슬라이드1.<br>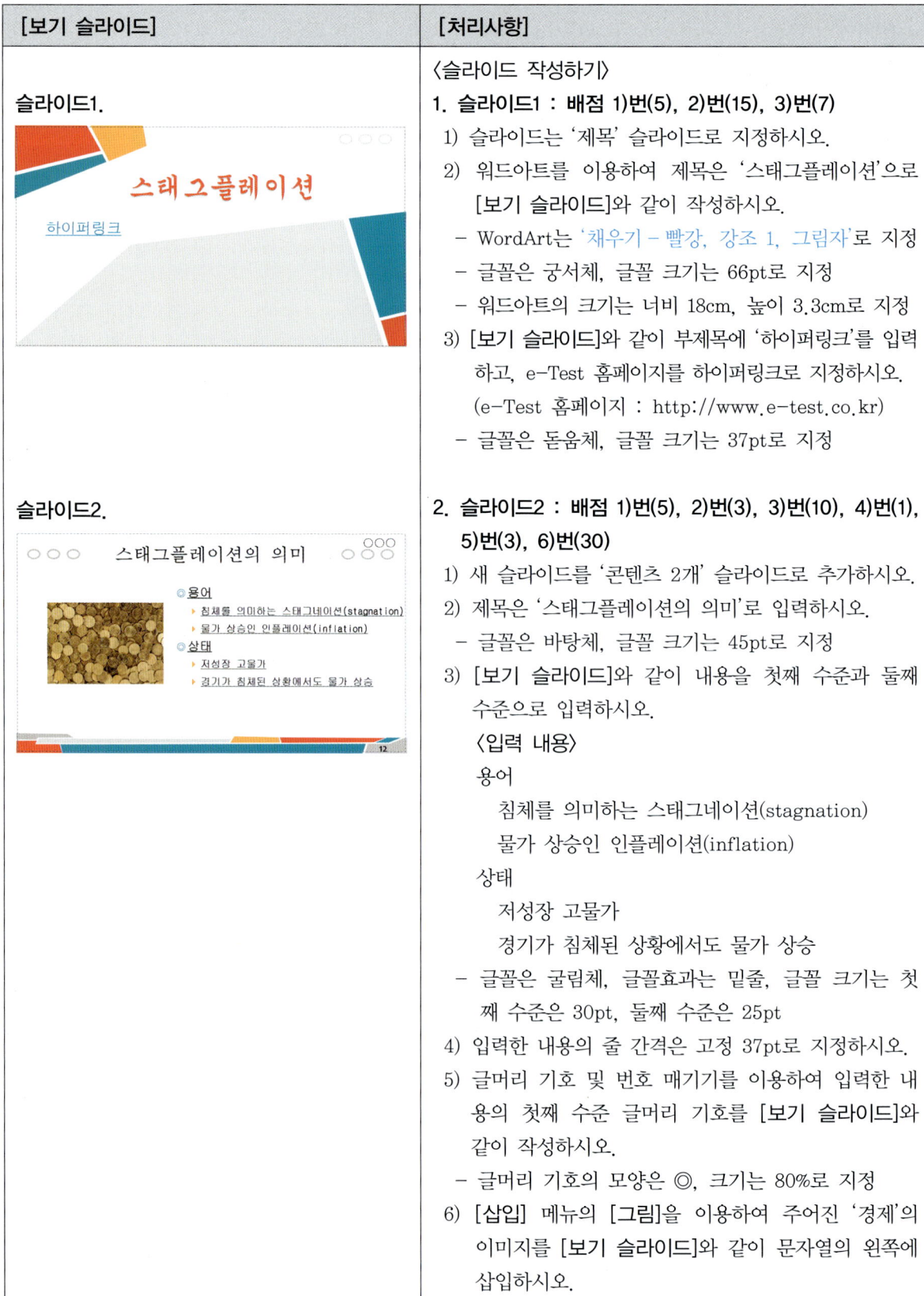<br><br>슬라이드2. | 〈슬라이드 작성하기〉<br>1. 슬라이드1 : 배점 1)번(5), 2)번(15), 3)번(7)<br>　1) 슬라이드는 '제목' 슬라이드로 지정하시오.<br>　2) 워드아트를 이용하여 제목은 '스태그플레이션'으로 [보기 슬라이드]와 같이 작성하시오.<br>　　- WordArt는 '채우기 - 빨강, 강조 1, 그림자'로 지정<br>　　- 글꼴은 궁서체, 글꼴 크기는 66pt로 지정<br>　　- 워드아트의 크기는 너비 18cm, 높이 3.3cm로 지정<br>　3) [보기 슬라이드]와 같이 부제목에 '하이퍼링크'를 입력하고, e-Test 홈페이지를 하이퍼링크로 지정하시오.<br>　　(e-Test 홈페이지 : http://www.e-test.co.kr)<br>　　- 글꼴은 돋움체, 글꼴 크기는 37pt로 지정<br><br>2. 슬라이드2 : 배점 1)번(5), 2)번(3), 3)번(10), 4)번(1), 5)번(3), 6)번(30)<br>　1) 새 슬라이드를 '콘텐츠 2개' 슬라이드로 추가하시오.<br>　2) 제목은 '스태그플레이션의 의미'로 입력하시오.<br>　　- 글꼴은 바탕체, 글꼴 크기는 45pt로 지정<br>　3) [보기 슬라이드]와 같이 내용을 첫째 수준과 둘째 수준으로 입력하시오.<br>　　〈입력 내용〉<br>　　용어<br>　　　침체를 의미하는 스태그네이션(stagnation)<br>　　　물가 상승인 인플레이션(inflation)<br>　　상태<br>　　　저성장 고물가<br>　　　경기가 침체된 상황에서도 물가 상승<br>　　- 글꼴은 굴림체, 글꼴효과는 밑줄, 글꼴 크기는 첫째 수준은 30pt, 둘째 수준은 25pt<br>　4) 입력한 내용의 줄 간격은 고정 37pt로 지정하시오.<br>　5) 글머리 기호 및 번호 매기기를 이용하여 입력한 내용의 첫째 수준 글머리 기호를 [보기 슬라이드]와 같이 작성하시오.<br>　　- 글머리 기호의 모양은 ◎, 크기는 80%로 지정<br>　6) [삽입] 메뉴의 [그림]을 이용하여 주어진 '경제'의 이미지를 [보기 슬라이드]와 같이 문자열의 왼쪽에 삽입하시오.<br>　　- 그림의 크기는 너비 10cm, 높이 7cm로 지정 |

| [보기 슬라이드] | [처리사항] |
|---|---|
| 슬라이드3. | 3. 슬라이드3 : 배점 1)번(5), 2)번(3), 3)번(30)<br>1) 새 슬라이드를 '제목 및 내용' 슬라이드로 추가하시오.<br>2) 제목은 '스태그플레이션 가능성 지수'로 입력하시오.<br>　– 글꼴은 돋움체, 글꼴 크기는 42pt로 지정<br>3) 6행 5열의 표를 작성하고, 아래의 조건대로 작성하시오. (반드시 표 형식이 유지되어야 함)<br>　– 아래 지정된 셀을 각각 셀 병합 지정<br>　　1행 1열 ~ 2행 1열 셀 병합<br>　　1행 2열 ~ 1행 5열 셀 병합<br>　　6행 1열 ~ 6행 5열 셀 병합<br>　– 표 전체에 [보기 슬라이드]와 같이 내용을 입력하고, 글꼴은 궁서체, 글꼴 크기는 25pt로 지정<br>　– 아래의 조건대로 셀 맞춤 지정<br>　　표 전체 : [표 도구] – [레이아웃]메뉴 [맞춤] 그룹의 세로 가운데 맞춤<br>　　1행과 2행 : [표 도구] – [레이아웃]메뉴 [맞춤] 그룹의 가운데 맞춤<br>　　1열 : [표 도구] – [레이아웃]메뉴 [맞춤] 그룹의 가운데 맞춤<br>　– 5행의 채우기는 질감의 '편지지'로 지정<br>　– 표 전체의 안쪽 세로 테두리는 점선, 안쪽 가로 테두리와 바깥쪽 테두리는 실선으로 지정<br>　– 표 전체 바깥쪽 테두리는 3pt 실선으로 지정 |
| 〈참고〉<br>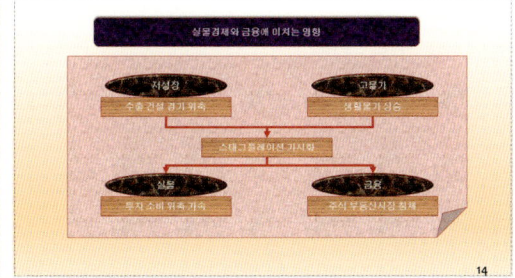 | |
| 슬라이드4. | 4. 슬라이드4 : 배점 1)번(5), 2)번(54), 3)번(10)<br>1) 새 슬라이드를 '빈 화면' 슬라이드로 추가하시오.<br>2) 그리기 도구모음을 이용하여 아래 조건에 맞게 [보기 슬라이드]와 같이 작성하시오.<br>　– 모서리가 둥근 직사각형 도형을 1개 그리고, 면의 질감은 자주 편물로 지정하고, 그림자는 '바깥쪽, 오프셋 위쪽'을 적용, '실물경제와 금융에 미치는 영향'을 입력<br>　– 모서리가 접힌 도형을 1개 그리고, 면의 질감은 분홍 박엽지로 지정<br>　– 타원 도형을 4개 그리고, 면의 질감은 밤색 대리석으로 지정, 3차원 서식으로 입체효과의 위쪽 '둥글게'를 적용, '저성장', '실물', '고물가', '금융'을 각각 입력<br>　– 직사각형 도형을 5개 그리고, 면의 질감은 오크로 지정하고, '수출 건설 경기 위축', '생활물가 상승', '스태그플레이션 가시화', '투자 소비 위축 가속', '주식 부동산시장 침체'를 각각 입력 |

| [보기 슬라이드] | [처리사항] |
|---|---|
| 슬라이드5.<br><br>프로그램 실행 | - 선의 종류가 실선이고, 너비가 4pt인 꺾인 화살표 연결선 4개 그리기<br>- 작성된 모든 도형은 [보기 슬라이드]와 같이 배열하고, 그룹으로 지정하고, 크기는 너비 27cm, 높이 15cm으로 지정<br>3) 슬라이드의 배경 서식에서 배경 그래픽 숨기기를 지정하고, 그라데이션 채우기의 그라데이션 미리 설정은 '밝은 그라데이션 – 강조2'로 지정<br><br>5. 슬라이드5 : 배점 1)번(5), 2)번(3), 3)번(16), 4)번(3)<br>1) 새 슬라이드를 '제목만' 슬라이드로 추가하시오.<br>2) 제목은 '프로그램 실행'으로 입력하시오.<br>- 글꼴은 굴림체, 글꼴 크기는 50pt로 지정<br>3) 도형을 작성하여 실행설정을 지정하시오.<br>- 그리기 도구모음의 '다이아몬드' 도형을 그리고, 면의 질감은 모래로 지정하고, 너비 8cm, 높이 5cm로 작성<br>- 작성된 '다이아몬드' 도형은 3차원 서식으로 입체효과의 위쪽 '둥글게'와 깊이 72pt를 지정<br>- 슬라이드 쇼 실행 시, 마우스를 '다이아몬드' 도형 위에 놓았을 때 메모장 프로그램(NOTEPAD.EXE)이 실행되도록 실행설정을 지정<br>- 실행설정이 지정된 '다이아몬드' 도형을 복사하여 오른쪽으로 90도 회전 지정<br>- 작성된 두 개의 '다이아몬드' 도형을 그룹으로 지정<br>4) 슬라이드5를 숨기기로 지정하시오.<br><br>〈슬라이드 쇼 관련 기능 지정하기〉<br>배점 1번(8), 2번(10), 3번(9)<br>1. 아래 조건에 맞는 화면 전환을 지정하시오.<br>- 화면 전환 효과는 '밀어내기'<br>- 효과 옵션은 '위에서'로 지정<br>- 55초 마다 자동으로만 전환되도록 지정<br>- 모든 슬라이드에 지정<br>2. 아래 조건에 맞는 애니메이션을 지정하시오.<br>1) 슬라이드2번<br>- 그림을 제외한 제목, 텍스트에 지정<br>- 반드시 지정한 영역은 애니메이션을 이용하여 '나타내기'에 있는 '나누기'로 지정<br>  (단, 효과 중복 지정 시 감점처리)<br>- 효과옵션은 '가로 안쪽으로'로 지정<br>- 애니메이션 순서는 텍스트, 제목 순으로 지정 |

| [보기 슬라이드] | [처리사항] |
|---|---|
| 슬라이드 노트<br /><br />유인물 마스터<br /> | 2) 슬라이드4번<br>　- 그룹으로 지정된 도형 전체에 지정<br>　- 반드시 지정한 영역은 애니메이션을 이용하여 '나타내기'에 있는 '흩어 뿌리기'로 지정<br>　  (단, 효과 중복 지정 시 감점처리)<br>3. 쇼 재구성 기능을 이용하여 아래 조건에 맞게 슬라이드 쇼 재구성을 2개 작성하시오.<br>　- 첫 번째 재구성되는 슬라이드 쇼 이름은 '프로그램실행1'로 지정하고, 재구성 목록에 슬라이드1번과 슬라이드3번을 지정<br>　- 두 번째 재구성되는 슬라이드 쇼 이름은 '프로그램실행2'로 지정하고, 재구성 목록에 슬라이드1번과 슬라이드2번, 슬라이드5번을 지정<br><br>〈슬라이드 노트와 유인물 편집하기〉<br>**배점 1번(15), 2번(15)**<br>1. [보기] 메뉴의 [슬라이드 노트]를 이용하여 아래와 같은 조건으로 작성하시오.<br>　1) 슬라이드1 노트<br>　　- 입력 내용 : 스태그플레이션에 대한 자료입니다.<br>　　- 글꼴은 굴림체, 글꼴 크기는 16pt로 지정<br>　　- 슬라이드 노트 배경에서 그라데이션 채우기의 그라데이션 미리 설정은 '위쪽스포트라이트 – 강조4'로 지정<br>2. [보기] 메뉴의 [유인물 마스터]를 이용하여 아래와 같은 조건으로 작성하시오.<br>　1) 유인물의 제목을 그리기 도구모음으로 작성하시오.<br>　　- '빗면' 도형을 유인물의 상단에 그리고, 도형의 질감은 녹색 대리석으로 지정하고, '스태그플레이션'을 입력<br>　　- '빗면' 도형 크기는 너비 10cm, 높이 2cm로 지정<br>　　- 글꼴은 돋움체, 글꼴 크기는 22pt, 글꼴효과는 텍스트 그림자 |

# 실전 모의고사 – 다양한 학교

PowerPoint 2016

> ※ **답안 작성 시 주의사항**
> - 답안문서 파일명은 응시자의 이름으로 저장하십시오.
> - 파워포인트의 기능들을 이용하여 [처리사항]대로 답안문서를 작성하십시오.
>   ([보기 슬라이드]를 참고하시오.)
> - 반드시 주어진 이미지 자료를 이용하여 답안문서를 작성하십시오.
>   (주어진 이미지 자료 외 다른 자료 이용시 감점 처리됩니다.)
> - 문제에서 지시한 슬라이드의 순서가 바뀌는 경우 감점요인이 됩니다.
> - 슬라이드를 중복하여 작성한 경우, 불필요한 슬라이드를 추가로 작성한 경우 감점요인이 됩니다.
> - 서로 다른 처리사항을 같은 위치에 작성한 경우 감점요인이 됩니다.
>   (예) 슬라이드2의 텍스트 부분에 제목과 텍스트 내용까지 입력한 경우 등)
> - 워드아트 또는 텍스트 상자 등을 처리사항에서 지시한 갯수 이상 여러 개 작성한 경우 감점요인이 됩니다.
> - 문제에서 지시하지 않은 사항은 프로그램의 기본 설정 값으로 지정하십시오.
> - 문제에서 별도의 지시사항이 없는 경우, 글자 입력은 텍스트 상자를 원칙으로 합니다.

**[제공 데이터]**

주어진 이미지를 이용하여 답안문서를 작성하시오.
(**첨부파일보기** 클릭시 이미지 자료 페이지 열림)

〈디자인 서식 지정과 마스터 편집하기〉

**배점 1번(5), 2번(11), 3번(14)**

1. 전체 슬라이드의 디자인 테마는 모든 슬라이드에 '줄기'를 적용하시오.
2. 마스터 기능을 이용하여 슬라이드 상단 오른쪽에 'ㅇㅇㅇ'을 입력하시오.
    1) 줄기 슬라이드 마스터에 작성
    2) 텍스트 상자를 이용하여 'ㅇㅇㅇ'에는 응시자 본인의 이름을 입력
    3) 글꼴은 돋움체, 글꼴 크기는 27pt로 지정
3. 슬라이드 번호를 삽입하시오.
    1) 머리글/바닥글 기능을 이용하여 슬라이드 삽입시 자동으로 추가되게 지정
    2) 제목 슬라이드를 제외한 모든 슬라이드의 상단 왼쪽에 작성
    3) 글꼴 크기는 22pt로 지정
    4) 슬라이드 시작 번호는 7로 지정

| [보기 슬라이드] | [처리사항] |
|---|---|
| 슬라이드1.<br>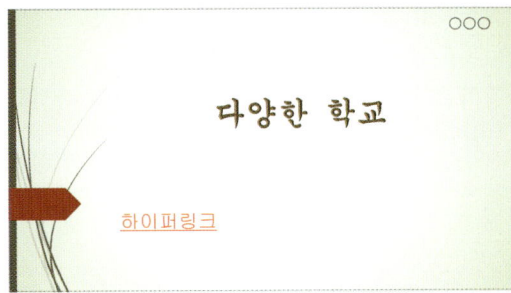 | 〈슬라이드 작성하기〉<br>1. **슬라이드1 : 배점 1)번(5), 2)번(15), 3)번(7)**<br>　1) 슬라이드는 '제목' 슬라이드로 지정하시오.<br>　2) 워드아트를 이용하여 제목은 '다양한 학교'로 [보기 슬라이드]와 같이 작성하시오.<br>　　- WordArt는 '채우기 - 밤색, 강조3, 선명한 입체'로 지정<br>　　- 글꼴은 궁서체, 글꼴 크기는 60pt로 지정<br>　　- 워드아트의 크기는 너비 13cm, 높이 3cm로 지정<br>　3) [보기 슬라이드]와 같이 부제목에 '하이퍼링크'를 입력하고, e-Test 홈페이지를 하이퍼링크로 지정하시오.<br>　　(e-Test 홈페이지 : http://www.e-test.co.kr)<br>　　- 글꼴은 굴림체, 글꼴 크기는 37pt로 지정 |
| 슬라이드2.<br>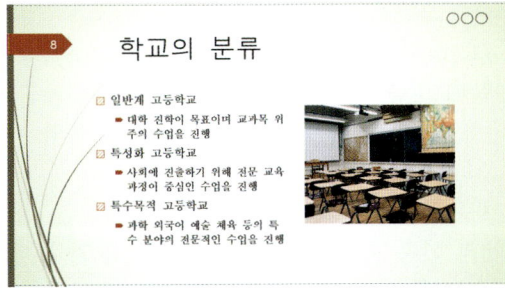 | 2. **슬라이드2 : 배점 1)번(5), 2)번(3), 3)번(10), 4)번(1), 5)번(3), 6)번(30)**<br>　1) 새 슬라이드를 '콘텐츠 2개' 슬라이드로 추가하시오.<br>　2) 제목은 '학교의 분류'로 입력하시오.<br>　　- 글꼴은 돋움체, 글꼴 크기는 50pt로 지정<br>　3) [보기 슬라이드]와 같이 내용을 첫째 수준과 둘째 수준으로 입력하시오.<br>　　〈입력 내용〉<br>　　일반계 고등학교<br>　　　대학 진학이 목표이며 교과목 위주의 수업을 진행<br>　　특성화 고등학교<br>　　　사회에 진출하기 위해 전문 교육과정이 중심인 수업을 진행<br>　　특수목적 고등학교<br>　　　과학 외국어 예술 체육 등의 특수 분야의 전문적인 수업을 진행<br>　　- 글꼴은 바탕체, 글꼴 크기는 첫째 수준은 22pt, 둘째 수준은 20pt, 글꼴효과는 굵게<br>　4) 입력한 내용의 줄 간격은 고정 27pt로 지정하시오.<br>　5) 글머리 기호 및 번호 매기기를 이용하여 입력한 내용의 첫째 수준 글머리 기호를 [보기 슬라이드]와 같이 작성하시오.<br>　　- 글머리 기호의 모양은 ▨, 크기는 85%로 지정<br>　6) [삽입] 메뉴의 [그림 파일]을 이용하여 주어진 '학교'의 이미지를 [보기 슬라이드]와 같이 문자열의 오른쪽에 삽입하시오.<br>　　- 그림의 크기는 너비 10cm, 높이 8cm로 지정 |

| [보기 슬라이드] | [처리사항] |
|---|---|
| 슬라이드3.<br>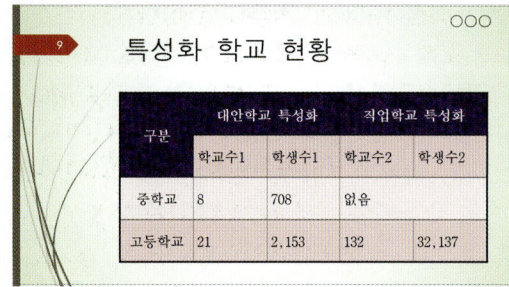<br><참고><br>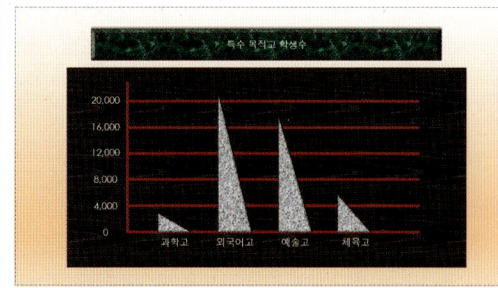 | 3. 슬라이드3 : 배점 1)번(5), 2)번(3), 3)번(30)<br>1) 새 슬라이드를 '제목 및 내용' 슬라이드로 추가하시오.<br>2) 제목은 '특성화 학교 현황'으로 입력하시오.<br>  - 글꼴은 돋움체, 글꼴 크기는 50pt로 지정<br>3) 4행 5열의 표를 작성하고, 아래의 조건대로 작성하시오. (반드시 표 형식이 유지되어야 함)<br>  - 아래 지정된 셀을 각각 셀 병합 지정<br>    1행 1열 ~ 2행 1열 셀 병합<br>    1행 2열 ~ 1행 3열 셀 병합<br>    1행 4열 ~ 1행 5열 셀 병합<br>    3행 4열 ~ 3행 5열 셀 병합<br>  - 표 전체에 [보기 슬라이드]와 같이 내용을 입력하고, 글꼴은 바탕체, 글꼴 크기는 26pt로 지정<br>  - 아래의 조건대로 셀 맞춤 지정<br>    표 전체 : [표 도구] - [레이아웃]메뉴 [맞춤] 그룹의 세로 가운데 맞춤<br>    1열 : [표 도구] - [레이아웃]메뉴 [맞춤] 그룹의 가운데 맞춤<br>    1행 : [표 도구] - [레이아웃]메뉴 [맞춤] 그룹의 가운데 맞춤<br>  - 1행의 채우기는 질감의 '자주 편물'로 지정<br>  - 표 전체의 안쪽 세로 테두리는 점선, 안쪽 가로 테두리와 바깥쪽 테두리는 실선으로 지정<br>  - 표 전체 바깥쪽 테두리는 3pt 실선으로 지정<br><br>4. 슬라이드4 : 배점 1)번(5), 2)번(54), 3)번(10)<br>1) 새 슬라이드를 '빈 화면' 슬라이드로 추가하시오.<br>2) 그리기 도구모음을 이용하여 아래 조건에 맞게 [보기 슬라이드]와 같이 작성하시오.<br>  - 빗면 도형을 1개 그리고, 면의 질감은 녹색 대리석으로 지정하고, 그림자는 '바깥쪽, 오프셋 위쪽'을 적용하고, '특수 목적고 학생수'를 입력<br>  - 직사각형 도형을 1개 그리고, 면의 질감은 월넛으로 지정<br>  - 선의 종류가 실선이고, 너비가 5pt인 선 7개 그리기<br>  - 직각삼각형 도형을 4개 그리고, 면의 질감은 화강암으로 지정하고, 3차원 서식으로 입체효과의 위쪽 '둥글게'를 적용<br>  - 가로 텍스트 상자를 10개 그리고, '20,000', '16,000', '12,000', '8,000', '4,000', '0', '과학고', '외국어고', '예술고', '체육고'를 각각 입력 |

| [보기 슬라이드] | [처리사항] |
|---|---|
| 슬라이드5.<br><br>프로그램 실행 | – 작성된 모든 도형은 [보기 슬라이드]와 같이 배열하고, 그룹으로 지정하고, 크기는 너비 27cm, 높이 16cm으로 지정<br>3) 슬라이드의 배경 서식에서 배경 그래픽 숨기기를 지정하고, 그라데이션 채우기의 그라데이션 미리 설정은 '밝은 그라데이션 – 강조2'로 지정<br><br>5. 슬라이드5 : 배점 1)번(5), 2)번(3), 3)번(16), 4)번(3)<br>1) 새 슬라이드를 '제목만' 슬라이드로 추가하시오.<br>2) 제목은 '프로그램 실행'으로 입력하시오.<br>  – 글꼴은 굴림체, 글꼴 크기는 50pt로 지정<br>3) 도형을 작성하여 실행설정을 지정하시오.<br>  – 그리기 도구모음의 '1/2액자' 도형을 그리고, 면의 질감은 모래로 지정하고, 너비 6cm, 높이 7cm로 작성<br>  – 작성된 '1/2액자' 도형은 3차원 서식으로 입체효과의 위쪽 '둥글게'와 깊이 36pt를 지정<br>  – 슬라이드 쇼 실행 시, 마우스를 '1/2액자' 도형 위에 놓았을 때 메모장 프로그램(NOTEPAD.EXE)이 실행되도록 실행설정을 지정<br>  – 실행설정이 지정된 '1/2액자' 도형을 복사하여 좌우대칭과 상하대칭 지정<br>  – 작성된 두 개의 '1/2액자' 도형을 그룹으로 지정<br>4) 슬라이드5를 숨기기로 지정하시오.<br><br>〈슬라이드 쇼 관련 기능 지정하기〉<br>배점 1번(8), 2번(10), 3번(9)<br>1. 아래 조건에 맞는 화면 전환을 지정하시오.<br>  – 화면 전환 효과는 '나누기'<br>  – 효과 옵션은 '가로로 펼치기'로 지정<br>  – 1분 10초 마다 자동으로만 전환되도록 지정<br>  – 모든 슬라이드에 지정<br>2. 아래 조건에 맞는 애니메이션을 지정하시오.<br>1) 슬라이드2번<br>  – 그림을 제외한 제목, 텍스트에 지정<br>  – 반드시 지정한 영역은 애니메이션을 이용하여 '나타내기'에 있는 '닦아내기'로 지정<br>  – 효과옵션은 '위에서'로 지정<br>    (단, 효과 중복 지정 시 감점처리)<br>  – 애니메이션 순서는 텍스트, 제목 순으로 지정 |

| [보기 슬라이드] | [처리사항] |
|---|---|
| 슬라이드 노트<br>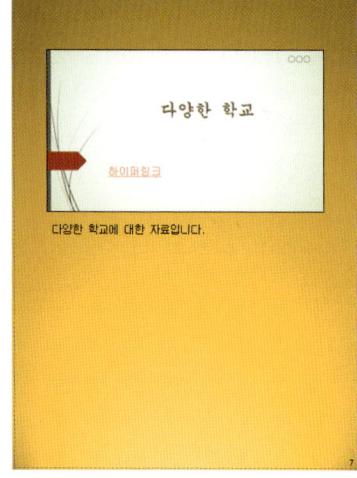<br><br>유인물 마스터<br> | 2) 슬라이드4번<br>　- 그룹으로 지정된 도형 전체에 지정<br>　- 반드시 지정한 영역은 애니메이션을 이용하여 '나타내기'에 있는 '시계 방향 회전'으로 지정<br>　 (단, 효과 중복 지정 시 감점처리)<br>3. 쇼 재구성 기능을 이용하여 아래 조건에 맞게 슬라이드 쇼 재구성을 2개 작성하시오.<br>　- 첫 번째 재구성되는 슬라이드 쇼 이름은 '프로그램 실행1'로 지정하고, 재구성 목록에 슬라이드1번과 슬라이드3번을 지정<br>　- 두 번째 재구성되는 슬라이드 쇼 이름은 '프로그램 실행2'로 지정하고, 재구성 목록에 슬라이드1번과 슬라이드2번, 슬라이드3번을 지정<br><br>〈슬라이드 노트와 유인물 편집하기〉<br>**배점 1번(15), 2번(15)**<br>1. [보기] 메뉴의 [슬라이드 노트]를 이용하여 아래와 같은 조건으로 작성하시오.<br>　1) 슬라이드1 노트<br>　- 입력 내용 : 다양한 학교에 대한 자료입니다.<br>　- 글꼴은 굴림체, 글꼴 크기는 16pt로 지정<br>　- 슬라이드 노트 배경에서 그라데이션 채우기의 그라데이션 미리 설정은 '아래쪽 스포트라이트 – 강조4'로 지정<br>2. [보기] 메뉴의 [유인물 마스터]를 이용하여 아래와 같은 조건으로 작성하시오.<br>　1) 유인물의 제목을 그리기 도구모음으로 작성하시오.<br>　- '타원' 도형을 유인물의 상단에 그리고, 도형의 질감은 코르크로 지정하고, '교육관련 자료'를 입력<br>　- '타원' 도형 크기는 너비 11cm, 높이 2cm로 지정<br>　- 글꼴은 궁서체, 글꼴 크기는 22pt, 글꼴효과는 텍스트 그림자 |

# 6회 실전 모의고사 – 정보문화지수

PowerPoint 2016

### ※ 답안 작성 시 주의사항

- 답안문서 파일명은 응시자의 이름으로 저장하십시오.
- 파워포인트의 기능들을 이용하여 [처리사항]대로 답안문서를 작성하십시오.
  ([보기 슬라이드]를 참고하시오.)
- 반드시 주어진 이미지 자료를 이용하여 답안문서를 작성하십시오.
  (주어진 이미지 자료 외 다른 자료 이용시 감점 처리됩니다.)
- 문제에서 지시한 슬라이드의 순서가 바뀌는 경우 감점요인이 됩니다.
- 슬라이드를 중복하여 작성한 경우, 불필요한 슬라이드를 추가로 작성한 경우 감점요인이 됩니다.
- 서로 다른 처리사항을 같은 위치에 작성한 경우 감점요인이 됩니다.
  (예) 슬라이드2의 텍스트 부분에 제목과 텍스트 내용까지 입력한 경우 등)
- 워드아트 또는 텍스트 상자 등을 처리사항에서 지시한 갯수 이상 여러 개 작성한 경우 감점요인이 됩니다.
- 문제에서 지시하지 않은 사항은 프로그램의 기본 설정 값으로 지정하십시오.
- 문제에서 별도의 지시사항이 없는 경우, 글자 입력은 텍스트 상자를 원칙으로 합니다.

### [제공 데이터]

주어진 이미지를 이용하여 답안문서를 작성하시오.
(**첨부파일보기** 클릭시 이미지 자료 페이지 열림)

〈디자인 서식 지정과 마스터 편집하기〉

**배점 1번(5), 2번(11), 3번(14)**

1. 전체 슬라이드의 디자인 테마는 모든 슬라이드에 '발전 테마'을 적용하시오.
2. 마스터 기능을 이용하여 슬라이드 상단 오른쪽에 '○○○'을 입력하시오.
   1) 발전 테마 슬라이드 마스터에 작성
   2) 텍스트 상자를 이용하여 '○○○'에는 응시자 본인의 이름을 입력
   3) 글꼴은 돋움체, 글꼴 크기는 27pt로 지정
3. 슬라이드 번호를 삽입하시오.
   1) 머리글/바닥글 기능을 이용하여 슬라이드 삽입시 자동으로 추가되게 지정
   2) 제목 슬라이드를 제외한 모든 슬라이드의 하단 오른쪽에 작성
   3) 글꼴 크기는 28pt로 지정
   4) 슬라이드 시작 번호는 8로 지정

| [보기 슬라이드] | [처리사항] |
|---|---|
| 슬라이드1.<br>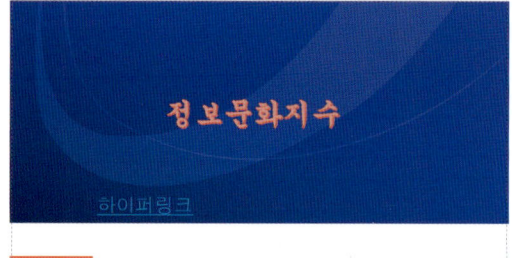<br><br>슬라이드2.<br>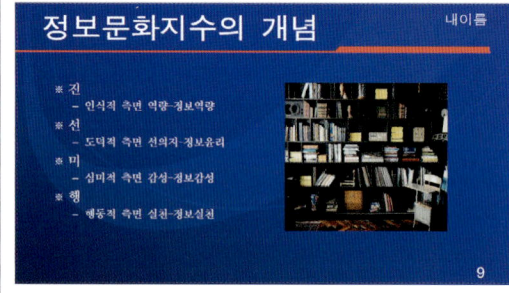 | 〈슬라이드 작성하기〉<br>1. 슬라이드1 : 배점 1)번(5), 2)번(15), 3)번(7)<br>　1) 슬라이드는 '제목' 슬라이드로 지정하시오.<br>　2) 워드아트를 이용하여 제목은 '정보문화지수'로 [보기 슬라이드]와 같이 작성하시오.<br>　　- WordArt는 '무늬채우기 - 빨강, 강조 1, 50%, 진한 그림자 - 강조1'로 지정<br>　　- 글꼴은 궁서체, 글꼴 크기는 56pt로 지정<br>　　- 워드아트의 크기는 너비 14cm, 높이 3cm로 지정<br>　3) [보기 슬라이드]와 같이 부제목에 '하이퍼링크'를 입력하고, e-Test 홈페이지를 하이퍼링크로 지정하시오.<br>　　(e-Test 홈페이지 : http://www.e-test.co.kr)<br>　　- 글꼴은 돋움체, 글꼴 크기는 37pt로 지정<br><br>2. 슬라이드2 : 배점 1)번(5), 2)번(3), 3)번(10), 4)번(1), 5)번(3), 6)번(30)<br>　1) 새 슬라이드를 '콘텐츠 2개' 슬라이드로 추가하시오.<br>　2) 제목은 '정보문화지수의 개념'으로 입력하시오.<br>　　- 글꼴은 돋움체, 글꼴 크기는 56pt로 지정<br>　3) [보기 슬라이드]와 같이 내용을 첫째 수준과 둘째 수준으로 입력하시오.<br>　　〈입력 내용〉<br>　　진<br>　　　인식적 측면 역량-정보역량<br>　　선<br>　　　도덕적 측면 선의지-정보윤리<br>　　미<br>　　　심미적 측면 감성-정보감성<br>　　행<br>　　　행동적 측면 실천-정보실천<br>　　- 글꼴은 바탕체, 글꼴효과는 굵게, 글꼴 크기는 첫째 수준은 25pt, 둘째 수준은 20pt<br>　4) 입력한 내용의 줄 간격은 고정 29pt로 지정하시오.<br>　5) 글머리 기호 및 번호 매기기를 이용하여 입력한 내용의 첫째 수준 글머리 기호를 [보기 슬라이드]와 같이 작성하시오.<br>　　- 글머리 기호의 모양은 ※, 크기는 85%로 지정<br>　6) [삽입] 메뉴의 [그림 파일]을 이용하여 주어진 '정보문화지수'의 이미지를 [보기 슬라이드]와 같이 문자열의 오른쪽에 삽입하시오.<br>　　- 그림의 크기는 너비 10cm, 높이 9cm로 지정 |

| [보기 슬라이드] | [처리사항] |
|---|---|
| 슬라이드3. | 3. 슬라이드3 : 배점 1)번(5), 2)번(3), 3)번(30)<br>1) 새 슬라이드를 '제목 및 내용' 슬라이드로 추가하시오.<br>2) 제목은 '정보문화지수의 분류'로 입력하시오.<br>  - 글꼴은 돋움체, 글꼴 크기는 56pt로 지정<br>3) 5행 4열의 표를 작성하고, 아래의 조건대로 작성하시오. (반드시 표 형식이 유지되어야 함)<br>  - 아래 지정된 셀을 각각 셀 병합 지정<br>    1행 1열 ~ 3행 1열 셀 병합<br>    1행 3열 ~ 3행 3열 셀 병합<br>    4행 1열 ~ 5행 1열 셀 병합<br>    4행 3열 ~ 5행 3열 셀 병합<br>  - 표 전체에 [보기 슬라이드]와 같이 내용을 입력하고, 글꼴은 바탕체, 글꼴 크기는 28pt로 지정<br>  - 아래의 조건대로 셀 맞춤 지정<br>    표 전체 : [표 도구] - [레이아웃]메뉴 [맞춤] 그룹의 세로 가운데 맞춤<br>    1열 : [표 도구] - [레이아웃]메뉴 [맞춤] 그룹의 가운데 맞춤<br>    3열 : [표 도구] - [레이아웃]메뉴 [맞춤] 그룹의 가운데 맞춤<br>  - 1행의 채우기는 질감의 '데님'으로 지정<br>  - 표 전체의 안쪽 가로 테두리는 점선, 안쪽 세로 테두리와 바깥쪽 테두리는 실선으로 지정<br>  - 표 전체 바깥쪽 테두리는 3pt 실선으로 지정 |
| 〈참고〉<br>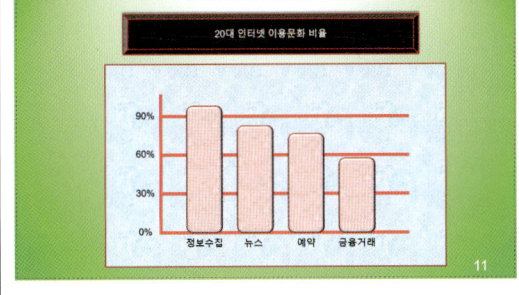 | |
| 슬라이드4. | 4. 슬라이드4 : 배점 1)번(5), 2)번(54), 3)번(10)<br>1) 새 슬라이드를 '빈 화면' 슬라이드로 추가하시오.<br>2) 그리기 도구모음을 이용하여 아래 조건에 맞게 [보기 슬라이드]와 같이 작성하시오.<br>  - 빗면 도형을 1개 그리고, 면의 질감은 월넛으로 지정하고, 그림자는 '바깥쪽, 오프셋 위쪽'을 적용하고, '20대 인터넷 이용문화 비율'을 입력<br>  - 직사각형 도형을 1개 그리고, 면의 질감은 파랑 박엽지로 지정<br>  - 선의 종류가 실선이고, 너비가 6pt인 선 5개 그리기<br>  - 모서리가 둥근 직사각형 도형 4개 그리고, 면의 질감은 분홍 박엽지로 지정하고, 3차원 서식으로 입체효과의 위쪽 '둥글게'를 적용<br>  - 가로 텍스트 상자를 8개 그리고, '90%', '60%', '30%', '0%', '정보수집', '뉴스', '예약', '금융거래'를 각각 입력 |

| [보기 슬라이드] | [처리사항] |
|---|---|
| 슬라이드5.<br><br>프로그램 실행 | – 작성된 모든 도형은 [보기 슬라이드]와 같이 배열하고, 그룹으로 지정하고, 크기는 너비 23cm, 높이 17cm로 지정<br>3) 슬라이드의 배경 서식에서 배경 그래픽 숨기기를 지정하고, 그라데이션 채우기의 그라데이션 미리 설정은 '위쪽 스포트라이트 – 강조6'으로 지정<br><br>5. 슬라이드5 : 배점 1)번(5), 2)번(3), 3)번(16), 4)번(3)<br>1) 새 슬라이드를 '제목만' 슬라이드로 추가하시오.<br>2) 제목은 '프로그램 실행'으로 입력하시오.<br>　– 글꼴은 굴림체, 글꼴 크기는 56pt로 지정<br>3) 도형을 작성하여 실행설정을 지정하시오.<br>　– 그리기 도구모음의 '번개' 도형을 그리고, 면의 질감은 꽃다발로 지정하고, 너비 6cm, 높이 7cm로 작성<br>　– 작성된 '번개' 도형은 3차원 서식으로 입체효과의 위쪽 '둥글게'와 깊이 36pt를 지정<br>　– 슬라이드 쇼 실행 시, 마우스를 '번개' 도형 위에 놓았을 때 메모장 프로그램(NOTEPAD.EXE)이 실행되도록 실행설정을 지정<br>　– 실행설정이 지정된 '번개' 도형을 복사하여 좌우 대칭 지정<br>　– 작성된 두 개의 '번개' 도형을 그룹으로 지정<br>4) 슬라이드5를 숨기기로 지정하시오.<br><br>〈슬라이드 쇼 관련 기능 지정하기〉<br>배점 1번(8), 2번(10), 3번(9)<br>1. 아래 조건에 맞는 화면 전환을 지정하시오.<br>　– 화면 전환 효과는 '나누기'<br>　– 효과 옵션은 '세로 바깥쪽으로'로 지정<br>　– 55초 마다 자동으로만 전환되도록 지정<br>　– 모든 슬라이드에 지정<br>2. 아래 조건에 맞는 애니메이션을 지정하시오.<br>1) 슬라이드2번<br>　– 그림을 제외한 제목, 텍스트에 지정<br>　– 반드시 지정한 영역은 애니메이션을 이용하여 '나타내기'에 있는 '날아오기'로 지정<br>　– 효과옵션은 '아래에서'로 지정<br>　　(단, 효과 중복 지정 시 감점처리)<br>　– 애니메이션 순서는 제목, 텍스트 순으로 지정 |

| [보기 슬라이드] | [처리사항] |
|---|---|
| 슬라이드 노트<br><br>유인물 마스터<br> | 2) 슬라이드4번<br>　- 그룹으로 지정된 도형 전체에 지정<br>　- 반드시 지정한 영역은 애니메이션을 이용하여 '나타내기'에 있는 '부메랑'으로 지정<br>　　(단, 효과 중복 지정 시 감점처리)<br>3. 쇼 재구성 기능을 이용하여 아래 조건에 맞게 슬라이드 쇼 재구성을 2개 작성하시오.<br>　- 첫 번째 재구성되는 슬라이드 쇼 이름은 '프로그램실행1'로 지정하고, 재구성 목록에 슬라이드1번과 슬라이드4번을 지정<br>　- 두 번째 재구성되는 슬라이드 쇼 이름은 '프로그램실행2'로 지정하고, 재구성 목록에 슬라이드1번과 슬라이드4번, 슬라이드5번을 지정<br><br>〈슬라이드 노트와 유인물 편집하기〉<br>**배점 1번(15), 2번(15)**<br>1. [보기] 메뉴의 [슬라이드 노트]를 이용하여 아래와 같은 조건으로 작성하시오.<br>　1) 슬라이드1 노트<br>　　- 입력 내용 : 정보문화지수에 대한 자료입니다.<br>　　- 글꼴은 바탕체, 글꼴 크기는 16pt로 지정<br>　　- 슬라이드 노트 배경에서 그라데이션 채우기의 그라데이션 미리 설정은 '밝은그라데이션 – 강조1'로 지정<br>2. [보기] 메뉴의 [유인물 마스터]를 이용하여 아래와 같은 조건으로 작성하시오.<br>　1) 유인물의 제목을 그리기 도구모음으로 작성하시오.<br>　　- '한쪽 모서리가 잘린 사각형' 도형을 유인물의 상단에 그리고, 도형의 질감은 밤색 대리석으로 지정하고, '정보문화지수 자료'를 입력<br>　　- '한쪽 모서리가 잘린 사각형' 도형 크기는 너비 11cm, 높이 2cm로 지정<br>　　- 글꼴은 궁서체, 글꼴 크기는 22pt, 글꼴효과는 기울임꼴 |

# 실전 모의고사 - 여가활동

PowerPoint 2016

### ※ 답안 작성 시 주의사항

- 답안문서 파일명은 응시자의 이름으로 저장하십시오.
- 파워포인트의 기능들을 이용하여 [처리사항]대로 답안문서를 작성하십시오.
  ([보기 슬라이드]를 참고하시오.)
- 반드시 주어진 이미지 자료를 이용하여 답안문서를 작성하십시오.
  (주어진 이미지 자료 외 다른 자료 이용시 감점 처리됩니다.)
- 문제에서 지시한 슬라이드의 순서가 바뀌는 경우 감점요인이 됩니다.
- 슬라이드를 중복하여 작성한 경우, 불필요한 슬라이드를 추가로 작성한 경우 감점요인이 됩니다.
- 서로 다른 처리사항을 같은 위치에 작성한 경우 감점요인이 됩니다.
  (예) 슬라이드2의 텍스트 부분에 제목과 텍스트 내용까지 입력한 경우 등)
- 워드아트 또는 텍스트 상자 등을 처리사항에서 지시한 갯수 이상 여러 개 작성한 경우 감점요인이 됩니다.
- 문제에서 지시하지 않은 사항은 프로그램의 기본 설정 값으로 지정하십시오.
- 문제에서 별도의 지시사항이 없는 경우, 글자 입력은 텍스트 상자를 원칙으로 합니다.

## [제공 데이터]

주어진 이미지를 이용하여 답안문서를 작성하시오.
(**첨부파일보기** 클릭시 이미지 자료 페이지 열림)

〈디자인 서식 지정과 마스터 편집하기〉
**배점 1번(5), 2번(11), 3번(14)**

1. 전체 슬라이드의 디자인 테마는 모든 슬라이드에 '어린이 테마'을 적용하시오.
2. 마스터 기능을 이용하여 슬라이드 상단 왼쪽에 'ㅇㅇㅇ'을 입력하시오.
   1) 어린이 테마(New Education01) 슬라이드 마스터에 작성
   2) 텍스트 상자를 이용하여 'ㅇㅇㅇ'에는 응시자 본인의 이름을 입력
   3) 글꼴은 궁서체, 글꼴 크기는 30pt로 지정
3. 슬라이드 번호를 삽입하시오.
   1) 머리글/바닥글 기능을 이용하여 슬라이드 삽입시 자동으로 추가되게 지정
   2) 제목 슬라이드를 제외한 모든 슬라이드의 하단 가운데에 작성
   3) 글꼴 크기는 26pt로 지정
   4) 슬라이드 시작 번호는 0로 지정

| [보기 슬라이드] | [처리사항] |
|---|---|
| 슬라이드1.<br><br><br>슬라이드2.<br>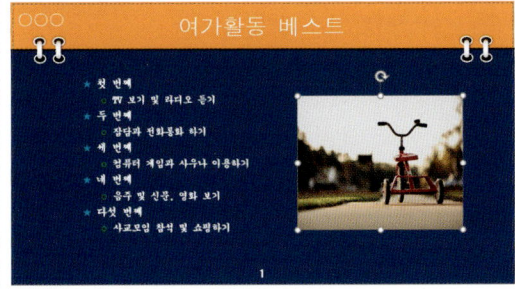 | 〈슬라이드 작성하기〉<br>1. 슬라이드1 : 배점 1)번(5), 2)번(15), 3)번(7)<br> 1) 슬라이드는 '제목' 슬라이드로 지정하시오.<br> 2) 워드아트를 이용하여 제목은 '여가활동'으로 [보기 슬라이드]와 같이 작성하시오.<br>  - WordArt는 '채우기 - 다홍, 강조 4, 부드러운 입체'로 지정<br>  - 글꼴은 굴림체, 글꼴 크기는 58pt로 지정<br>  - 워드아트의 크기는 너비 10cm, 높이 3cm로 지정<br> 3) [보기 슬라이드]와 같이 부제목에 '하이퍼링크'를 입력하고, e-Test 홈페이지를 하이퍼링크로 지정하시오.<br>   (e-Test 홈페이지 : http://www.e-test.co.kr)<br>  - 글꼴은 바탕체, 글꼴 크기는 35pt로 지정<br><br>2. 슬라이드2 : 배점 1)번(5), 2)번(3), 3)번(10), 4)번(1), 5)번(3), 6)번(30)<br> 1) 새 슬라이드를 '콘텐츠 2개' 슬라이드로 추가하시오.<br> 2) 제목은 '여가활동 베스트'로 입력하시오.<br>  - 글꼴은 돋움체, 글꼴 크기는 42pt로 지정<br> 3) [보기 슬라이드]와 같이 내용을 첫째 수준과 둘째 수준으로 입력하시오.<br>   〈입력 내용〉<br>   첫 번째<br>    TV 보기 및 라디오 듣기<br>   두 번째<br>    잡담과 전화통화 하기<br>   세 번째<br>    컴퓨터 게임과 사우나 이용하기<br>   네 번째<br>    음주 및 신문, 영화 보기<br>   다섯 번째<br>    사교모임 참석 및 쇼핑하기<br>  - 글꼴은 궁서체, 글꼴효과는 굵게, 글꼴 크기는 첫째 수준은 20pt, 둘째 수준은 18pt<br> 4) 입력한 내용의 줄 간격은 고정 26pt로 지정하시오.<br> 5) 글머리 기호 및 번호 매기기를 이용하여 입력한 내용의 첫째 수준 글머리 기호를 [보기 슬라이드]와 같이 작성하시오.<br>  - 글머리 기호의 모양은 ★, 크기는 90%로 지정<br> 6) [삽입] 메뉴의 [그림 파일]을 이용하여 주어진 '여가활동'의 이미지를 [보기 슬라이드]와 같이 문자열의 오른쪽에 삽입하시오.<br>  - 그림의 크기는 너비 11cm, 높이 9cm로 지정 |

| [보기 슬라이드] | [처리사항] |
|---|---|
| 슬라이드3.<br>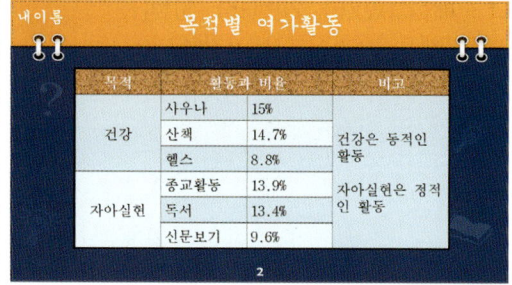<br><br>〈참고〉<br>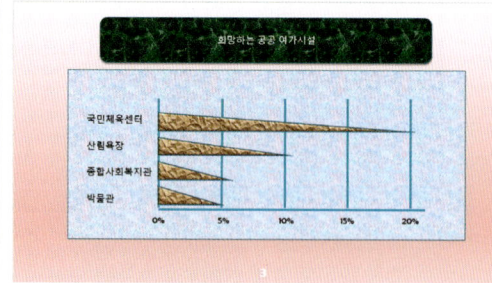 | 3. 슬라이드3 : 배점 1)번(5), 2)번(3), 3)번(30)<br>1) 새 슬라이드를 '제목 및 내용' 슬라이드로 추가하시오.<br>2) 제목은 '목적별 여가활동'으로 입력하시오.<br>  - 글꼴은 궁서체, 글꼴 크기는 42pt로 지정<br>3) 7행 4열의 표를 작성하고, 아래의 조건대로 작성하시오. (반드시 표 형식이 유지되어야 함)<br>  - 아래 지정된 셀을 각각 셀 병합 지정<br>    1행 2열 ~ 1행 3열 셀 병합<br>    2행 1열 ~ 4행 1열 셀 병합<br>    5행 1열 ~ 7행 1열 셀 병합<br>    2행 4열 ~ 7행 4열 셀 병합<br>  - 표 전체에 [보기 슬라이드]와 같이 내용을 입력하고, 글꼴은 바탕체, 글꼴 크기는 27pt로 지정<br>  - 아래의 조건대로 셀 맞춤 지정<br>    표 전체 : [표 도구] - [레이아웃]메뉴 [맞춤] 그룹의 세로 가운데 맞춤<br>    1행 : [표 도구] - [레이아웃]메뉴 [맞춤] 그룹의 가운데 맞춤<br>    1열 : [표 도구] - [레이아웃]메뉴 [맞춤] 그룹의 가운데 맞춤<br>  - 1행의 채우기는 질감의 '코르크'로 지정<br>  - 표 전체의 안쪽 세로 테두리는 점선, 안쪽 가로 테두리와 바깥쪽 테두리는 실선으로 지정<br>  - 표 전체 바깥쪽 테두리는 3pt 실선으로 지정 |
| 슬라이드4. | 4. 슬라이드4 : 배점 1)번(5), 2)번(54), 3)번(10)<br>1) 새 슬라이드를 '빈 화면' 슬라이드로 추가하시오.<br>2) 그리기 도구모음을 이용하여 아래 조건에 맞게 [보기 슬라이드]와 같이 작성하시오.<br>  - 모서리가 둥근 직사각형 도형을 1개 그리고, 면의 질감은 녹색 대리석으로 지정하고, 그림자는 '바깥쪽, 오프셋 아래쪽'을 적용하고, '희망하는 공공 여가시설'을 입력<br>  - 직사각형 도형을 1개 그리고, 면의 질감은 꽃다발로 지정<br>  - 선의 종류가 실선이고, 너비가 4pt인 선 6개 그리기<br>  - 직각 삼각형 도형을 4개 그리고, 면의 질감은 종이가방으로 지정하고, 3차원 서식으로 입체효과의 위쪽 '둥글게'를 적용<br>  - 가로 텍스트 상자를 9개 그리고, '국민체육센터', '삼림욕장', '종합사회복지관', '박물관', '0%', '5%', '10%', '15%', '20%'를 각각 입력 |

| [보기 슬라이드] | [처리사항] |
|---|---|
| 슬라이드5. | - 작성된 모든 도형은 [보기 슬라이드]와 같이 배열하고, 그룹으로 지정하고, 크기는 너비 27cm, 높이 15cm로 지정<br>3) 슬라이드의 배경 서식에서 배경 그래픽 숨기기를 지정하고, 그라데이션 채우기의 그라데이션 미리 설정은 '밝은그라데이션 – 강조4'로 지정<br><br>**5. 슬라이드5 : 배점 1)번(5), 2)번(3), 3)번(16), 4)번(3)**<br>1) 새 슬라이드를 '제목만' 슬라이드로 추가하시오.<br>2) 제목은 '프로그램 실행'으로 입력하시오.<br>  - 글꼴은 돋움체, 글꼴 크기는 46pt로 지정<br>3) 도형을 작성하여 실행설정을 지정하시오.<br>  - 그리기 도구모음의 'L도형' 도형을 그리고, 면의 질감은 꽃다발로 지정하고, 너비 7cm, 높이 8cm로 작성<br>  - 작성된 'L도형' 도형은 3차원 서식으로 입체효과의 위쪽 '둥글게'와 깊이 36pt를 지정<br>  - 슬라이드 쇼 실행 시, 마우스를 'L도형' 도형 위에 놓았을 때 메모장 프로그램(NOTEPAD.EXE)이 실행되도록 실행설정을 지정<br>  - 실행설정이 지정된 'L도형' 도형을 복사하여 상하 대칭, 좌우 대칭 지정<br>  - 작성된 두 개의 'L도형' 도형을 그룹으로 지정<br>4) 슬라이드5를 숨기기로 지정하시오.<br><br>〈슬라이드 쇼 관련 기능 지정하기〉<br>**배점 1번(8), 2번(10), 3번(9)**<br>1. 아래 조건에 맞는 화면 전환을 지정하시오.<br> - 화면 전환 효과는 '덮기'<br> - 효과 옵션은 '오른쪽에서'로 지정<br> - 1분 5초 마다 자동으로만 전환되도록 지정<br> - 모든 슬라이드에 지정<br>2. 아래 조건에 맞는 애니메이션을 지정하시오.<br> 1) 슬라이드2번<br>  - 그림을 제외한 제목, 텍스트에 지정<br>  - 반드시 지정한 영역은 애니메이션을 이용하여 '나타내기'에 있는 '휘돌아 나타내기'로 지정<br>    (단, 효과 중복 지정 시 감점처리)<br>  - 애니메이션 순서는 제목, 텍스트 순으로 지정 |

| [보기 슬라이드] | [처리사항] |
|---|---|
| 슬라이드 노트<br />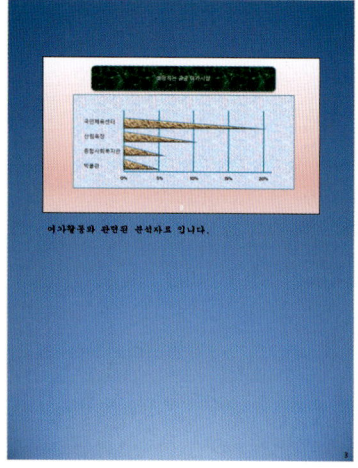<br /><br />유인물 마스터<br /> | 2) 슬라이드4번<br>　- 그룹으로 지정된 도형 전체에 지정<br>　- 반드시 지정한 영역은 애니메이션을 이용하여 '나타내기'에 있는 '바운드'로 지정(단, 효과 중복 지정 시 감점처리)<br>3. 쇼 재구성 기능을 이용하여 아래 조건에 맞게 슬라이드 쇼 재구성을 2개 작성하시오.<br>　- 첫 번째 재구성되는 슬라이드 쇼 이름은 '프로그램실행1'로 지정하고, 재구성 목록에 슬라이드1번과 슬라이드4번을 지정<br>　- 두 번째 재구성되는 슬라이드 쇼 이름은 '프로그램실행2'로 지정하고, 재구성 목록에 슬라이드1번과 슬라이드4번, 슬라이드5번을 지정<br><br>〈슬라이드 노트와 유인물 편집하기〉<br>**배점 1번(15), 2번(15)**<br>1. [보기] 메뉴의 [슬라이드 노트]를 이용하여 아래와 같은 조건으로 작성하시오.<br>　1) 슬라이드4 노트<br>　- 입력 내용 : 여가활동과 관련된 분석자료 입니다.<br>　- 글꼴은 궁서체, 글꼴 크기는 15pt로 지정<br>　- 슬라이드 노트 배경에서 그라데이션 채우기의 그라데이션 미리 설정은 '아래쪽 스포트라이트 – 강조1'로 지정<br>2. [보기] 메뉴의 [유인물 마스터]를 이용하여 아래와 같은 조건으로 작성하시오.<br>　1) 유인물의 제목을 그리기 도구모음으로 작성하시오.<br>　- '빗면' 도형을 유인물의 상단에 그리고, 도형의 질감은 녹색 대리석으로 지정하고, '여가활동 관련 자료'를 입력<br>　- '빗면' 도형 크기는 너비 10cm, 높이 1.7cm로 지정<br>　- 글꼴은 돋움체, 글꼴 크기는 22pt, 글꼴효과는 텍스트 그림자 |

# 실전 모의고사 – 여행가기

PowerPoint 2016

> ※ **답안 작성 시 주의사항**
> - 답안문서 파일명은 응시자의 이름으로 저장하십시오.
> - 파워포인트의 기능들을 이용하여 [처리사항]대로 답안문서를 작성하십시오.
> - 반드시 주어진 이미지 자료를 이용하여 답안문서를 작성하십시오.
>   (주어진 이미지 자료 외 다른 자료 이용시 감점 처리됩니다.)
> - 문제에서 지시한 슬라이드의 순서가 바뀌는 경우 감점요인이 됩니다.
> - 슬라이드를 중복하여 작성한 경우, 불필요한 슬라이드를 추가로 작성한 경우 감점요인이 됩니다.
> - 서로 다른 처리사항을 같은 위치에 작성한 경우 감점요인이 됩니다.
>   (예) 슬라이드2의 텍스트 부분에 제목과 텍스트 내용까지 입력한 경우 등)
> - 워드아트 또는 텍스트 상자 등을 처리사항에서 지시한 갯수 이상 여러 개 작성한 경우 감점요인이 됩니다.
> - 문제에서 지시하지 않은 사항은 프로그램의 기본 설정 값으로 지정하십시오.
> - 문제에서 별도의 지시사항이 없는 경우, 글자 입력은 텍스트 상자를 원칙으로 합니다.

## [제공 데이터]

주어진 이미지를 이용하여 답안문서를 작성하시오.
(**첨부파일보기** 클릭시 이미지 자료 페이지 열림)

〈디자인 서식 지정과 마스터 편집하기〉
**배점 1번(5), 2번(11), 3번(14)**

1. 전체 슬라이드의 디자인 테마는 모든 슬라이드에 '배지'를 적용하시오.
2. 마스터 기능을 이용하여 슬라이드 상단 오른쪽에 'ㅇㅇㅇ'을 입력하시오.
    1) 배지 슬라이드 마스터에 작성
    2) 텍스트 상자를 이용하여 'ㅇㅇㅇ'에는 응시자 본인의 이름을 입력
    3) 글꼴은 궁서체, 글꼴 크기는 30pt로 지정
3. 슬라이드 번호를 삽입하시오.
    1) 머리글/바닥글 기능을 이용하여 슬라이드 삽입시 자동으로 추가되게 지정
    2) 모든 슬라이드의 하단 오른쪽에 작성
    3) 글꼴 크기는 18pt로 지정
    4) 슬라이드 시작 번호는 6으로 지정

| [보기 슬라이드] | [처리사항] |
|---|---|
| 슬라이드1.<br><br><br>슬라이드2.<br>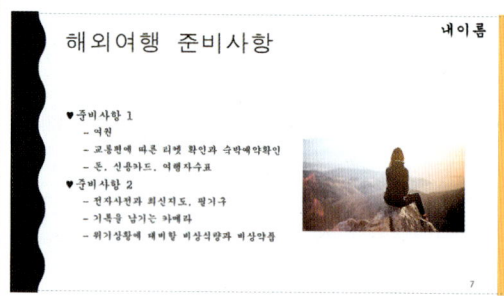 | 〈슬라이드 작성하기〉<br>1. 슬라이드1 : 배점 1)번(5), 2)번(15), 3)번(7)<br>　1) 슬라이드는 '제목' 슬라이드로 지정하시오.<br>　2) 워드아트를 이용하여 제목은 '여행가기'으로 [보기 슬라이드]와 같이 작성하시오.<br>　　- WordArt는 '채우기 - 황록색, 강조 2, 윤곽선 - 강조2'로 지정<br>　　- 글꼴은 굴림체, 글꼴 크기는 55pt로 지정<br>　　- 워드아트의 크기는 너비 9cm, 높이 2.7cm로 지정<br>　3) [보기 슬라이드]와 같이 부제목에 '하이퍼링크'를 입력하고, e-Test 홈페이지를 하이퍼링크로 지정하시오.<br>　　(e-Test 홈페이지 : http://www.e-test.co.kr)<br>　　- 글꼴은 바탕체, 글꼴 크기는 35pt로 지정<br><br>2. 슬라이드2 : 배점 1)번(5), 2)번(3), 3)번(10), 4)번(1), 5)번(3), 6)번(30)<br>　1) 새 슬라이드를 '콘텐츠 2개' 슬라이드로 추가하시오.<br>　2) 제목은 '해외여행 준비사항'으로 입력하시오.<br>　　- 글꼴은 돋움체, 글꼴 크기는 45pt로 지정<br>　3) [보기 슬라이드]와 같이 내용을 첫째 수준과 둘째 수준으로 입력하시오.<br>　　〈입력 내용〉<br>　　준비사항 1<br>　　　여권<br>　　　교통편에 따른 티켓 확인과 숙박예약확인<br>　　　돈, 신용카드, 여행자수표<br>　　준비사항 2<br>　　　전자사전과 최신지도, 필기구<br>　　　기록을 남기는 카메라<br>　　　위기상황에 대비할 비상식량과 비상약품<br>　　- 글꼴은 궁서체, 글꼴효과는 굵게, 글꼴 크기는 첫째 수준은 22pt, 둘째 수준은 19pt<br>　4) 입력한 내용의 줄 간격은 고정 26pt로 지정하시오.<br>　5) 글머리 기호 및 번호 매기기를 이용하여 입력한 내용의 첫째 수준 글머리 기호를 [보기 슬라이드]와 같이 작성하시오.<br>　　- 글머리 기호의 모양은 ♥, 크기는 90%로 지정<br>　6) [삽입] 메뉴의 [그림 파일]을 이용하여 주어진 '여행가기'의 이미지를 [보기 슬라이드]와 같이 문자열의 오른쪽에 삽입하시오.<br>　　- 그림의 크기는 너비 11cm, 높이 8cm로 지정 |

| [보기 슬라이드] | [처리사항] |
|---|---|
| 슬라이드3.<br>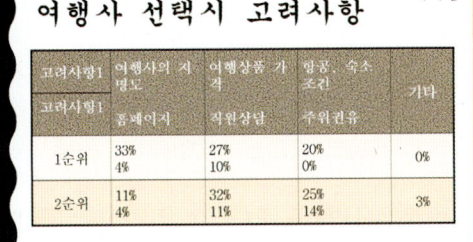<br><참고><br><br>| 고려사항1<br>고려사항1 | 여행사의 지명도<br>홈페이지 | 여행상품 가격<br>직원상담 | 항공, 숙소 조건<br>주위권유 | 기타 |<br>|---|---|---|---|---|<br>| 1순위 | 33%<br>4% | 27%<br>10% | 20%<br>0% | 0% |<br>| 2순위 | 11%<br>4% | 32%<br>11% | 25%<br>14% | 3% |<br><br>슬라이드4.<br>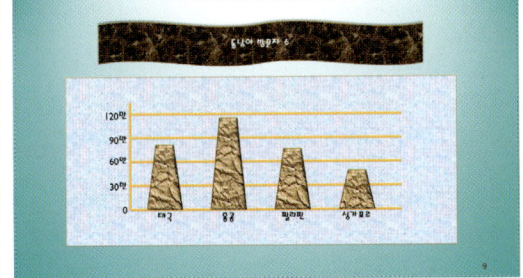 | 3. 슬라이드3 : 배점 1)번(5), 2)번(3), 3)번(30)<br>  1) 새 슬라이드를 '제목 및 내용' 슬라이드로 추가하시오.<br>  2) 제목은 '여행사 선택시 고려사항'으로 입력하시오.<br>    - 글꼴은 궁서체, 글꼴 크기는 55pt로 지정<br>  3) 4행 5열의 표를 작성하고, 아래의 조건대로 작성하시오. (반드시 표 형식이 유지되어야 함)<br>    - 아래 지정된 셀을 각각 셀 병합 지정<br>      1행 2열 ~ 2행 2열 셀 병합<br>      1행 3열 ~ 2행 3열 셀 병합<br>      1행 4열 ~ 2행 4열 셀 병합<br>      1행 5열 ~ 2행 5열 셀 병합<br>    - 표 전체에 [보기 슬라이드]와 같이 내용을 입력하고, 글꼴은 바탕체, 글꼴 크기는 27pt로 지정<br>    - 아래의 조건대로 셀 맞춤 지정<br>      표 전체 : [표 도구] - [레이아웃]메뉴 [맞춤] 그룹의 세로 가운데 맞춤<br>      1열 : [표 도구] - [레이아웃]메뉴 [맞춤] 그룹의 가운데 맞춤<br>      5열 : [표 도구] - [레이아웃]메뉴 [맞춤] 그룹의 가운데 맞춤<br>    - 1행, 2행의 채우기는 질감의 '모래'로 지정<br>    - 표 전체의 안쪽 세로 테두리는 점선, 안쪽 가로 테두리와 바깥쪽 테두리는 실선으로 지정<br>    - 표 전체 바깥쪽 테두리는 3pt 실선으로 지정<br><br>4. 슬라이드4 : 배점 1)번(5), 2)번(54), 3)번(10)<br>  1) 새 슬라이드를 '빈 화면' 슬라이드로 추가하시오.<br>  2) 그리기 도구모음을 이용하여 아래 조건에 맞게 [보기 슬라이드]와 같이 작성하시오.<br>    - 이중 물결 도형을 1개 그리고, 면의 질감은 밤색 대리석으로 지정하고, 그림자는 '바깥쪽, 오프셋 대각선 오른쪽 아래'를 적용하고, '동남아 방문자 수'을 입력<br>    - 직사각형 도형을 1개 그리고, 면의 질감은 꽃다발로 지정<br>    - 선의 종류가 실선이고, 너비가 5pt인 선 6개 그리기<br>    - 사다리꼴 도형을 4개 그리고, 면의 질감은 종이가방으로 지정하고, 3차원 서식으로 입체효과의 위쪽 '둥글게'를 적용<br>    - 가로 텍스트 상자를 9개 그리고, '120만', '90만', '60만', '30만', '0', '태국', '홍콩', '필리핀', '싱가포르'를 각각 입력 |

| [보기 슬라이드] | [처리사항] |
|---|---|
| 슬라이드5.<br>프로그램 실행 | - 작성된 모든 도형은 [보기 슬라이드]와 같이 배열하고, 그룹으로 지정하고, 크기는 너비 26cm, 높이 15cm로 지정<br>3) 슬라이드의 배경 서식에서 배경 그래픽 숨기기를 지정하고, 그라데이션 채우기의 그라데이션 미리 설정은 '위쪽 스포트라이트 – 강조3'으로 지정<br><br>5. 슬라이드5 : 배점 1)번(5), 2)번(3), 3)번(16), 4)번(3)<br>1) 새 슬라이드를 '제목만' 슬라이드로 추가하시오.<br>2) 제목은 '프로그램 실행'으로 입력하시오.<br>  - 글꼴은 돋움체, 글꼴 크기는 56pt로 지정<br>3) 도형을 작성하여 실행설정을 지정하시오.<br>  - 그리기 도구모음의 '갈매기형 수장' 도형을 그리고, 면의 질감은 녹색 대리석으로 지정하고, 너비6cm, 높이 7cm로 작성<br>  - 작성된 '갈매기형 수장' 도형은 3차원 서식으로 입체효과의 위쪽 '둥글게'와 깊이 48pt를 지정<br>  - 슬라이드 쇼 실행 시, 마우스를 '갈매기형 수장' 도형 위에 놓았을 때 메모장 프로그램(NOTEPAD.EXE)이 실행되도록 실행설정을 지정<br>  - 실행설정이 지정된 '갈매기형 수장' 도형을 복사하여 좌우 대칭 지정<br>  - 작성된 두 개의 '갈매기형 수장' 도형을 그룹으로 지정<br>4) 슬라이드5를 숨기기로 지정하시오.<br><br>〈슬라이드 쇼 관련 기능 지정하기〉<br>**배점 1번(8), 2번(10), 3번(9)**<br>1. 아래 조건에 맞는 화면 전환을 지정하시오.<br>  - 화면 전환 효과는 '넘어지기'<br>  - 효과 옵션은 '왼쪽으로'로 지정<br>  - 1분 10초 마다 자동으로만 전환되도록 지정<br>  - 모든 슬라이드에 지정<br>2. 아래 조건에 맞는 애니메이션을 지정하시오.<br>  1) 슬라이드2번<br>    - 그림을 제외한 제목, 텍스트에 지정<br>    - 반드시 지정한 영역은 애니메이션을 이용하여 '나타내기'에 있는 '실선무늬'로 지정<br>      효과 옵션은 '가로'로 지정<br>      (단, 효과 중복 지정 시 감점처리)<br>    - 애니메이션 순서는 제목, 텍스트 순으로 지정 |

| [보기 슬라이드] | [처리사항] |
|---|---|
| 슬라이드 노트<br><br>유인물 마스터<br> | 2) 슬라이드4번<br>  - 그룹으로 지정된 도형 전체에 지정<br>  - 반드시 지정한 영역은 애니메이션을 이용하여 '나타내기'에 있는 '바람개비'로 지정(단, 효과 중복 지정 시 감점처리)<br>3. 쇼 재구성 기능을 이용하여 아래 조건에 맞게 슬라이드 쇼 재구성을 2개 작성하시오.<br>  - 첫 번째 재구성되는 슬라이드 쇼 이름은 '프로그램실행1'로 지정하고, 재구성 목록에 슬라이드1번과 슬라이드4번을 지정<br>  - 두 번째 재구성되는 슬라이드 쇼 이름은 '프로그램실행2'로 지정하고, 재구성 목록에 슬라이드1번과 슬라이드4번, 슬라이드5번을 지정<br><br>〈슬라이드 노트와 유인물 편집하기〉<br>**배점 1번(15), 2번(15)**<br>1. [보기] 메뉴의 [슬라이드 노트]를 이용하여 아래와 같은 조건으로 작성하시오.<br> 1) 슬라이드2 노트<br>  - 입력 내용 : 해외여행과 관련된 준비사항입니다.<br>  - 글꼴은 굴림체, 글꼴 크기는 15pt로 지정<br>  - 슬라이드 노트 배경에서 그라데이션 채우기의 그라데이션 미리 설정은 '위쪽스포트라이트 – 강조1'로 지정<br>2. [보기] 메뉴의 [유인물 마스터]를 이용하여 아래와 같은 조건으로 작성하시오.<br> 1) 유인물의 제목을 그리기 도구모음으로 작성하시오.<br>  - '오각형' 도형을 유인물의 상단에 그리고, 도형의 질감은 자주 편물로 지정하고, '여행 자료'를 입력<br>  - '오각형' 도형 크기는 너비 10cm, 높이 1.7cm로 지정<br>  - 글꼴은 돋움체, 글꼴 크기는 22pt, 글꼴효과는 굵게 |

# 실전 모의고사 – 4차 산업혁명

PowerPoint 2016

### ※ 답안 작성 시 주의사항
- 답안문서 파일명은 응시자의 이름으로 저장하십시오.
- 파워포인트의 기능들을 이용하여 [처리사항]대로 답안문서를 작성하십시오.
  ([보기 슬라이드]를 참고하시오.)
- 반드시 주어진 이미지 자료를 이용하여 답안문서를 작성하십시오.
  (주어진 이미지 자료 외 다른 자료 이용시 감점 처리됩니다.)
- 문제에서 지시한 슬라이드의 순서가 바뀌는 경우 감점요인이 됩니다.
- 슬라이드를 중복하여 작성한 경우, 불필요한 슬라이드를 추가로 작성한 경우 감점요인이 됩니다.
- 서로 다른 처리사항을 같은 위치에 작성한 경우 감점요인이 됩니다.
  (예) 슬라이드2의 텍스트 부분에 제목과 텍스트 내용까지 입력한 경우 등)
- 워드아트 또는 텍스트 상자 등을 처리사항에서 지시한 갯수 이상 여러 개 작성한 경우 감점요인이 됩니다.
- 문제에서 지시하지 않은 사항은 프로그램의 기본 설정 값으로 지정하십시오.
- 문제에서 별도의 지시사항이 없는 경우, 글자 입력은 텍스트 상자를 원칙으로 합니다.

### [제공 데이터]
주어진 이미지를 이용하여 답안문서를 작성하시오.
(**첨부파일보기** 클릭시 이미지 자료 페이지 열림)

〈디자인 서식 지정과 마스터 편집하기〉
**배점 1번(5), 2번(11), 3번(14)**
1. 전체 슬라이드의 디자인 테마는 모든 슬라이드에 '비누'를 적용하시오.
2. 마스터 기능을 이용하여 슬라이드 상단 왼쪽에 'ㅇㅇㅇ'을 입력하시오.
   1) 비누 슬라이드 마스터에 작성
   2) 텍스트 상자를 이용하여 'ㅇㅇㅇ'에는 응시자 본인의 이름을 입력
   3) 글꼴은 궁서체, 글꼴 크기는 30pt로 지정
3. 슬라이드 번호를 삽입하시오.
   1) 머리글/바닥글 기능을 이용하여 슬라이드 삽입시 자동으로 추가되게 지정
   2) 모든 슬라이드의 하단 오른쪽에 작성
   3) 글꼴 크기는 20pt로 지정
   4) 슬라이드 시작 번호는 9로 지정

| [보기 슬라이드] | [처리사항] |
|---|---|
| 슬라이드1.<br><br><br>슬라이드2.<br>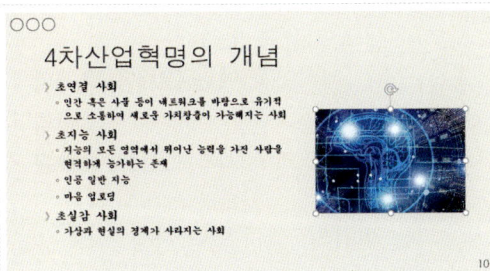 | 〈슬라이드 작성하기〉<br>1. 슬라이드1 : 배점 1)번(5), 2)번(15), 3)번(7)<br>　1) 슬라이드는 '제목' 슬라이드로 지정하시오.<br>　2) 워드아트를 이용하여 제목은 '4차 산업혁명'으로 [보기 슬라이드]와 같이 작성하시오.<br>　　- WordArt는 '채우기 - 파랑, 강조2, 윤곽선 - 강조2'로 지정<br>　　- 글꼴은 굴림체, 글꼴 크기는 57pt로 지정<br>　　- 워드아트의 크기는 너비 13cm, 높이 3cm로 지정<br>　3) [보기 슬라이드]와 같이 부제목에 '하이퍼링크'를 입력하고, e-Test 홈페이지를 하이퍼링크로 지정하시오.<br>　　(e-Test 홈페이지 : http://www.e-test.co.kr)<br>　　- 글꼴은 바탕체, 글꼴 크기는 32pt로 지정<br>2. 슬라이드2 : 배점 1)번(5), 2)번(3), 3)번(10), 4)번(1), 5)번(3), 6)번(30)<br>　1) 새 슬라이드를 '콘텐츠 2개' 슬라이드로 추가하시오.<br>　2) 제목은 '4차산업혁명의 개념'으로 입력하시오.<br>　　- 글꼴은 돋움체, 글꼴 크기는 50pt로 지정<br>　3) [보기 슬라이드]와 같이 내용을 첫째 수준과 둘째 수준으로 입력하시오.<br>　　〈입력 내용〉<br>　　초연결 사회<br>　　　인간 혹은 사물 등이 네트워크를 바탕으로 유기적으로 소통하여 새로운 가치창출이 가능해지는 사회<br>　　초지능 사회<br>　　　지능의 모든 영역에서 뛰어난 능력을 가진 사람을 현격하게 능가하는 존재<br>　　　인공 일반 지능<br>　　　마음 업로딩<br>　　초실감 사회<br>　　　가상과 현실의 경계가 사라지는 사회<br>　　- 글꼴은 궁서체, 글꼴효과는 굵게, 글꼴 크기는 첫째 수준은 22pt, 둘째 수준은 18pt<br>　4) 입력한 내용의 줄 간격은 고정 26pt로 지정하시오.<br>　5) 글머리 기호 및 번호 매기기를 이용하여 입력한 내용의 첫째 수준 글머리 기호를 [보기 슬라이드]와 같이 작성하시오.<br>　　- 글머리 기호의 모양은 ≫, 크기는 90%로 지정<br>　6) [삽입] 메뉴의 [그림 파일]을 이용하여 주어진 '4차 산업'의 이미지를 [보기 슬라이드]와 같이 문자열의 오른쪽에 삽입하시오.<br>　　- 그림의 크기는 너비 12cm, 높이 7cm로 지정 |

| [보기 슬라이드] | [처리사항] |
|---|---|
| 슬라이드3.<br>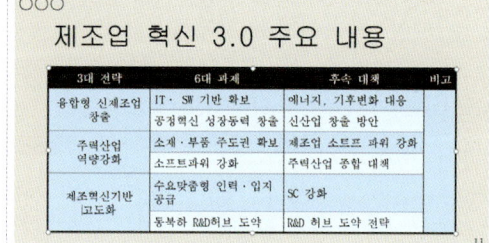<br>〈참고〉<br>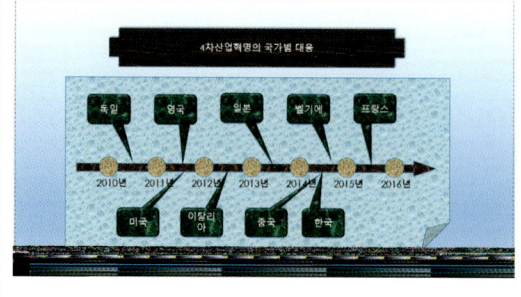 | 3. 슬라이드3 : 배점 1)번(5), 2)번(3), 3)번(30)<br>1) 새 슬라이드를 '제목 및 내용' 슬라이드로 추가하시오.<br>2) 제목은 '제조업 혁신 3.0 주요 내용'으로 입력하시오.<br>  - 글꼴은 굴림체, 글꼴 크기는 52pt로 지정<br>3) 7행 4열의 표를 작성하고, 아래의 조건대로 작성하시오. (반드시 표 형식이 유지되어야 함)<br>  - 아래 지정된 셀을 각각 셀 병합 지정<br>    2행 1열 ~ 3행 1열 셀 병합<br>    4행 1열 ~ 5행 1열 셀 병합<br>    6행 1열 ~ 7행 1열 셀 병합<br>    2행 4열 ~ 7행 4열 셀 병합<br>  - 표 전체에 [보기 슬라이드]와 같이 내용을 입력하고, 글꼴은 바탕체, 글꼴 크기는 22t로 지정<br>  - 아래의 조건대로 셀 맞춤 지정<br>    표 전체 : [표 도구] - [레이아웃]메뉴 [맞춤] 그룹의 세로 가운데 맞춤<br>    1행 : [표 도구] - [레이아웃]메뉴 [맞춤] 그룹의 가운데 맞춤<br>    1열 : [표 도구] - [레이아웃]메뉴 [맞춤] 그룹의 가운데 맞춤<br>  - 1행의 채우기는 질감의 '월넛'으로 지정<br>  - 표 전체의 안쪽 가로 테두리는 점선, 안쪽 세로 테두리와 바깥쪽 테두리는 실선으로 지정<br>  - 표 전체 바깥쪽 테두리는 3pt 실선으로 지정 |
| 슬라이드4. | 4. 슬라이드4 : 배점 1)번(5), 2)번(54), 3)번(10)<br>1) 새 슬라이드를 '빈 화면' 슬라이드로 추가하시오.<br>2) 그리기 도구모음을 이용하여 아래 조건에 맞게 [보기 슬라이드]와 같이 작성하시오.<br>  - 십자형 도형을 1개 그리고, 면의 질감은 월넛으로 지정하고, 그림자는 '바깥쪽, 오프셋 대각선 오른쪽 위'를 적용하고, '4차산업혁명의 국가별 대응'을 입력<br>  - 모서리가 접힌 도형을 1개 그리고, 면의 질감은 작은 물방울로 지정<br>  - 오른쪽 화살표 도형 1개 그리고, 면의 질감은 밤색 대리석으로 지정<br>  - 타원 도형을 7개 그리고, 면의 질감은 돗자리로 지정<br>  - 모서리가 둥근 사각형 설명선 도형을 9개 그리고, 면의 질감은 녹색 대리석으로 지정하고, 3차원 서식으로 입체효과의 위쪽 '둥글게'를 적용 |

| [보기 슬라이드] | [처리사항] |
|---|---|
| 슬라이드5.<br><br>프로그램 실행 | – 가로 텍스트 상자를 7개 그리고, '2010년', '2011년', '2012년', '2013년', '2014년', '2015년', '2016년'을 각각 입력<br>– 작성된 모든 도형은 [보기 슬라이드]와 같이 배열하고, 그룹으로 지정하고, 크기는 너비 26cm, 높이 15cm로 지정<br>3) 슬라이드의 배경 서식에서 배경 그래픽 숨기기를 지정하고, 그라데이션 채우기의 그라데이션 미리 설정은 '밝은 그라데이션 – 강조2'로 지정<br><br>5. 슬라이드5 : 배점 1)번(5), 2)번(3), 3)번(16), 4)번(3)<br>1) 새 슬라이드를 '제목만' 슬라이드로 추가하시오.<br>2) 제목은 '프로그램 실행'으로 입력하시오.<br>– 글꼴은 돋움체, 글꼴 크기는 52pt로 지정<br>3) 도형을 작성하여 실행설정을 지정하시오.<br>– 그리기 도구모음의 '달' 도형을 그리고, 면의 질감은 코르크로 지정하고, 너비7cm, 높이 6cm로 작성<br>– 작성된 '달' 도형은 3차원 서식으로 입체효과의 위쪽 '둥글게'와 깊이 38pt를 지정<br>– 슬라이드 쇼 실행 시, 마우스를 '달' 도형 위에 놓았을 때 메모장 프로그램(NOTEPAD.EXE)이 실행되도록 실행설정을 지정<br>– 실행설정이 지정된 '달' 도형을 복사하여 좌우 대칭 지정<br>– 작성된 두 개의 '달' 도형을 그룹으로 지정<br>4) 슬라이드5를 숨기기로 지정하시오.<br><br>〈슬라이드 쇼 관련 기능 지정하기〉<br>**배점 1번(8), 2번(10), 3번(9)**<br>1. 아래 조건에 맞는 화면 전환을 지정하시오.<br>– 화면 전환 효과는 '도형'<br>– 효과 옵션은 '펼치기'로 지정<br>– 1분 5초 마다 자동으로만 전환되도록 지정<br>– 모든 슬라이드에 지정<br>2. 아래 조건에 맞는 애니메이션을 지정하시오.<br>1) 슬라이드2번<br>– 그림을 제외한 제목, 텍스트에 지정<br>– 반드시 지정한 영역은 애니메이션을 이용하여 '나타내기'에 있는 '올라오기'로 지정<br>　효과 옵션은 '떠오르며 내려가기'로 지정<br>　(단, 효과 중복 지정 시 감점처리)<br>– 애니메이션 순서는 제목, 텍스트 순으로 지정 |

| [보기 슬라이드] | [처리사항] |
|---|---|
| 슬라이드 노트<br><br><br>유인물 마스터<br> | 2) 슬라이드4번<br>　- 그룹으로 지정된 도형 전체에 지정<br>　- 반드시 지정한 영역은 애니메이션을 이용하여 '나타내기'에 있는 '돌기'로 지정(단, 효과 중복 지정 시 감점처리)<br>3. 쇼 재구성 기능을 이용하여 아래 조건에 맞게 슬라이드 쇼 재구성을 2개 작성하시오.<br>　- 첫 번째 재구성되는 슬라이드 쇼 이름은 '프로그램실행1'로 지정하고, 재구성 목록에 슬라이드1번과 슬라이드4번을 지정<br>　- 두 번째 재구성되는 슬라이드 쇼 이름은 '프로그램실행2'로 지정하고, 재구성 목록에 슬라이드1번과 슬라이드3번, 슬라이드4번을 지정<br><br>〈슬라이드 노트와 유인물 편집하기〉<br>**배점 1번(15), 2번(15)**<br>1. [보기] 메뉴의 [슬라이드 노트]를 이용하여 아래와 같은 조건으로 작성하시오.<br>　1) 슬라이드1 노트<br>　- 입력 내용 : 4차 산업혁명에 대한 자료입니다.<br>　- 글꼴은 굴림체, 글꼴 크기는 15pt로 지정<br>　- 슬라이드 노트 배경에서 그라데이션 채우기의 그라데이션 미리 설정은 '위쪽스포트라이트 – 강조2'로 지정<br>2. [보기] 메뉴의 [유인물 마스터]를 이용하여 아래와 같은 조건으로 작성하시오.<br>　1) 유인물의 제목을 그리기 도구모음으로 작성하시오.<br>　- '평행사변형' 도형을 유인물의 상단에 그리고, 도형의 질감은 자주 편물로 지정하고, '4차 산업혁명'를 입력<br>　- '평행사변형' 도형크기는 너비 10cm, 높이 2cm로 지정<br>　- 글꼴은 돋움체, 글꼴 크기는 22pt, 글꼴효과는 텍스트 그림자 |

# 실전 모의고사 – 스마트시티

PowerPoint 2016

## ※ 답안 작성 시 주의사항

- 답안문서 파일명은 응시자의 이름으로 저장하십시오.
- 파워포인트의 기능들을 이용하여 [처리사항]대로 답안문서를 작성하십시오.
  ([보기 슬라이드]를 참고하시오.)
- 반드시 주어진 이미지 자료를 이용하여 답안문서를 작성하십시오.
  (주어진 이미지 자료 외 다른 자료 이용시 감점 처리됩니다.)
- 문제에서 지시한 슬라이드의 순서가 바뀌는 경우 감점요인이 됩니다.
- 슬라이드를 중복하여 작성한 경우, 불필요한 슬라이드를 추가로 작성한 경우 감점요인이 됩니다.
- 서로 다른 처리사항을 같은 위치에 작성한 경우 감점요인이 됩니다.
  (예) 슬라이드2의 텍스트 부분에 제목과 텍스트 내용까지 입력한 경우 등)
- 워드아트 또는 텍스트 상자 등을 처리사항에서 지시한 갯수 이상 여러 개 작성한 경우 감점요인이 됩니다.
- 문제에서 지시하지 않은 사항은 프로그램의 기본 설정 값으로 지정하십시오.
- 문제에서 별도의 지시사항이 없는 경우, 글자 입력은 텍스트 상자를 원칙으로 합니다.

## [제공 데이터]
주어진 이미지를 이용하여 답안문서를 작성하시오.
(**첨부파일보기** 클릭시 이미지 자료 페이지 열림)

〈디자인 서식 지정과 마스터 편집하기〉
**배점 1번(5), 2번(11), 3번(14)**
1. 전체 슬라이드의 디자인 테마는 모든 슬라이드에 '우주테마'를 적용하시오.
2. 마스터 기능을 이용하여 슬라이드 상단 오른쪽에 '○○○'을 입력하시오.
   1) New_Korea03(우주테마) 슬라이드 마스터에 작성
   2) 텍스트 상자를 이용하여 '○○○'에는 응시자 본인의 이름을 입력
   3) 글꼴은 돋움체, 글꼴 크기는 32pt로 지정
3. 슬라이드 번호를 삽입하시오.
   1) 머리글/바닥글 기능을 이용하여 슬라이드 삽입시 자동으로 추가되게 지정
   2) 제목 슬라이드를 제외한 모든 슬라이드의 하단 오른쪽에 작성
   3) 글꼴 크기는 30pt로 지정
   4) 슬라이드 시작 번호는 2로 지정

| [보기 슬라이드] | [처리사항] |
|---|---|
| 슬라이드1.<br><br><br>슬라이드2.<br>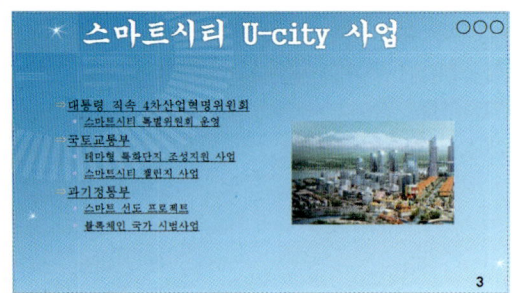 | 〈슬라이드 작성하기〉<br>1. 슬라이드1 : 배점 1)번(5), 2)번(15), 3)번(7)<br>　1) 슬라이드는 '제목' 슬라이드로 지정하시오.<br>　2) 워드아트를 이용하여 제목은 '스마트시티'로 [보기 슬라이드]와 같이 작성하시오.<br>　　- WordArt는 '채우기 - 분홍, 강조 4, 부드러운 입체'로 지정<br>　　- 글꼴은 궁서체, 글꼴 크기는 72pt로 지정<br>　　- 워드아트의 크기는 너비 20cm, 높이 3.5cm로 지정<br>　3) [보기 슬라이드]와 같이 부제목에 '하이퍼링크'를 입력하고, e-Test 홈페이지를 하이퍼링크로 지정하시오.<br>　　(e-Test 홈페이지 : http://www.e-test.co.kr)<br>　　- 글꼴은 돋움체, 글꼴 크기는 35pt로 지정<br><br>2. 슬라이드2 : 배점 1)번(5), 2)번(3), 3)번(10), 4)번(1), 5)번(3), 6)번(30)<br>　1) 새 슬라이드를 '콘텐츠 2개' 슬라이드로 추가하시오.<br>　2) 제목은 '스마트시티 U-city 사업'으로 입력하시오.<br>　　- 글꼴은 궁서체, 글꼴 크기는 56pt로 지정<br>　3) [보기 슬라이드]와 같이 내용을 첫째 수준과 둘째 수준으로 입력하시오.<br>　　〈입력 내용〉<br>　　대통령 직속 4차산업혁명위원회<br>　　　스마트시티 특별위원회 운영<br>　　국토교통부<br>　　　테마형 특화단지조성지원 사업<br>　　　스마트시티 챌린지 사업<br>　　과기정통부<br>　　　스마트 선도 프로젝트<br>　　　블록체인 국가 시범사업<br>　　- 글꼴은 바탕체, 글꼴효과는 밑줄, 글꼴 크기는 첫째 수준은 24pt, 둘째 수준은 20pt<br>　4) 입력한 내용의 줄 간격은 고정 28pt로 지정하시오.<br>　5) 글머리 기호 및 번호 매기기를 이용하여 입력한 내용의 첫째 수준 글머리 기호를 [보기 슬라이드]와 같이 작성하시오.<br>　　- 글머리 기호의 모양은 ⇒, 크기는 105%로 지정<br>　6) [삽입] 메뉴의 [그림 파일]을 이용하여 주어진 '스마트시티' 이미지를 [보기 슬라이드]와 같이 문자열의 오른쪽에 삽입하시오.<br>　　- 그림의 크기는 너비 11cm, 높이 7cm로 지정 |

| [보기 슬라이드] | [처리사항] |
|---|---|
| 슬라이드3.<br>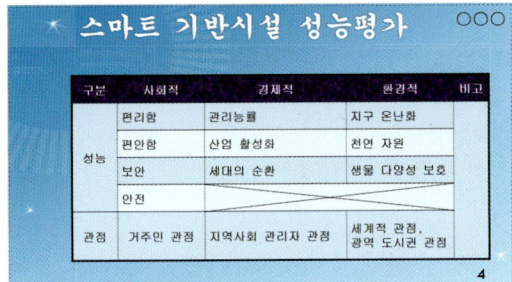<br><참고><br>| 3. 슬라이드3 : 배점 1)번(5), 2)번(3), 3)번(30)<br>  1) 새 슬라이드를 '제목 및 내용' 슬라이드로 추가하시오.<br>  2) 제목은 '스마트 기반시설 성능평가'로 입력하시오.<br>    – 글꼴은 궁서체, 글꼴 크기는 52pt로 지정<br>  3) 6행 5열의 표를 작성하고, 아래의 조건대로 작성하시오. (반드시 표 형식이 유지되어야 함)<br>    – 아래 지정된 셀을 각각 셀 병합 지정<br>      2행 1열 ~ 5행 1열 셀 병합<br>      2행 5열 ~ 6행 5열 셀 병합<br>      5행 3열 ~ 5행 4열 셀 병합<br>    – 표 전체에 [보기 슬라이드]와 같이 내용을 입력하고, 글꼴은 굴림체, 글꼴 크기는 23pt로 지정<br>    – 아래의 조건대로 셀 맞춤 지정<br>      표 전체 : [표 도구] – [레이아웃]메뉴 [맞춤] 그룹의 세로 가운데 맞춤<br>      1열 : [표 도구] – [레이아웃]메뉴 [맞춤] 그룹의 가운데 맞춤<br>      1행 : [표 도구] – [레이아웃]메뉴 [맞춤] 그룹의 가운데 맞춤<br>    – 표 1행 채우기는 질감의 '자주 편물'로 지정<br>    – 표 전체의 안쪽 세로 테두리는 점선, 안쪽 가로 테두리와 바깥쪽 테두리는 실선으로 지정<br>    – 표 전체 바깥쪽 테두리는 3pt 실선으로 지정<br>4. 슬라이드4 : 배점 1)번(5), 2)번(54), 3)번(10)<br>  1) 새 슬라이드를 '빈 화면' 슬라이드로 추가하시오.<br>  2) 그리기 도구모음을 이용하여 아래 조건에 맞게 [보기 슬라이드]와 같이 작성하시오.<br>    – 위쪽 리본을 1개 그리고, 면의 질감은 일반 목재로 지정하고, 그림자는 '바깥쪽, 오프셋 아래쪽'을 적용, '스마트시티 통합플랫폼 주요 내용'을 입력<br>    – 오각형 도형을 6개 그리고, 면의 질감은 흰색 대리석으로 지정하고, 'S-안전', 'S-방제', 'S-교통', 'S-환경', 'S-에너지', 'S-시설물'을 각각 입력<br>    – 모서리가 둥근 직사각형 도형을 12개 그리고, 면의 질감은 꽃다발로 지정하고, 3차원 서식으로 입체효과의 위쪽 '둥글게'를 적용하고, '비상벨, 안전주의, 112 신고', '119신고, 홍수, 긴급구조', '교통사고, 차량고장, 도로통제', '환경경보, 대기오염, 수질오염', '빌딩 에너지 경보, 상가 에너지', 'CCTV 상태, 시설물', 'CCTV 영상', 'CCTV 영상', '교통소통정보', '대기센서정보', '에너지사용량', '시설물 상태'를 각각 입력 |
| 슬라이드4.<br> | |

| [보기 슬라이드] | [처리사항] |
|---|---|
| 슬라이드5.<br><br>프로그램 실행　내이름 | － 갈매기형 수장을 1개 그리고 면의 질감은 코르크로 지정<br>－ 작성된 모든 도형은 [보기 슬라이드]와 같이 배열하고, 그룹으로 지정하고, 크기는 너비 28cm, 높이 16cm로 지정<br>3) 슬라이드의 배경 서식에서 배경 그래픽 숨기기를 지정하고, 그라데이션 채우기의 그라데이션 미리 설정은 '밝은 그라데이션 – 강조5'로 지정하시오.<br><br>5. 슬라이드5 : 배점 1)번(5), 2)번(3), 3)번(16), 4)번(3)<br>1) 새 슬라이드를 '제목만' 슬라이드로 추가하시오.<br>2) 제목은 '프로그램 실행'으로 입력하시오.<br>　－ 글꼴은 궁서체, 글꼴 크기는 56pt로 지정<br>3) 도형을 작성하여 실행설정을 지정하시오.<br>　－ 그리기 도구모음의 '막힌 원호' 도형을 그리고, 면의 질감은 꽃다발로 지정하고, 너비 8cm, 높이 8cm로 작성<br>　－ 작성된 '막힌 원호' 도형은 3차원 서식으로 입체효과의 위쪽 '둥글게'와 깊이 36pt를 지정<br>　－ 슬라이드 쇼 실행 시, 마우스를 '막힌 원호' 도형 위에 놓았을 때 메모장 프로그램(NOTEPAD.EXE)이 실행되도록 실행설정을 지정<br>　－ 실행설정이 지정된 '막힌 원호' 도형을 복사하여 상하 대칭 지정<br>　－ 작성된 두 개의 '막힌 원호' 도형을 그룹으로 지정<br>4) 슬라이드5를 숨기기로 지정하시오.<br><br>〈슬라이드 쇼 관련 기능 지정하기〉<br>배점 1번(8), 2번(10), 3번(9)<br>1. 아래 조건에 맞는 화면 전환을 지정하시오.<br>　－ 화면 전환 효과는 '나누기'<br>　－ 효과 옵션은 '가로 안쪽으로'로 지정<br>　－ 1분 마다 자동으로만 전환되도록 지정<br>　－ 모든 슬라이드에 지정<br>2. 아래 조건에 맞는 애니메이션을 지정하시오.<br>　1) 슬라이드2번<br>　　－ 그림을 제외한 제목, 텍스트에 지정<br>　　－ 반드시 지정한 영역은 애니메이션을 이용하여 '나타내기'에 있는 '회전'으로 지정<br>　　　(단, 효과 중복 지정 시 감점처리)<br>　　－ 애니메이션 순서는 텍스트, 제목 순으로 지정 |

| [보기 슬라이드] | [처리사항] |
|---|---|
| 슬라이드 노트<br><br>유인물 마스터<br> | 2) 슬라이드4번<br>  - 그룹으로 지정된 도형 전체에 지정<br>  - 반드시 지정한 영역은 애니메이션을 이용하여 '나타내기'에 있는 '블라인드'<br>  - 효과옵션은 '세로'로 지정<br>   (단, 효과 중복 지정 시 감점처리)<br>3. 쇼 재구성 기능을 이용하여 아래 조건에 맞게 슬라이드 쇼 재구성을 2개 작성하시오.<br>  - 첫 번째 재구성되는 슬라이드 쇼 이름은 '프로그램 실행1'로 지정하고, 재구성 목록에 슬라이드1번과 슬라이드4번을 지정<br>  - 두 번째 재구성되는 슬라이드 쇼 이름은 '프로그램 실행2'로 지정하고, 재구성 목록에 슬라이드1번과 슬라이드2번, 슬라이드3번을 지정<br><br>〈슬라이드 노트와 유인물 편집하기〉<br>**배점 1번(15), 2번(15)**<br>1. [보기] 메뉴의 [슬라이드 노트]를 이용하여 아래와 같은 조건으로 작성하시오.<br> 1) 슬라이드2 노트<br>  - 입력 내용 : 스마트 시티에 대한 자료입니다.<br>  - 글꼴은 굴림체, 글꼴 크기는 14pt로 지정<br>  - 슬라이드 노트 배경에서 그라데이션 채우기의 그라데이션 미리 설정은 '밝은 그라데이션 – 강조1'로 지정<br>2. [보기] 메뉴의 [유인물 마스터]를 이용하여 아래와 같은 조건으로 작성하시오.<br> 1) 유인물의 제목을 그리기 도구모음으로 작성하시오.<br>  - '빗면' 도형을 유인물의 상단에 그리고, 도형의 질감은 월넛으로 지정하고, '스마트시티'를 입력<br>  - '빗면' 도형 크기는 너비 10cm, 높이 2cm로 지정<br>  - 글꼴은 바탕체, 글꼴 크기는 22pt, 글꼴효과는 기울임꼴 |

## 약력

**임창인**
- 대덕대학교 정보보안학과 겸임교수
- e-Test Professionals 자격시험 전문위원(전)
- (주)지토 교육팀 팀장
- e-Test Professionals 파워포인트/엑셀/한글 2010 집필
- 한솔아카데미 e-Test 책임교수

**권영희**
- 대덕대학교 정밀기계공학과 교수
- e-Test Professionals 파워포인트/엑셀/한글 2010 집필
- 한솔아카데미 e-Test 저자

**성대근**
- 한국교육평가진흥원 대표이사
- (사)한국창의인성교육연구원 대구/경북 센터장
- NCS consultant 전문가 2기 평가위원
- 한솔아카데미 e-Test 책임교수

**강현권**
- 동강대학교 교수
- 세종사이버대 외래교수
- 한국교육문화진흥원 원장
- 한국창의인성교육원 군사업 본부장
- 한솔아카데미 e-Test 책임교수

# e-Test
## 파워포인트 ver.2016

제1판 1쇄 인쇄  2023년 2월  9일
제1판 1쇄 발행  2023년 2월 15일

**발행처** (주)한솔아카데미
**지은이** 임창인, 권영희, 성대근, 강현권
**발행인** 이종권

**홈페이지** www.bestbook.co.kr
**대표전화** 02)575-6144
**등록** 1998년 2월 19일(제16-1608호)

**ISBN** 979-11-6654-278-7 13000
**정 가** 15,000원

※잘못 만들어진 책은 구입처에서 바꾸어 드립니다.
※이 책의 내용을 무단으로 복사, 복제, 전재하는 것은 저작권에 저촉됩니다.